Menschen, die die Welt veränderten

Menschen, die die Welt veränderten

50 berühmte Persönlichkeiten in Lebensbildern und Bilddokumenten

Bechtermünz Verlag

Textmitarbeiter: Hendrik van Bergh, Anne Caesar, Kurt Finke, Alfred Klausmeier, Helga Menzel-Tettenborn, Herbert Reinoß, W. M. Riegel, Franz K. Theodor, Kurt Wolff

Aktualisierte Neuauflage 1999

Layout: Günter Radtke
Umschlaggestaltung: Studio Höpfner-Thoma, München
Umschlagmotive: Michail S. Gorbatschow (AKG, Berlin), Joseph Beuys (AKG, Berlin), alle anderen Motive stammen aus dem Innenteil des Buches
Gesamtherstellung: Egedsa S.A., Sabadell
Printed in Spain
ISBN 3-8289-0367-3

Einleitung

Welche Ideen und Entdeckungen, Erfindungen und Erforschungen, Erkenntnisse und Überzeugungen veränderten die Welt? Beispielsweise die Ideen des Christentums oder des Marxismus. Die Entdeckung des Penicillins oder die Erfindung des Buchdrucks. Die Erforschung der Evolutionslehre oder der Kernspaltung. Die Erkenntnis, daß die Erde sich um die Sonne dreht. Die Überzeugung, daß weltweit etwas für Verwundete und Gefangene getan werden müsse.

Meist waren diese Höchstleistungen aller Epochen persönliche Leistungen einzelner Männer und Frauen. Sie wirkten über ihre Zeit hinaus. Viele von ihnen beeinflussen unsere Welt von heute, obwohl sie vor Jahrhunderten lebten. Dieses Buch berichtet in Lebensbildern und Bilddokumenten über fünfzig der wichtigsten von ihnen: Religionsstifter und Eroberer, Erfinder und Entdecker, Komponisten und Dichter, Philosophen und Ärzte, Mathematiker und Astronomen – und so fort. Die Spannweite reicht von Homer bis Joseph Beuys, von Jesus Christus bis Bill Gates, von Kolumbus und Kopernikus bis Gandhi und Lenin.

Verlag und Herausgeber haben sich die Auswahl der in dieses Buch aufzunehmenden Persönlichkeiten nicht leicht gemacht. Sie sind der Auffassung, eine wohlbegründete Wahl getroffen zu haben. Entscheidendes Kriterium war dabei die weltweite Wirkung über die eigene Epoche hinaus. Da es in der Geschichte keine absoluten Bewertungsmaßstäbe gibt, muß jede Auswahl zwangsläufig individuell ausfallen, wenn man sich auf fünfzig Persönlichkeiten beschränkt. Diese Beschränkung wurde indessen zugunsten einer ausführlichen Darstellung des Lebens, der Entwicklung, der Taten und der Wirkung der ausgewählten »Menschen, die die Welt veränderten« in Kauf genommen.

Die Menschen, um die es hier geht, waren Kinder ihrer Zeit, wurden durch ihre Umwelt geformt, stützten sich ihrerseits auf Erkenntnisse und Ideen der Vorgänger, ohne die ihre eigenen Höchstleistungen nicht denkbar wären. Deshalb werden sie vor dem Hintergrund ihrer Epoche dargestellt: »Die ganze Weltgeschichte verdichtet sich in der Lebensgeschichte weniger und bemerkenswerter Persönlichkeiten« (Ralph Waldo Emerson).

Homer

»Ilias« und »Odyssee« machten ihn unsterblich

Vom Leben des »blinden Sängers« wissen wir nichts; auch sein Bildnis ist eine Phantasieschöpfung, und ob er wirklich auf dem Stein nahe Smyrna (oben) gesessen und aus seinen Werken vorgelesen hat, weiß niemand zu sagen. Er lebte wohl im 8. vorchristlichen Jahrhundert in Kleinasien. Seine Werke sind auch heute noch Vorbilder und Höhepunkte der Weltliteratur. Die Griechen verehrten ihn als ersten und eigentlichen Gestalter des griechischen Menschentums und seiner Götter.

Ist der »blinde Sänger« Homer nur eine Sagengestalt oder hat er wirklich gelebt?

Teil einer Handschrift der »Odyssee« Homers auf Papyrus (rechts). Sie wurde bei einer Mumie in Faijum in Ägypten gefunden und entstammt der Zeit um 225 v. Chr. Während des ganzen Altertums waren die Werke Homers weit verbreitet; sie nahmen den ersten Platz in der Schullektüre ein. Mittleres Bild: Nach jahrelanger abenteuerlicher Irrfahrt landete Odysseus endlich wieder daheim in Ithaka, seinem Königreich. Diese Darstellung der Ankunft fand sich auf einer antiken Vase.

Die alten Griechen empfanden ihren Homer als den Dichter schlechthin, Goethe beispielsweise ist stark von »Ilias« und »Odyssee« angeregt worden, und heute gibt es wohl kaum eine Hochsprache, in der man diese beiden Epen nicht lesen könnte. Das also ist sicher: Neben Dantes »Göttlicher Komödie«, neben den Dramen Shakespeares gelten uns die altgriechischen Heldenlieder, die Homer zugeschrieben werden, als absolute Höhepunkte der Weltliteratur. Sie haben »aufs nachhaltigste Menschentum und religiöse Vorstellungen der Griechen geprägt«, auf denen das europäische Menschentum fußt.

Sonst aber ist sehr vieles unsicher. Über das Leben dieses Homer ist so wenig Beweisbares bekannt, daß die neuere Literaturwissenschaft ihn eine Zeitlang für eine legendäre Figur hielt. Und lange wogte der Streit hin und her, wieviel Autoren man für »Ilias« und »Odyssee« wirklich annehmen müsse.

Heute ist man sich wieder darin einig, daß Homer wirklich gelebt hat. Seine Heimat lag nicht im eigentlichen Griechenland, sondern jenseits des Ägäischen Meeres im ionisch-äolischen Kleinasien – und zwar ein Stück südlich jenes Gebietes, das einst Schauplatz des Trojanischen Krieges gewesen ist. Smyrna, so scheint es, war die Stadt, in der er im 9. Jahrhundert v. Chr. geboren wurde. Ein uns Unbekannter, der mit Pseudo-Herodotus bezeichnet wird, hat etwa zwei Jahrhunderte nach dem Tod des Dichters eine »Vita Homeri«, eine Lebensbeschreibung Homers, verfaßt. In ihr erzählt er unter anderem, die Bewohner des Ortes Neon Teichos hätten ihm noch einen Platz gezeigt, an dem Homer des öfteren gesessen und aus seinen Werken vorgetragen habe. Sie hätten diese Stätte ungemein verehrt. Dort habe eine Schwarzpappel gestanden, von der sie sagten, »sie sei ihnen erwachsen, seitdem der Melesigenes zu ihnen kam«.

Melesigenes: das soll der ursprüngliche Name Homers gewesen sein. Er bedeutet »der vom Fluß Meles Herstammende« – von einem Fluß, der an Smyrna vorbeifloß. Die Mutter soll Kretheis geheißen haben. Über den Vater sind sich die Quellen weniger einig, es werden verschiedene Namen genannt. Plutarch behauptet sogar, er müsse ein Daimon gewesen sein, ein übermenschliches Wesen. In mehreren ionischen Städten gab es noch Jahrhunderte nach Homer Erinnerungen an ihn. Zur Insel Chios hatte er eine besonders enge Verbindung; und dort wirkten noch viele Generationen nach ihm die Homeriden, eine Schule von Dichter-Sängern, die Hymnen in homerischer Form schrieben und vortrugen. In einer dieser Hymnen ist von einem Dichter des felsigen Chios die Rede, dessen Gesänge alle unsterblich bleiben würden – damit ist kein anderer als Homer gemeint. Es wird dabei von einem *blinden* Mann gesprochen; und auch der Pseudo-Herodotus berichtet, Homer sei lange von Blindheit bedroht gewesen und schließlich erblindet. Auf der Kykladen-Insel Ios ist dieser »blinde Sänger« gestorben, wohl im 8. Jahrhundert. Dort habe es auf einem Felsvorsprung sein Grab gegeben und sogar eine Inschrift: »Hier birgt die Erde das heilige Haupt, den Ordner der Helden, den göttlichen Homer.«

Was ist nun die bleibende Leistung dieses frühen großen Dichters gewesen, der über die Jahrtausende hin unvergessen blieb? Heute ist man ziemlich übereinstimmend der Ansicht, daß die »Ilias« von Homer gedichtet wurde. Dabei fußte er auf einer mündlichen, bis ins 2. Jahrtausend v. Chr. zurückreichenden Überlieferung, die er dramatischer und weit kunstvoller gestaltete und, vor allem, entschieden vermenschlichte. Griechen und Trojaner werden gleichermaßen mit Anteilnahme und Sympathie geschildert;

Die alten Griechen – und so auch Homer – kannten im wesentlichen nur jene Welt, die um das Mittelmeer lag, das heißt in deren Mittelpunkt sie selbst sich befanden (links). Unten eine neuzeitliche Darstellung der Geburt Homers. Seine Mutter soll Kretheis geheißen haben, über den Vater sind sich die Quellen weit weniger einig. Als der ursprüngliche Name des Dichters wird Melesigenes angegeben – das bedeutet »der vom Fluß Meles Herstammende«. Er wäre demnach ein Sohn des Flußgottes gewesen. Auch Plutarch meint noch, Homer sei göttlichen Ursprungs.

Das Terrakotta-Relief (rechts) zeigt Odysseus vor seiner Gattin Penelope. Sie hatte viele Jahre lang treu auf seine Heimkehr aus Troja gewartet; er befreite sie von den sie bedrängenden Freiern. Bild Mitte: Eine Darstellung des Trojanischen Pferdes auf einer Amphore des 7. Jahrhunderts v. Chr. Das hölzerne Pferd spielte bei der Eroberung Trojas eine entscheidende Rolle. In ihm gelangten dreißig Griechen in die Stadt und öffneten ihre Tore. Ganz rechts: Reste der Agora in Smyrna (heute Izmir), wo Homer wohl geboren wurde und wo er gelebt haben soll.

Diese Apotheose (Vergöttlichung) Homers vor einem Tempel des Altertums (unten), ein Gemälde von David Ingres, ist im Pariser Louvre ausgestellt. Ein Engel setzt dem Dichter gerade den Kranz auf. Die griechischen Zeitgenossen haben den Rang dieses überragenden Epen-Schöpfers gekannt; er galt ihnen als der große Dichter schlechthin.

der Dichter gestaltet die allen Menschen auferlegte Tragik. Großartige Frauengestalten treten bei ihm neben die Männer.
Die »Ilias« behandelt nicht den ganzen Trojanischen Krieg, sondern nur eine Episode der Belagerung der Stadt: den Zorn des Helden Achill, weil man ihm das Mädchen Briseis wegnahm. In diesem Ausschnitt, der nur etwa fünfzig Tage dauert, spiegelt sich aber das übrige ein Jahrzehnt währende Ringen so anschaulich, daß der Leser an dem ganzen Krieg teilzunehmen glaubt. Die meisterliche Gestaltung macht den unvergänglichen Wert des Werkes aus. Dabei fand Homer wohl nicht schon ausgereifte Dichtungen vor, von denen er hätte lernen können, sondern er selbst stand am Anfang und leistete gleich Einzigartiges.
Daß auch die »Odyssee« von Homer stammt: diese Ansicht wird heute nur noch von wenigen vertreten. Man geht davon aus, daß dieses Werk etwa eine Generation später entstand und von einem Autor gedichtet wurde, der ganz im Geist und Stil Homers schrieb, also ohne das große Vorbild so nicht denkbar ist. Die »Odyssee«, die Geschichte der langen Irrfahrten des Odysseus auf dem Heimweg von Troja nach Ithaka, ist einfacher, eingängiger gestaltet, aber keinesfalls weniger wirkungsvoll. Karl Kerényi nannte das Epos den »ersten Roman der Weltliteratur, der sozusagen alle späteren im Keim enthält«. Und einer der bedeutendsten modernen Schriftsteller, James Joyce, bekannte, daß ihm das Thema der »Odyssee« größer und menschlicher erscheine »als dasjenige von Hamlet, Don Quijote, Faust . . .«.
So findet jene Dichtung, die Homer am Anfang aller europäischen Literatur im frühen Griechenland schuf und die wenig später ganz in seinem Sinne und mit seinem Können fortgesetzt wurde, auch in unseren so andersartigen Zeiten noch die größte Bewunderung.

Buddha

Seine Lehre von der Entsagung eroberte Asien

Der indische Fürstensohn Siddharta, der als Buddha (»Der Erleuchtete«) zum Stifter der Religion des Buddhismus wurde, kam um das Jahr 560 v. Chr. zur Welt und soll bis 480 v. Chr. gelebt haben. Als Wanderprediger im gelben Gewand und mit Bettelschale durchzog er Indien, um die Wahrheit des Lebens zu suchen. Er selbst verstand sich nur als Wegweiser zum Heil. Seine Nachfolger erhoben ihn zu einer Gottheit. Über 300 Millionen Asiaten erkennen heute die Lehren Buddhas an.

Unter einem Feigenbaum wandelte sich Siddharta zu einem »Erleuchteten«

Eine Darstellung aus der Buddha-Legende (rechts): Buddha zeigt seinen Eltern den König der Schlangen, Naga genannt. Lange nach dem Tod des Religionsstifters wurde seine Lebensgeschichte phantasievoll ausgeschmückt. Bild Mitte: Im Dalada-Maligawa-Tempel in Kandy auf Ceylon wird der »heilige Zahn Buddhas« verehrt.

Die Lebensgeschichte des Gautama Buddha, des Schöpfers der Weltreligion des Buddhismus, liest sich wie ein Märchen: Dem Fürsten Suddhodana aus dem Geschlecht der Sakyas aus dem Gangestal am Fuß des Himalaja in Indien wurde um das Jahr 560 v. Chr. von seiner schönen Frau Maya ein Sohn geboren. Sie nannten ihn Siddharta Gautama. Der Prinz schien seinem Namen Ehre zu machen. Siddharta heißt wörtlich »Der das Ziel erreicht hat«. Der Prinz wuchs reich, verwöhnt, klug und glücklich auf.

Mit 16 Jahren verliebte sich Prinz Siddharta in die Sakyas-Prinzessin Rahuanada. Er heiratete sie ein Jahr später, nachdem sie ihm einen Sohn, Prinz Rahula, geboren hatte. Siddharta nahm zu an Weisheit. Es fehlte ihm nicht an irdischen Glücksgütern. Er liebte seine Prinzessin wie am ersten Tag und führte eine glückliche Ehe.

Hier endet das Märchen und beginnt die Wirklichkeit. Prinz Siddharta erlebte mit 29 Jahren eine seelische Krise, die zu einer inneren Wandlung führte. Bei vier Ausfahrten aus dem Palast begegnete er nacheinander einem Greis, einem Kranken, einem Toten und einem Asketen. Diese Begegnungen lösten bei ihm die Frage nach dem Sinn des Lebens aus.

Des bisherigen Lebens überdrüssig, angeekelt vom Nichtstun und Schlemmerdasein, verläßt er heimlich den Palast und damit Frau und Kind, schert sich Bart und Haare, zieht ein gelbes Büßergewand an und begibt sich in die »Hauslosigkeit«.

Zwei Einsiedler, Atara Kalama und Odraka Ramaputra, wurden seine Vorbilder und Lehrer. Wie sie wollte er durch Meditation, Fasten und Kasteiung zur erlösenden Erkenntnis in der Frage nach dem Sinn des Lebens kommen.

Nach sieben Jahren und sieben Tagen geschieht, wie die buddhistische Überlieferung berichtet, etwas Merkwürdiges. Auf einer Wanderung durch Uruvela nahe Patna macht Siddharta Rast unter einem Feigenbaum. Ehe er sich niederlegt, geht er siebenmal um dessen Stamm und schwört sich selbst: »Möge meine Haut schrumpfen und meine Hand verdorren, mögen meine Gebeine sich auflösen – solange ich nicht die letzte Erkenntnis gefunden habe, werde ich mich nicht von der Stelle rühren!« Dann fällt er in eine ekstatische Ohnmacht.

Als er erwacht, ist die Wandlung vollendet. Der Feigenbaum ist zum Bodhi-Baum geworden, zum Baum der Erkenntnis. Und aus Prinz Siddharta ist Buddha geworden, der »Erkennende«, der »Erleuchtete«. Dieses Erlebnis gilt als die Geburtsstunde des Buddhismus.

Von diesem Tag an trat Buddha im gelben Mönchsgewand als Wanderprediger auf. Er durchzog das indische Land Magadha, sammelte Jünger um sich, sprach zum Volk und mit dem Volk und gründete Mönchs- und Nonnenorden, die nach seinen Regeln lebten: in Armut und Keuschheit. Nach 40 Jahren als Wanderprediger soll er, 80 Jahre alt, um das Jahr 480 v.Chr. in einem Hain bei der Stadt Kasinagara gestorben sein. Sein Leichnam wurde verbrannt, die Asche verteilt. Aus diesem Grund gibt es überall im Land Reliquienhügel des Buddha.

Die Lehre Buddhas, der Buddhismus, ist ihrem Ursprung nach keine Religion, sondern eine Philosophie, das heißt wörtlich: Weisheitsliebe, das Streben nach Erkenntnis. Erst seine Nachfolger haben aus dem Buddhismus eine Religion gemacht.

Der Buddhismus ist eine Lehre, die dem indischen Brahmanismus entgegengesetzt ist. Er kennt keinen Gott, keine Seele, kein ewiges Sein, keine Wiedergeburt, keine Kasten und keine sozialen Unterschiede. Er ist das Suchen nach Erlösung, das Suchen nach der inneren Ruhe des Menschen.

Die Weisheit Buddhas (»Das Rad der

Unter einem Feigenbaum wurde Prinz Siddharta erleuchtet. Aus einem Ableger des Baumes wuchs auf Ceylon ein neuer Baum, während der indische Feigenbaum verdorrte. Später wurde wiederum ein Ableger des ceylonesischen Baumes nach Indien verpflanzt, an die ursprüngliche Stelle (links). Nicht weit davon befindet sich der Tempelbezirk von Sarnath (unten), dessen Ruinen 1931 ausgegraben wurden. Hier soll Buddha gepredigt und gelehrt haben. In seinem Entstehungsland Indien spielt der Buddhismus allerdings längst keine bestimmende Rolle mehr.

Lehre«) ist die Erkenntnis: »Wir tragen den Schlüssel zur Glückseligkeit in uns selbst.« Diese Lehre verkündete Buddha wenige Tage nach seiner Erleuchtung in der berühmten »Predigt von Benares.« Sie besteht aus den »Vier heiligen Wahrheiten«:

1. Das Leiden: Alles Leben ist Leiden.
2. Die Entstehung des Leidens: Leiden entsteht durch Durst, das Verlangen nach Lust. Dieser Durst verstrickt das Wesen in die Seelenwanderung.
3. Die Aufhebung des Leidens: Das Leiden wird aufgehoben durch die Aufhebung des Durstes nach Lust, die Überwindung des Begehrens.
4. Der Weg zur Aufhebung des Leidens: Er besteht aus dem »achtgliedrigen Pfad«: rechtes Glauben, rechtes Entschließen, rechtes Wort, rechte Tat, rechtes Leben, rechtes Streben, rechte Gedanken, rechtes Sich-Versenken.

Das letzte und höchste Ziel dieser heiligen Wahrheiten des Buddhismus und allen geistigen Trachtens ist es, des »Werdens End' und Ruh' zu finden«, das »Nirwana«, das »Erlöschen.« Ob das Nirwana noch Sein oder das absolute Nichtsein ist, hat Buddha nicht gesagt. Es ist die Befreiung von der Wiedergeburt (des Brahmanismus) und seiner Seelenwanderung. Es ist das Aufhören allen Leidens. Der Weg zum Nirwana führt über »Rechtschaffenheit, Sich-Versenken und Weisheit«.

Die Gemeinde Buddhas war ein Mönchsorden, zu dem auch Laien Zugang hatten, denn nur ein Mönch kann das Ziel – Nirwana – erreichen. Gottesdienste sind unbekannt, weil kein Gott angebetet wird. Es gibt nur Versammlungen, in denen die Lebensführung des einzelnen geprüft wird.

Die Lehre des Buddhismus schreibt fünf Ordnungen oder Gebote vor. Der Buddhist soll nicht töten, nicht stehlen, nicht ehebrechen, nicht lügen und keinen Alkohol trinken. Der Kanon der heiligen Schriften Buddhas besteht aus drei »Körben« (»Piteka«):

1. Vinaja = Korb der Ordensregeln: Texte der Ordensdisziplin;
2. Sutta = Korb der Lehrreden: Predigten Buddhas;
3. Abhidarma = Korb der Dogmatik: die Dogmen und die Philosophie.

Im Lauf der Jahrhunderte machte der Buddhismus zahlreiche Wandlungen durch. Es entwickelten sich im wesentlichen zwei Richtungen: »Das kleine Fahrzeug« (Hinajana) und »Das große Fahrzeug« (Mahajana). Die Namen der beiden Richtungen stammen von einer bildlichen Vorstellung: Die Welt gleicht einem brennenden Haus. Wer nur auf seine eigene Rettung bedacht ist, dem genügt ein »kleines Fahrzeug«, das ein Reh oder eine Ziege ziehen kann. Wer dagegen auch andere retten will, braucht ein »großes Fahrzeug«, das ein Ochse zieht.

Die Anhänger beider Richtungen haben einander in der Vergangenheit zum Teil heftig bekämpft. Am Ende setzte sich die Schule des »großen Fahrzeugs« durch. Das Mahajana machte den Buddhismus zur Weltreligion. Sein Kernsatz heißt: »Alles ist nichtig.«

Das Mahajana sieht sich als Vervollkommnung des »kleinen Fahrzeugs« durch praktische Menschlichkeit. Hier zeigen sich Parallelen zum späteren Christentum: Liebe und Barmherzigkeit tragen die Leiden anderer. Der einzelne kann durch sein Leiden die Erlösung anderer erwirken. An die Stelle der Selbsterlösung Buddhas ist die Erlösungsreligion des Buddhismus getreten.

In seinem Geburtsland Indien ist der Buddhismus schon im 13. Jahrhundert erloschen. Er vermochte sich nicht gegen das Kastensystem und die Lehre von der Seelenwanderung des Brahmanismus durchzusetzen und wurde zur Religion des Fernen Ostens.

Der Buddhismus hat die Kunst in China und Japan stark beeinflußt. Der große Buddha von Kamakura in Japan (links; rechts ein Ausschnitt) gilt als eine der schönsten und wertvollsten Darstellungen des Buddha Amithaba (in Japan Amida genannt). Die Bronzestatue aus dem 18. Jahrhundert wirkt wie aus einem Guß, obwohl sie aus vielen Einzelteilen zusammengesetzt ist.

Nach den Christen (rund 200 Kirchen mit etwa 1,1 Milliarden Gläubigen) und den Mohammedanern (etwa 500 Millionen) bilden die Buddhisten mit rund 300 Millionen die drittgrößte Religionsgemeinschaft der Welt. Es ist unmöglich, die genaue Zahl der Anhänger Buddhas anzugeben, denn es gibt zu viele Formen und Sekten des Buddhismus, und ein Gläubiger in Ostasien kann gleichzeitig Buddhist und Konfuzianer oder Buddhist und Schintoist sein.

90 Prozent der Buddhisten leben in Asien. Der Hinajana-Buddhismus ist heute hauptsächlich in Thailand, Birma, Kambodscha und Ceylon vertreten, der Mahajana-Buddhismus lebt noch in China und Japan, Nepal und Korea, außerdem in der Sonderform des Lamaismus in einigen Himalajastaaten.

Nach Japan kam der Buddhismus über China und Korea. Er wurde japanisiert. Seine Schulen sind heute das »Zen«, das geistige Selbstentäußerung lehrt, und das »Schin«, mit dem Ziel der Erlösung durch Vertrauen auf Gnade. Die Meditationen der japanischen Mönche haben ihre Wurzeln in den Regeln des atheistischen Buddhismus. Aber auch die Zen-Anhänger bekennen sich nur noch selten zu Buddha. So sagt der Zen-Meister Huan Po: »Was Buddha lehrt, hat nur das Ziel, des Denkens Raum zu überqueren; ist still geworden der Gedanken Spiel, wird stiller auch des Buddhas Lehre.«

In Europa hat der Buddhismus nie eine besondere Rolle gespielt, obwohl sich schon in den zwanziger Jahren buddhistische Glaubensgemeinschaften bildeten, die in den Hauptstädten ihre Tempel bauten. Unbestreitbar ist indessen der Einfluß fernöstlicher Denkweisen auf Literatur und Philosophie. Der Philosoph Arthur Schopenhauer beispielsweise hielt einen Teil seiner umfassenden Philosophie für »nahezu identisch mit der Erlösungslehre Buddhas«.

»Geht weithin, ihr Mönche, zum Heil der Menschen, und predigt den Weg der vollendeten und reinen Heiligkeit!« Diesen Missionsauftrag gab Buddha seinen Anhängern. So finden wir die Weltreligion des Buddhismus in ganz Ostasien verbreitet. Sie wird verkörpert durch den Heiligen in mancherlei Gestalt: auf einem Fresko im Höhlentempel von Ajanta (oben rechts), als Statue in Bombay (links) und als liegender Buddha auf Ceylon (rechts).

Aristoteles

Seine Philosophie wirkt bis in unser Jahrhundert

Das Gebäude der abendländischen Wissenschaften ruht auf den Fundamenten, die der griechische Philosoph Aristoteles (er lebte von 384 bis 322 v. Chr.) schuf. In seinem philosophischen Weltbild vereinigte sich das gesamte Wissen des Altertums. Es gab kaum ein Sachgebiet, mit dem er sich nicht grundlegend auseinandersetzte. Mit 18 Jahren wurde er Schüler Platons, dessen »Akademie« er fast 20 Jahre angehörte. An der Seite Platons (Bildmitte) malte ihn Raffael 1850 Jahre später.

Aristoteles: Der Mensch ist ein staatenbildendes Tier, ein »zoon politikon«

Die drei wohl bedeutendsten Philosophen des alten Griechenland haben im Lehrer-Schüler-Verhältnis zueinander gestanden. Platon (rechts), dessen größtes Werk »Der Staat« ist, war acht Jahre lang Schüler des Sokrates. Später gründete er die Akademie, in der der junge Aristoteles sein Schüler wurde.

Aristoteles ist wohl der bedeutendste Philosoph (und frühe Naturforscher) des Abendlandes, sicher aber derjenige mit der weitreichendsten, längsten Nachwirkung. So war sein universales Werk u.a. wichtigste Grundlage der mittelalterlichen Scholastik eines Thomas von Aquin.

Er ist Grieche des 4. Jahrhunderts v. Chr. gewesen. In Stageira auf der Halbinsel Chalkidike in Nordgriechenland wurde er 384 geboren. Er entstammte einer Medizinerfamilie; der Vater war Leibarzt des makedonischen Königs Amyntas. Auch er sollte Arzt werden und ging mit siebzehn Jahren nach Athen. Doch dort trat er in die platonische Akademie ein, um zwanzig Jahre hindurch Schüler und anschließend Lehrer zu sein. Über sein Verhältnis zu Platon wird Widersprüchliches berichtet. Es scheint, daß sie in manchem recht unterschiedlicher Meinung waren, so daß Platon, der über vierzig Jahre Ältere, nicht Aristoteles zu seinem Nachfolger bestimmte.

Platon starb 347. Noch im selben Jahr ging Aristoteles nach Assos in den Nordwesten Kleinasiens; ein ehemaliger Mitschüler, Hermeias, war dort inzwischen Diktator geworden und hatte ihn gerufen. Er gründete eine platonische Akademie und heiratete die Nichte des Hermeias, Pythias. Schon zwei Jahre später aber wurde der Herrscher gestürzt; darauf begab Aristoteles sich nach Mytilene auf Lesbos. Vielleicht hat ihn sein Schüler und Freund Theophrastos dazu gedrängt – jedenfalls hat er mit ihm zusammen dort Material für seine biologischen Studien gesammelt.

Das Jahr 342 brachte das spektakulärste Ereignis im Leben des Philosophen: König Philipp von Makedonien, der Einiger Griechenlands mit militärischen Mitteln, rief ihn an seinen Hof als Erzieher für den Prinzen Alexander – den späteren Alexander den Großen. 336 wurde Philipp ermordet; Alexander trat die Herrschaft an. Aristoteles scheint vieles an den politischen Zielen und an dem ganzen Gehabe seines Schülers gestört zu haben; er war sicherlich kein Freund von dessen Großmachtstreben und auch Gegner jenes orientalischen Gepränges, mit dem der junge König sich bald umgab. So zog er nicht mit, als Alexander 334 zu großen Siegen aufbrach. Er ging nach Athen zurück. Dort gründete er eine eigene Schule: das Lykeion (Lyzeum). Sie war Unterrichts- und Forschungsstätte.

Aristoteles besaß bald eine große Bibliothek; u. a. sammelte er alle damals bekannten Staatsverfassungen, es sollen einhundertsechzig gewesen sein. Und er legte eine Sammlung von Pflanzen und Tieren der damals bekannten Welt an.

Zwölf Jahre dauerte diese bedeutende Forschertätigkeit. Dann bekam Aristoteles politische Schwierigkeiten. Sein Verhältnis zu Alexander verschlechterte sich; schlimmer jedoch war, daß er in Athen wegen dieses Verhältnisses zum makedonischen Königshaus, das der Stadt die Freiheit genommen hatte, zunehmend angefeindet wurde. Nach dem plötzlichen Tod Alexanders äußerte sich die antimakedonische Stimmung noch offener; Aristoteles wurde der Gotteslästerung angeklagt. Er mußte befürchten, wie Sokrates zum Tod verurteilt zu werden. Das meinte er, als er sagte, er wolle den Athenern nicht zum zweitenmal Gelegenheit geben, sich gegen die Philosophie zu versündigen.

Aristoteles floh nach Chalkis auf Euboia, wo das Landgut seiner Mutter lag. Dort überfiel ihn bald ein Magenleiden; er starb nach wenigen Monaten (322 v. Chr.), zweiundsechzig Jahre alt.

Aristoteles ist der größte Systematiker (d.h. System-Schöpfer) der europäischen Geistesgeschichte. Obwohl seine Werke nur zum Teil erhalten sind, zeigen sie »ein

Das spektakulärste Ereignis im Leben des Aristoteles war seine Berufung zum Erzieher des makedonischen Prinzen Alexander, des späteren Welteroberers Alexander der Große. Das Bild (links) zeigt eine der Unterrichtsstunden. Nachdem Alexander König geworden war, kam es zu Differenzen in den Ansichten der beiden. Aristoteles war weder ein Freund von Alexanders Großmachtstreben noch von dem orientalischen Prunk in dessen Umgebung. – Aristoteles hat nahezu das gesamte antike Wissen gelehrt. Das Wandgemälde unten zeigt ihn als Anatomen.

geschlossenes, universales System der Forschung und Lehre«.
Auf den Kern dieser Lehre stößt man in seiner Metaphysik (die er »Erste Philosophie« nannte und die später die Bezeichnung »Metaphysik« = »nach der Physik« bekam, weil sie in einer Ausgabe seiner Werke auf die physikalischen Schriften folgte). In ihr will er das Seiende überhaupt erkennen. Er stellt fest, daß nur das Einzelne wirklich ist. Aber dieses Einzelne (z.B. ein Exemplar einer Pflanze) läßt sich zur Gewinnung sicheren Wissens nicht benutzen. Dazu benötigt man Unveränderliches. Dieses Unveränderliche sah er in den »Formen«. Ungeformtes ist »Stoff« und hat nicht Wirklichkeit. Aber in jedem Stoff wohnt eine formende Kraft (sie wird mit Entelechie bezeichnet); durch ihre Zielstrebigkeit wird er verwirklicht. Aristoteles schuf die Lehre von den »vier Gründen des Seienden«; diese Gründe sind: Stoff, Form, Zweck, Wirkursache.
Er begründete auch die abendländische Logik, d.h. die Lehre von den Formen und Methoden des richtigen Denkens. Er scheint die gesamte wissenschaftliche Forschung seiner Zeit beherrscht zu haben. Seine naturwissenschaftlichen Schriften handeln u.a. vom Himmel, vom Entstehen und Vergehen, von der Wetterkunde, über Lebewesen. Das Verhältnis von Leib und Seele sieht er so: Der Leib ist Stoff, die Seele ist Form; die Seele bewegt und formt also den Leib. Der Geist aber ist reine stofflose Energie und unsterblich.
In seiner Ethik meint er, das höchste Gut des Menschen sei die Glückseligkeit. Im übrigen sei der Mensch »zoon politikon«, ein »staatenbildendes Tier«. In der Neuzeit hieß es eine Zeitlang, er habe als höchste philosophische Autorität des Mittelalters den Fortschritt aufgehalten. Längst aber sehen wir in ihm wieder einen der größten Lehrer des Abendlandes.

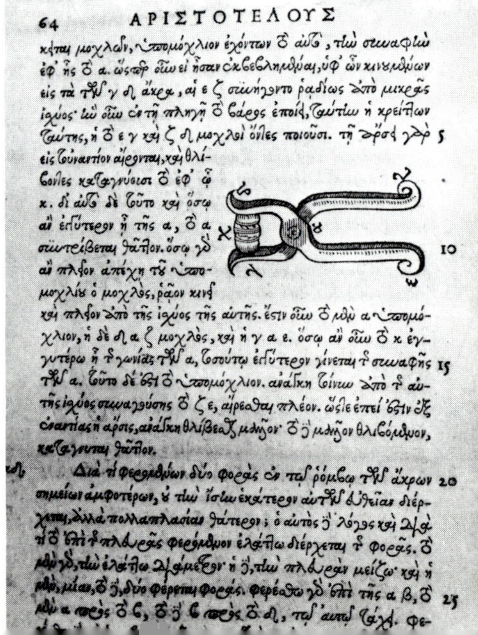
64 ΑΡΙΣΤΟΤΕΛΟΥΣ

Teil eines Traktats des Aristoteles über Mechanik (rechts). Obwohl die Werke dieses Philosophen nur teilweise erhalten geblieben sind, zeigen sie ein »geschlossenes, universales System der Forschung und Lehre«. Es sind Schriften über Logik, Physik, Metaphysik, Ethik und Politik. Doch auch über Poetik, vor allem über die Tragödie, hat er geschrieben. Das Mosaik aus Pompeji (ganz rechts) zeigt Platon im Kreis seiner Freunde, darunter Aristoteles.

Ausschnitt aus einem Gemälde mit dem Titel »Die Schule von Athen« des bedeutendsten Malers der italienischen Hochrenaissance, Raffael (oben links). Aristoteles diskutiert mit seinem über vierzig Jahre älteren Lehrer Platon. Die beiden sollen in manchem recht unterschiedlicher Meinung gewesen sein, so daß Platon seinen bedeutendsten Schüler nicht zu seinem Nachfolger bestimmte. – Säulen des Theseion in Athen. An ihrem Ende sieht man einen Teil der Stoa des Attalos, rechts die Akropolis (Bild oben). Nach der Stoa ist die Schule der Stoiker benannt.

Alexander

Griechische Kultur prägte das Reich des Eroberers

der Große

Kaum einer der großen Eroberer der Welt hat einen so tiefen Eindruck hinterlassen wie Alexander III. von Makedonien (356 bis 323 v. Chr.), den man später den Großen nannte. Er einte Griechenland, unterwarf Persien und Kleinasien, marschierte nach Indien. Sein Porträt steht hier vor der »Alexanderschlacht« von Albrecht Altdorfer. Einen »Zermalmer« hat man ihn genannt. Aber er brachte auch Geist und Kultur Griechenlands bis in den Orient. Als 33jähriger starb er in Babylon. Sein Reich zerfiel.

Traum eines Titanen: Rassenmischung und Vielvölkerbund

Philipp II. von Makedonien, Schöpfer des makedonischen Einheitsstaates, der Wegbereiter seines Sohnes Alexander.

Für »dümmlich und aufgeblasen« hielt Demosthenes den jungen Prinzen am Hofe zu Pella. Dem Urteil des großen Redners und politischen Agitators aus dem weltstädtischen Athen schloß sich die öffentliche Meinung in Griechenland bereitwillig an. Und auch der renommierte Name des Aristoteles, der den Knaben Alexander, Sohn Philipps II., erzog, konnte in diesem Zusammenhang wenig beeindrucken.

Der Irrtum des Demosthenes kam Athen und den mit ihm verbündeten Städten teuer zu stehen. Siegessicher stellte sich der Bund der Hellenen 338 v. Chr. dem zur Vorherrschaft über ganz Griechenland strebenden Philipp bei Chaironeia zur Schlacht. Der gerade 18jährige Alexander war es, der ihnen als Befehlshaber des makedonischen Angriffsflügels mit geschickten taktischen Manövern eine entscheidende Niederlage beibrachte.

Mit einem Schlag veränderte sich die politisch-militärische Szenerie im östlichen Mittelmeer. Die neue Großmacht hieß Makedonien. Die Zeit der »Polis«, der freien griechischen Stadt, näherte sich ihrem Ende. Bundes- und später zentralstaatliche Ideen gewannen Raum.

Zunächst aber überstürzten sich die aktuellen Ereignisse. Bereits ein Jahr nach seinem Sieg hatte Philipp die griechischen Städte mit Ausnahme Spartas im »Korinthischen Bund« vereinigt, der ihn als »Hegemon« und Bundesfeldherr anerkannte. Die Zielrichtung des Bundes war Persien, nicht mehr so mächtig wie früher, aber immer noch bedrohlich, immer zur Anstiftung innergriechischer Verschwörungen und Intrigen bereit. »Rache für Xerxes« hieß die Losung. Dieser persische König hatte Griechenland mehrmals angegriffen, ohne sonderlichen Erfolg zwar, und die Angelegenheit lag bereits 150 Jahre zurück, aber sie hatte einen nationalen Nerv getroffen. Die Kriegsvorbereitungen liefen an.

Der aus dem 4. Jahrhundert v. Chr. stammende »Alexandersarkophag« (links), 1887 bei Sidon gefunden und seither in Istanbul aufbewahrt, gilt als eines der schönsten Kunstwerke des Altertums. Alexander wurde allerdings in der Nähe von Alexandria beigesetzt. Um Alexanders Taten als Eroberer, Entdecker und Forscher ranken sich viele Legenden. So soll er als erster Mensch Tauchversuche (rechts) unternommen haben. Seine Vermählung mit der baktrischen Prinzessin Roxane (unten) sollte als Vorbild für die Verschmelzung der Rassen gelten.

Und in dieser Zeit beginnt das weltumstürzende Drama, das Alexander III. heißt, den man erst viel später den Großen nannte. Philipp hat sich von seiner Frau Olympias, einer, wie es heißt, exaltierten religiösen Schwärmerin, getrennt. Die Thronfolge des Sohnes Alexander steht auf dem Spiel. Da wird Philipp im Jahre 336 ermordet. Im nächsten Akt werden alle Rivalen Alexanders umgebracht. Die Nachricht von den Blutbädern verbreitet sich mit Windeseile. Die Grenzvölker rebellieren. Alexander handelt blitzschnell. Dabei kann er sich auf seine makedonischen Truppen verlassen. Offenbar sind sie fasziniert von dem im Krieg schneidigen, persönlich mutigen Draufgänger, der über die charismatische Autorität des Herrschers verfügt.

Bevor an Widerstand auch nur zu denken ist, erscheint Alexander vor Korinth, wo sich die erschrockenen Bürger eilen, ihm zu huldigen. Dann stürmt er in Eilmärschen zum Balkan, überschreitet die Donau, unterwirft die Thraker und wenig später in Albanien die Illyrer. In der Abstimmung der richtigen Zeitpunkte für das gleichzeitige Eintreffen getrennter Einheiten, in der Schlachtordnung und ihrer plötzlichen Änderung erweist er sich bereits hier als souveräner Stratege und Taktiker.

Unvermutet wendet er sich wieder nach Süden und erobert Theben, Zentrum des antimakedonischen Widerstandes. Die Abschreckungsmaßnahme wirkt. Der Aufruhr der griechischen Städte bricht zusammen. Dies alles geschieht binnen Jahresfrist nach der Ermordung des Vaters, und ein weiteres Jahr später steht ein Heer bereit für den Feldzug nach Kleinasien, ins Perserreich. Mit 35000 Mann überschreitet der 22jährige Alexander 334 den Hellespont.

Er hat seine Heimat nicht wiedergesehen. Aber in den ihm noch verbleibenden elf Lebensjahren hat er die damals bekannte Welt grundlegend verwandelt. Diese Welt, die man von Meeren umspült glaubte, umfaßte Europa, Teile Asiens bis Indien und Teile Afrikas. Bald wurde es deutlich: diese ganze Welt, den Osten zuerst, will Alexander entdecken, erobern und vereinigen.

Im fernen Babylon, der großen Metropole des Perserreiches, sieht man dem Eindringling gelassen entgegen. Mit diesem makedonischen Gernegroß würden schon die Statthalter im kleinasiatischen Vorfeld, die Satrapen, allein fertig werden. Wieder kommt Alexander eine Fehleinschätzung zugute, und eine Weltmacht geht daran zugrunde.

Schon bei Granikos, in Küstennähe, räumt der kommende Herr der Welt die Verbände der Satrapen aus dem Weg. Im Jahr darauf, 333, steht er dem eilig gesammelten persischen Hauptheer unter König Dareios III. gegenüber. Issos heißt der Ort am Golf von Iskenderun. In einer Schlacht der taktischen Finessen auf beiden Seiten verliert Dareios die Nerven und ergreift die Flucht.

Sein nächstes Ziel heißt Ägypten. Er wird als Befreier von persischer Unterdrükkung und neuer Pharao bejubelt. 331 gibt er Befehl zum Bau einer neuen Hauptstadt, Alexandria, die bedeutendste seiner zahlreichen Städtegründungen. Eine wissenschaftliche Expedition wird ausgeschickt. Sie soll die Ursache der Nilüberschwemmungen feststellen, und sie findet sie – richtig – in den Sommerregen des äthiopischen Hochlandes. Diese Nachricht geht sofort an Aristoteles. Immer wieder berichtet Alexander auch in den folgenden Jahren dem Lehrer, von dem er einmal sagt, er habe ihn gelehrt, was das Leben lebenswert mache.

Von Ägypten aus dringt Alexander 800 Kilometer weit in die Libysche Wüste vor, läßt sich in der Oase Siwa vom Orakel des Gottes Amon weissagen und bricht nun, nach günstigem Bescheid,

Nach der Eroberung Persiens ließ Alexander die Königsstadt Persepolis in Schutt und Asche legen. In den Flammen der Paläste versank die Macht des alten Orients. Die Trümmer wurden ab 1930 ausgegraben (oben). In der zerstörten römischen Stadt Pompeji fand man 1831 das größte erhaltene Mosaikgemälde des Altertums, das sich heute in Neapel befindet (rechts). Es zeigt Alexander in einer Schlacht gegen das Heer des Dareios. Vermutlich handelt es sich um die Schlacht bei Issos.

Bis heute ist das von tiefen Schluchten zerrissene Hindukusch-Gebirge im Grenzgebiet zwischen Afghanistan und Vorderindien mit seinen 7000 Meter hohen Gipfeln schwer überschreitbar geblieben. Alexander überwand die unzugänglichen Paßhöhen mit seinen von harten Partisanenkämpfen erschöpften Truppen 327 v. Chr. Dann drang er bis an den Fuß des Himalaja und bis zur Mündung des Indus-Flusses vor.

wieder auf gegen den Hauptgegner. Noch im selben Jahr 331 schlägt er östlich von Mossul, bei Gaugamela, die wiederaufgerüsteten, an Zahl überlegenen Truppen des Dareios ein zweites Mal.

Die Massen Babylons jubeln dem neuen Heros zu, der sich unterdes die unermeßlichen Schätze der persischen Könige aneignet und die erste große Epoche einer weltweiten Geldwirtschaft und Hochkonjunktur in Gang bringt.

Nach der Niederbrennung von Persepolis, nach der Niedermetzelung von vermeintlichen Verschwörern im eigenen Heer rüstet Alexander seine um Angehörige besiegter und befreiter Völkerstämme verstärkte Streitmacht zum nächsten Feldzug.

Nach blutigen Partisanenkämpfen mit zähen Gebirgsvölkern Ostirans und Afghanistans, in denen er selbst schwer verwundet wird, erreichen seine über Samarkand hinaus vordringenden Truppen Gebiete, die kein Perserkönig je gesehen, die kein griechischer Geograph je geahnt hatte. Das Hindukusch-Gebirge mit seinen 7000 Meter hohen Gipfeln wird überwunden. Dann steht Alexander in Vorderindien und schlägt 326 in seiner letzten Schlacht die Armee des Königs Poros mit ihren Kriegselefanten.

Erst im Angesicht des Himalaja gibt er dem wachsenden Widerstand seiner makedonischen Veteranen nach, die seit dem Aufbruch aus der Heimat 18000 Kilometer zurückgelegt haben. Aber nun ist es wieder der forschende Entdecker, der ihn treibt. Er will die östliche Grenze der Welt, das große Meer, er will bestätigt sehen, was Aristoteles gelehrt hat. 325 erreicht er das Indusdelta, den Ozean. Jetzt muß sich auch der Seeweg zum Persischen Golf beweisen lassen, und ein Teil des Heeres wird eingeschifft.

Alexander nimmt für sich den küstennahen Landweg. Und hier erreicht das Drama seine Katastrophe. In der Endlosigkeit der Gedrosischen Wüste wird die Natur sein härtester, erbarmungsloser Gegner. Noch einmal bleibt er siegreich. Aber der Preis ist zu hoch. 90000 Mann gehen an den Entbehrungen zugrunde. Ein ausgezehrter Haufen erreicht 324 Susa, schließlich Babylon, das die Hauptstadt des neuen Reiches werden soll.

Der Herrscher zeigt sich ungebrochen. Innere Gliederung und Stabilisierung seines Vielvölkergebildes nimmt er sofort in die Hand. In diesem Reich soll es keine Rassentrennung geben, er forciert sogar eine Politik der Rassenmischung.

Während ihm in Babylon Gesandtschaften aus Italien, Spanien, selbst aus Karthago und Äthiopien huldigen, sind seine Gedanken schon auf das andere, das westliche Ende der Welt gerichtet: auf die Säulen des Herakles, Gibraltar, und den Ozean dahinter. Doch am 13. Juni 323 bricht der Tod das Drama ab; Alexander stirbt, 33 Jahre alt, in Babylon an einer fiebrigen Erkrankung, Malaria vielleicht oder Lungenentzündung.

Einen titanischen Menschen hat man ihn genannt, einen »Zermalmer.« Kein Gefühl war ihm fremd, keine Regung, kein noch so phantastischer Gedanke. Von allem hatte er etwas und von allem zuviel. Alles an ihm war maßlos und übersteigert. Grausame Wildheit und sentimentale Depressionen jagten einander.

Für Griechenland begann nach seinem Tod eine 300 Jahre währende Epoche, die später als die »hellenistische« bezeichnet wurde. Es war Griechenlands große, von Alexander vorgeprägte Zeit weltumfassender, mit morgenländischen Elementen durchsetzter Bildung, aus der eine abendländische Kultur hervorging. Die politische Einheit des Alexanderreiches zerfiel rasch, eine Beute der Freunde und Heerführer des toten Mannes, der Diadochen, und von ihnen aufgezehrt. Der Traum des Titanen von der Weltregierung ist bis heute ein Traum geblieben.

In Babylon erlebte Alexander seinen größten Triumph. Hier vollendete sich aber auch sein Leben. Nach seinen Blitzsiegen über Dareios jubelten ihm die Massen beim Einzug (331) begeistert zu (links). Um Aussöhnung mit den Besiegten bemüht, wollte er Babylon zur Hauptstadt seines Reiches machen und nahm selbst orientalische Gewohnheiten an. Auf dem Höhepunkt seiner Macht, nach der Rückkehr aus Indien, warf ihn 326 eine tückische Krankheit auf sein letztes Lager. Bestürzt nahmen die Veteranen Abschied von ihrem Feldherrn (unten).

Cäsar

Sein Name wurde zum Symbol europäischer Herrscher

Der Patriziersohn Gaius Julius Cäsar (100 bis 44 v. Chr.) war der größte Feldherr und Staatsmann seiner Zeit. Die Kraft seiner überragenden Persönlichkeit formte die Geschichte seines Jahrhunderts. Mit ihm vollzog sich für Rom der Übergang von der alten Republik zur neuen Monarchie. Den Zeitgenossen erschien er wie ein Gott; seine Schwächen vergaß man angesichts dessen, was er für den Staat leistete. Sein marmornes Porträt steht hier vor einer Darstellung eines seiner Triumphzüge.

Sein Werk blieb unvollendet, aber es wirkt in Europa 2000 Jahre nach

Der Versuch des Catilina, durch einen Umsturz die Macht in Rom an sich zu reißen, war 63 v. Chr. gescheitert, der Verschwörer geflohen. Vor dem Senat kam es zum Prozeß gegen seine Helfer, bei dem Cäsar vergeblich die Catilinarier zu retten versuchte. Der Konsul M. T. Cicero – das rechte Bild zeigt ihn bei seiner Anklagerede – konnte sich diesmal noch gegen Cäsar durchsetzen.

Als er an den Iden des März 44 v. Chr. auf dem Kapitol in Rom unter dreiundzwanzig Dolchstichen zusammenbrach, glaubten die Verschwörer mit ihren Anführern, den Senatoren Brutus und Cassius, die römische Adelsrepublik gerettet zu haben. Das Gegenteil war der Fall: Cäsars Tod stand an der Schwelle des fünfhundertjährigen römischen Kaiserreichs, einer Militärmonarchie, für die er alle Voraussetzungen geschaffen hatte, und sein Name wurde »als Inbegriff irdischer Machtvollkommenheit zum staatsrechtlichen Gattungsbegriff« (E. Hohl). Die römischen Herrscher seit Augustus trugen ihn als ehrenden Beinamen, im Byzantinischen Reich wurde »Caisar« daraus, im Deutschen »Kaiser« und im Russischen und Bulgarischen »Zar«.

Gaius Julius Cäsar entstammte dem angesehenen, aber verarmten altrömischen Adelsgeschlecht der Julier und wurde im 7. Monat – der später zu seinen Ehren den Namen »Juli« erhielt – des Jahres 100 v. Chr. geboren. Der junge Patrizier genoß eine umfassende Bildung und wuchs in einer Zeit auf, in der das Gebiet, das die römische Militärmacht beherrschte, sich weit über den Mittelmeerraum hinaus nach Norden, Osten und Südosten ausdehnte. Im Innern aber war die Ordnung in Rom schon seit längerem durch politische Krisen erschüttert und in einen Strudel von Bestechungen, Verschwörungen und Bürgerkriegen geraten.

Der einst so vorbildliche Senat, der über lange Perioden der römischen Republik das tragende Element des Staates dargestellt hatte, entwickelte sich zu einem Instrument eigensüchtiger Adelsherrschaft. Zwei Gruppen, die um die Macht kämpften, verfolgten sich mit Mord und Totschlag: die reformfeindlichen Optimaten (»zu den Besten gehörig«) als die Senatspartei und die Popularen (»Volksmänner«), in deren Reihen sich auch Männer von Rang und Namen befanden und die

In einer Talsenke zwischen Quirinal, Kapitol, Palatin und Esquilin, vier Hügeln des siebenhügeligen Roms, erstreckte sich das Forum Romanum, der alte Markt-, Versammlungs- und Gerichtsplatz der Stadt, mit dessen systematischer Ausgrabung erst im 19. Jahrhundert begonnen wurde. Der heutige Betrachter (unteres Bild) kann seine einstige Größe und architektonische Schönheit nur ahnen. Cäsar ließ hier ein monumentales Gerichtsgebäude erstellen, legte daneben aber ein eigenes Forum (Forum Julium) an. Nach seinem Tode wurde ihm ein Tempel geweiht.

Eine Meisterleistung der Pioniere Cäsars waren in den Jahren 55 und 53 die Brückenschläge über den Rhein (nebenstehendes Bild), den er durch die Unterwerfung Galliens zum römischen Grenzfluß gemacht hatte. Vier Jahre später führte er seine Legionäre gegen den ehemaligen Mittriumvirn Pompejus. Mit den ersten Kohorten (eine Kohorte zählte 600 Mann) durchquerte er zwischen dem 10. und 13. Januar 49 eine Furt des Rubicon (Bild ganz rechts). Damit begann der Bürgerkrieg, der ihn zum alleinigen Herren des römischen Weltreiches machte.

Nur kurz war die Zeit der unumschränkten Herrschaft Cäsars. Der ihm jetzt hörige Senat – nur wenige, unter ihnen Cicero, wagten noch dagegenzustimmen – ernannte ihn zum Diktator auf Lebenszeit. Der Renaissancemaler Andrea del Sarto stellte den Imperator dar (Bild unten), wie er, bekränzt mit dem Siegeslorbeer, die Huldigungen der Bevölkerung entgegennimmt.

mit dem Volk gegen den allmächtigen Senat Politik machen wollten.

Cäsar stand schon in seiner Jugend den Popularen nahe. Sein Onkel war der berühmte Feldherr Marius gewesen, der die Kimbern und Teutonen besiegt hatte und im Alter in einem blutigen Bürgerkrieg gegen seinen großen Rivalen Sulla und die Optimaten die Sache der Popularen vertrat. Cäsar hatte sehr jung die Tochter eines der eifrigsten Gefolgsleute des 86 verstorbenen Marius geheiratet und wurde somit in die Auseinandersetzungen zwischen dem siegreichen Diktator Sulla und den Anhängern des Marius hineingezogen, geächtet, verfolgt und zum Militärdienst in Kleinasien begnadigt.

Sein »Eintritt in die Geschichte« begann 78, als er nach dem Tode Sullas nach Rom zurückkehrte. Systematisch begann er, die Voraussetzungen für die spätere Übernahme der höchsten Staatsämter zu schaffen und verschmähte dabei keines der damals üblichen Mittel, unter denen hohe Bestechungsgelder durchaus an der Tagesordnung waren. Dabei setzte er von Anfang an auf einen starken Rückhalt beim Volk und die Unterstützung durch die Gegner des Senatorenregimes. In M. L. Crassus, der den Beinamen Dives (»der Reiche«) führte und den großen Sklavenaufstand unter Spartacus niedergeschlagen hatte, gewann er eine der maßgebendsten römischen Persönlichkeiten für sich. Crassus suchte sich Cäsar gegen seinen Rivalen, den Feldherrn Pompejus, zu verpflichten, den seit Sulla mächtigsten Römer. Er bezahlte die riesigen Schulden des ehrgeizigen Juliers, bis dieser später in seinen Ämtern Gelegenheit genug fand, sich »angemessen« selbst zu bereichern.

Wenn Crassus aber geglaubt hatte, in Cäsar das geeignete Werkzeug für sein Machtstreben gefunden zu haben, so war das Gegenteil der Fall. Cäsars eigentliche Ämterlaufbahn begann Anfang der sechziger Jahre. Als Ädil, dem u.a. die Verantwortung für die Veranstaltung der öffentlichen Festlichkeiten und Spiele oblag, bemühte er sich, getreu dem Grundsatz: »Brot und Spiele!« (»panem et circenses«), die Gunst der Bevölkerung durch hinreichende materielle Versorgung und prunkvolle Feste zu erhalten. Das verschlang ungeheure Summen, aber Crassus zahlte.

Gestützt auf ihn und auf die Massen Roms wurde Cäsar 63 als Pontifex Maximus an die Spitze des Priesterkollegiums gestellt. 62 machte man ihn zum Prätor, dem für die Zivilgerichtsbarkeit Roms zuständigen höchsten Beamten, und 61 ging er als Proprätor (Provinzstatthalter) in das südliche Spanien. Jetzt war sein Einfluß bereits so groß, daß es ihm gelingen konnte, in einem geschickten Schachzug die beiden Rivalen Pompejus und Crassus in einem Geheimabkommen, dem Triumvirat, mit sich zu verbinden, um den Senat einzuschüchtern (60). Ohne die Zustimmung der drei Männer sollte im Staat nichts mehr geschehen.

59 wurde Cäsar als Konsul zum Herrn in Rom. Seinen Mitkonsul (das Konsulat wurde stets von zwei Männern verwaltet) wußte er geschickt auszuschalten. Unter dem Beifall des Volkes setzte er gegen den Senat mehrere sozial- und agrarpolitische Gesetze durch. Als Prokonsul ließ er sich die Verwaltung der Provinz Gallien und den Oberbefehl über vier Legionen (je 6000 Soldaten) übertragen. Damit begann die weltgeschichtliche Bedeutung des Feldherrn Cäsar. Mit seinen ihm blindlings ergebenen Legionären stieß er weit über die Grenzen der Provinz, zu der damals nur Oberitalien und das heutige Südfrankreich gehörten, hinaus. Ohne von Rom dazu ermächtigt zu sein, unterwarf er von 58 bis 51 das gesamte freie Gallien zwischen Rhein und Pyrenäen. Dabei erwies er sich als hervorragender militärischer Taktiker und Organisator.

Seine Nachschub- und Nachrichtendienste waren einmalig, seine Pioniere unübertroffen. Zweimal ließ er Brücken über den Rhein schlagen und drang in das freie Germanien vor, mehr zur militärischen Demonstration als aus Eroberungsabsichten. Als sein eigener Kriegsberichterstatter informierte er die Hauptstadt über den »Gallischen Krieg.« Niemals ließ er bei seinen militärischen Unternehmungen die politischen Verhältnisse außer acht.

Nachdem Crassus bei einem Feldzug gegen die Parther 53 umgekommen und Pompejus 52 vom Senat zum »Konsul ohne Kollegen« ernannt worden war, spitzte sich das Verhältnis zwischen den beiden Mächtigen zu. Als der Senat auf die Forderung des Pompejus einging, von Cäsar die Aufgabe seines Kommandos in Gallien und dic Entlassung des Heeres, inzwischen waren es elf Legionen, aus seiner Befehlsgewalt zu verlangen, hielt dieser seine Stunde für gekommen.

Mitte Januar 49 überschritt er mit den ersten Truppen den kleinen Grenzfluß Rubicon, der das Mutterland vom südlichsten Teil der gallischen Provinz trennte. Dabei soll er auf griechisch zitiert haben: »Der Würfel ist gefallen!« Das bedeutete Bürgerkrieg. Pompejus verteidigte Rom nicht und zog sich mit seinen Anhängern nach Griechenland zurück. Cäsar brachte ganz Italien unter seine Herrschaft, schlug die Kerntruppen des Pompejus in Spanien und besiegte diesen selbst bei Pharsalus in Mittelgriechenland (48). Er verfolgte den Flüchtigen nach Ägypten, wo dieser ermordet wurde. Erst bei Thapsus an der Küste Tunesiens (46) und bei Munda in Spanien (45) konnte Cäsar die letzten Anhänger seines großen Gegners endgültig besiegen.

Nachdem ihn der jetzt unterwürfige Senat zum Diktator ernannt hatte, standen ihm alle Möglichkeiten offen, Staat und Gesellschaft nach seinen Plänen neu zu gestalten. Dazu gehörten u. a. große Siedlungsvorhaben für das städtische Proletariat in den Kolonien, der Ausbau der Hauptstadt, die Tiberregulierung, Erweiterung Ostias zu einem Großhafen und ein gigantisches Straßenbauprogramm. Es gelang ihm, dem Weltreich eine einheitliche Zeitrechnung zu geben (46), die vom Mondjahr abging und auf dem Sonnenjahr der Ägypter (365 1/4 Tage) beruhte. In den Provinzen genoß er bereits göttliche Ehren, seine Erhebung zum »Gottkönig« schien nur noch eine Frage der Zeit zu sein, da trafen ihn, bevor er zu einem neuen Feldzug gegen die Parther aufbrechen konnte, die Dolche der Verschwörer. Cäsar starb kinderlos, zum Erben setzte er seinen Großneffen Gaius Octavius ein.

Cäsar war zweifellos eine der genialsten Persönlichkeiten der Weltgeschichte. Sein Wirken, so umstritten es sein mag, strahlt noch bis in unsere Gegenwart aus. Die Romanisierung Galliens, die unter ihm ihren Anfang nahm, und die Bedeutung, die er dem Grenzfluß Rhein beimaß, sind für die spätere französische und deutsche Geschichte nicht mehr wegzudenken. Auch noch im heutigen Italien, insbesondere in Rom, begegnet man den Spuren des Juliers. Sein Kalender bildet die Grundlage für unsere Zeitrechnung, die lediglich unter Papst Gregor XIII. 1582 modifiziert wurde. Sein Buch vom »Bellum Gallicum« wurde zur Standardlektüre für den Lateinunterricht. Bedeutende Dichter versuchten, das Phänomen Cäsar dramatisch zu erfassen, so Shakespeare (1599), Corneille (1641), Voltaire (1731) und Shaw (1901). Unzählige Biographien wurden über ihn geschrieben. Noch immer aber ist Gaius Julius Cäsar in der »Universalgeschichte unausschöpfbarer Mythos des Machtgebrauchs« (E. Kogon).

Es ist nicht erwiesen, daß Cäsar noch einen Ausruf getan hat, als die dreiundzwanzig Verschwörer mit Dolchen auf ihn eindrangen. William Shakespeare läßt ihn in seinem Drama »Julius Cäsar« mit den Worten zu Boden sinken: »Brutus, auch du? – So falle, Cäsar!« Wie der römische Historiker Sueton (geboren um 70 n. Chr.) in seinem uns überlieferten Werk »Das Leben Cäsars« berichtet, überlebte von Cäsars Mördern kaum einer den Julier um mehr als drei Jahre, und niemand von ihnen starb eines natürlichen Todes.

Jesus von Nazareth

Seine Heilslehre ist Grundlage des Christentums

Jesus von Nazareth, die Zentralgestalt des christlichen Glaubens, wurde um den Beginn unserer Zeitrechnung in Bethlehem geboren und zwischen 30 und 33 in Jerusalem gekreuzigt. »Christus« ist der Beiname, der ihm von den Gläubigen als dem erwarteten Messias beigegeben wurde. Die wichtigsten und zum Teil die einzigen Quellen über Jesus sind die Evangelien des Neuen Testaments. Für die Christen in aller Welt ist er der Heilsbringer, der Sohn Gottes, der Heiland und Erlöser.

Ein armer Wanderprediger – der Herr des Abendlandes

Noch heute zeigt man am Jordan die Stelle, wo Johannes Jesus von Nazareth taufte (unten): »Und der Heilige Geist fiel hernieder in leiblicher Gestalt auf ihn wie eine Taube (Lukas 3,22).

Sicherlich lebte nie ein Mensch, in dessen Namen in der Welt durch die Jahrhunderte hin mehr geschah: Jesus von Nazareth. Wenngleich nur amtsloser und armer Wanderprediger aus Galiläa, dem nördlichen Palästina, brachte niemand mehr in Bewegung und auf den Weg: Bekehrungen, Heilungen, Erlösungen. Wieso sich auch Kriegsherren, Eroberer, Zerstörer und Massenmörder ausgerechnet auf diesen Menschen, der die Feindesliebe für sich und die Seinen zur Norm gemacht hatte, berufen konnten, ist deren dunkel-böses Geheimnis. Zumindest das sogenannte Abendland, unsere westliche Welt, ist in seiner Besonderheit ohne ihn und ohne sein Wirken seit nunmehr fast zwei Jahrtausenden, nicht denkbar.

Dennoch ist dieser Jesus von Nazareth ein Mensch, von dessen eigentlichem Leben uns nur sehr schmale Kenntnisse überliefert sind. Eine Biografie Jesu läßt sich nicht schreiben, eher schon, bei gebotener Vorsicht, ein Lebensbild. Alles Wesentliche (außer seiner bloßen Existenz), was uns über ihn berichtet wird, stammt aus den zwei Generationen danach und ist glaubensbezeugt, kann also nicht ohne schwierige literarkritische Operationen als historisches Zeugnis verwendet werden. Wir kennen weder das Jahr noch den sicheren Ort seiner Geburt. Wir wissen außer den Namen und der gegenseitigen Entfremdung nichts von seiner Familie, nichts von seiner Jugend, nur indirekt von seiner Erziehung.

Das früheste Dokument, in dem von Jesus gesprochen wird, ist der erste Brief des Paulus an die Thessalonicher. Er stammt aus dem Jahre 50 oder 51 nach Christi Geburt, knapp 20 Jahre nach Jesu Tod. Die Auskünfte für das bloß historische Interesse sind freilich mager. Paulus hat Jesus nie gesehen oder gehört. Er könnte also bestenfalls erzählen, was andere ihm berichtet haben. Das gilt sogar dann, wenn Paulus, wie im 2. Kapitel des Galaterbriefes, oder am Anfang des 15. Kapitels des 1. Korintherbriefes ausdrücklich historisch argumentieren will. Paulus und seine Gemeinden blicken nämlich nicht auf den dagewesenen Jesus von Nazareth zurück, sondern erwarten ihn als von Gott beglaubigt, als den kommenden Herrn der Welt. Die Metaphernsprache, derer sich Paulus dabei strukturell bedient, ist apokalyptisch. Ganz andere Wege gingen dabei, wenn auch nur gelegentlich im Seitenblick, zeitgenössische Historiker. So hat der jüdische Historiker Josephus Flavius gegen Ende des ersten Jahrhunderts ein einziges Mal einen »gewissen Jakobus als Bruder eines Christus« erwähnt. Noch später schrieb der römische Historiker Tacitus über erste Christenverfolgungen und erwähnt dabei auch Jesus Christus.

Im übrigen erzählen fast nur eine neue literarische Erfindung der jungen Christengemeinden von Jesus von Nazareth: die Evangelien. Außer den vier bekannten, sind die Fragmente von wenigstens einem halben Dutzend anderen, neuerdings (1945/46) durch ein »Thomasevangelium« ergänzt, die klassische Jesusquelle schlechthin.

Seit man am Toten Meer (1947) in den Ruinen des Qumranklosters jene Schriftrollen fand, die mehr von der jüdischen Sekte der Essener berichten, als uns bisher aus den Überlieferungen bekannt war, sehen wir uns vor neue Tatsachen gestellt. Drei, vier Generationen vor Jesus verehr-

Das Leben Jesu Christi war immer wieder der große Inhalt der abendländischen Kunst. Oben von links nach rechts: Die Geburt Christi im Stall zu Betlehem (früher unbekannter Meister); Christus vertreibt die Geldwechsler aus dem Tempel: »Mein Haus soll ein Bethaus sein! Ihr aber habt eine Mördergrube daraus gemacht« (unbekannter Meister); Christus wird von Johannes dem Täufer getauft (Andrea del Verrocchio, 1436 bis 1488); Christi Bergpredigt mit den neun berühmten Seligpreisungen (Fra Angelico, 1387 bis 1455, für das Markuskloster zu Florenz).

Blick auf die Altstadt von Jerusalem, in der sich heute die Heiligtümer dreier Weltreligionen vereinen: des Judentums, des Christentums, des Islams (unten).

ten die Essener einen Ex-Priester des Jerusalemer Tempelkultes als ihren »Lehrer der Gerechtigkeit«. Ob und wie dieser unter dem jüdischen Fürsten Aristobul II. um das Jahr 62 v. Chr. gewaltsam (Kreuzigung?) ums Leben kam, bleibt unscharf. Johannes der Täufer, der auch Jesus taufte, kann Essener gewesen sein. Die Lehre der Essener streift sich mit der Predigt Jesu gelegentlich im ethischen Bereich. Soweit Jesus selbst Apokalyptiker gewesen zu sein scheint, finden wir in den Essenerschriften ebenfalls Parallelen; allerdings niemals dem allgemein jüdischen Rahmen entschränkt und nie ohne peinigende essenische Rachegelüste.

Gibt es möglicherweise noch andere Vorläufer, nicht nur sehr entfernte, wie sie die jüdischen Propheten ankündigten, sondern auch nähere, aber noch unbekannte? Platon hatte, vierhundert Jahre vor Jesu Auftreten, in seiner »Politeia« geschrieben: »Der Gerechte wird gegeißelt, gefoltert, gebunden, mit Feuer geblendet und, wenn er alle Leiden erduldet hat, schließlich ans Kreuz geschlagen werden.«

Was Jesus von Nazareth angeht, so müssen wir uns also auf's Ganze an die Evangelienliteratur halten. Jesus von Nazareth war von Anfang an nie nur der Mensch, der da vor langer Zeit im jüdischen Land lebte, sicherlich ein Vorbild und Gut schlechthin, sondern immer auch schon die Verkündigung der mit ihm gemeinten Deutung menschlicher Geschichte. Wie weit historische Beweise für sein Leben und Wirken tragen, wäre also zweitrangig, da es immer schon darauf ankam, daß in ihm menschlicher Sinn überhaupt geglaubt wurde. Dem Gläubigen ist er Messias, Christus, Retter, Gottessohn und Menschensohn, soviel oder so wenig – historisch – diese Titel im Einzelnen besagen mögen.

Darf man jedoch annehmen, daß eine Lehre, eine Religion, ein Glaube, nach und nach Weltereignis werden konnte, ohne daß ein lebendiger Mensch dahinterstand? Eine Gemeinde – (darauf liefe es hinaus) hätte sich eine Legende geschaffen von einem Messias, der ans Kreuz geschlagen wurde und danach am dritten Tage wiederauferstand? Sie hätte die in der Zeit umlaufenden Heilslehren gesammelt und in Auswahl auf den Messias übertragen, ihm in den Mund gelegt? Sie hätte also zunächst das Evangelium bewußt geschaffen und danach, weil sie ihn als Gewährsmann brauchte, den Sohn Gottes hinzugefügt?

Das ist ganz unwahrscheinlich. Die Apostel, die in die Welt hinauszogen, um Christi Lehren zu verkünden, waren durch bestimmte einmalige Erlebnisse mit einem Menschen – eben Jesus von Nazareth – so aufgewühlt, geprägt, begeistert, daß sie allen Hohn und Spott ihrer Umwelt auf sich nahmen und Zeugnis ablegten. Schon nach wenigen Jahren gab es die ersten Gemeinden in Jerusalem, in Syrien, Kleinasien und Griechenland. Paulus, der wichtigste und erfolgreichste der Apostel, schrieb an sie seine im Neuen Testament überlieferten Briefe.

Die nächste Gemeinde wurde in Rom gegründet, der Stadt der Kaiser, die die damals bekannte Welt beherrschten. Die Legende erzählt, daß der Apostel Petrus hier die ersten christlichen Predigten hielt. Daß dann gerade Rom die große Bewährung des Christentums wurde, kam nahezu von ungefähr. Nero, der von 54 bis 68 n. Chr. regierte, hatte Rom angezündet, weil er die Stadt neu und schöner wieder-

Oben von links nach rechts: Zwei Szenen aus dem Leben Christi: Heilung des Aussätzigen (unbekannter Meister, 19. Jahrhundert); das letzte Abendmahl, eine Rekonstruktion des berühmten Wandgemäldes, das Leonardo da Vinci für das Refektorium des Klosters Santa Maria delle Grazie in Mailand malte. Das Original (siehe auch Seite 90) wurde seither durch widrige Umstände bis zur Unkenntlichkeit zerstört. Das Foto zeigt den Raum auf dem Berge Zion, wo Christus am Abend vor dem Passahfest mit seinen Jüngern das letzte Abendmahl gefeiert haben soll.

aufbauen wollte. Da er dies natürlich nicht öffentlich zugeben konnte, nannte er die Christen als Brandstifter, eine obskure Sekte, die den römischen Behörden schon seit langem ein Dorn im Auge war. Die Christen hatten sich geweigert, den römischen Kaiser als Gott anzubeten und damit eine Grundforderung des Staates verletzt. Auch schienen sie, da vornehmlich Arme und Sklaven ihre Anhänger waren, Aufruhr und Widerstand zu säen. Schließlich predigten sie Nächstenliebe, Feindesliebe sogar, und lehnten daher den Kriegsdienst mit der Waffe ab. Der Kriegsdienst aber hatte Rom großgemacht, auf ihm beruhte noch immer die Vorherrschaft des Weltreichs.

Damit begannen jene schrecklichen Verfolgungen, die das Christentum beinahe ausgerottet hätten. Bis in die Regierungszeit Diokletians dauerten die Verfolgungen. Die von ihm 303 n. Chr. befohlenen waren die schlimmsten und wütendsten aller Zeiten. Zehntausende wurden hingerichtet, Raubtieren vorgeworfen, verbrannt. Daß das Christentum am Ende stärker und leuchtender aus all diesen Verfolgungen hervorging, ist eines jener unergründlichen Geheimnisse, die von Anfang an um den Stifter des neuen Glaubens waren.

Allerdings mischte sich auch Politik ein. Als Kaiser Diokletian zurückteten mußte und es zu Kämpfen um die Nachfolge kam, siegte am Ende Konstantin. Er war von seiner Mutter, einer heimlichen Christin, zur Toleranz erzogen worden und erkannte instinktiv, daß er, wenn er die Partei der Christen ergriff, eine Unterstützung gewann, die ihm zum Sieg über seine Gegner verhelfen konnte. Die Legende erzählt, daß Konstantin am Abend vor der Schlacht an der Milvischen Brükke einen Traum hatte, in dem ihm ein Engel ein strahlendes Kreuz zeigte und zurief: »In hoc signo vinces!« – »In diesem Zeichen wirst du siegen!«

Nach diesen Worten rissen die Soldaten die römischen Adler von ihren Standarten und nagelten an ihre Stelle christliche Kreuze. In glänzender Schlacht schlugen sie Konstantins Gegner und zogen triumphierend in Rom ein. Ein Jahr später – 313 n. Chr. – verkündete der neue Kaiser das berühmte Toleranzedikt von Mailand, das jedem römischen Bürger erlaubte, Christ zu sein. Konstantin selbst ließ sich 337 auf dem Sterbebett taufen. Damit hatte Jesus von Nazareth dreihundert Jahre nach seinem Kreuzestod auf Golgatha endgültig gesiegt. Das Abendland wurde christlich.

Der Isenheimer Altar des Mathis Gothard Neithard, genannt Grünewald, der heute im Museum Unterlinden zu Colmar aufbewahrt wird, ist sicherlich eine der ergreifendsten Darstellungen der Kreuzigung Christi (links) und der Himmelfahrt (oben). Der Altar wurde 1512–1515 für das Antoniterkloster in Isenheim gemalt. In den dramatischen Bewegungen der wenigen beteiligten Menschen vor der ungeheuren, ja fast grauenhaften Leere des Raumes wird auf diesen Bildern eine Gläubigkeit sichtbar, die so tief wohl nur das späte Mittelalter empfinden konnte.

Mohamme

Seine Offenbarungen schufen die Religion des Islam

d

Der Traum des Arabers Abul Kasim Ibn Abdallah, der später Mohammed genannt wurde, »der Gepriesene«, war die Einigung der arabischen Stämme unter der Fahne der neuen Religion des Islam. Mohammed wurde um 570 in Mekka geboren und starb 632 in Medina. Wie er ausgesehen hat, ist nicht überliefert. Der Koran verbietet Menschen-Abbildungen. So ist der Prophet auf dieser Darstellung seiner Himmelfahrt »gesichtslos«, und die islamischen Moscheen sind mit Schrift-Ornamenten geschmückt.

100 Jahre nach Mohammeds Tod reichte das Reich des Islam von Indien bis zu den Pyrenäen

Deutsche Darstellung Mohammeds in der Schedelschen Weltchronik von 1493: Mohammed ist hier eher ein deutscher König als ein Beduine um 600 (rechts).

Drei große Weltreligionen sind im Laufe der Zeit aus der arabischen Wüste herausgetreten: als erste die jüdische, danach die christliche, schließlich der Islam. Einleuchtend erklären konnte dieses Phänomen bisher niemand. Begünstigte die tiefe Verlassenheit des Menschen in der unendlichen Leere der Wüste die Suche nach Gott, genauer: nach dem *einen* Gott? Waren die semitischen Völker prädestinierte Gottsucher und Religionsstifter?

Natürlich hängen die drei genannten Religionen vielfältig miteinander zusammen. Das Christentum zählt zu seinen heiligen Büchern auch das Alte Testament der Juden, der Islam nennt neben den jüdischen auch Johannes und Christus seine Propheten. Jerusalem ist allen eine heilige Stadt. Zugleich reichten die Unterschiede aus, sich jahrhundertelang immer wieder als Todfeinde zu bekämpfen. Gewaltige Heere trugen Glaubensfahnen vor sich her und versuchten, in ihres Gottes Namen die Welt zu erobern.

Das gilt vor allem für den Islam. Schon hundert Jahre nach dem Tode Mohammeds standen die Heere der Kalifen in Frankreich, wo ihnen erst Karl Martell endlich Einhalt gebot. Im Osten eroberten sie alle Länder bis an die Grenzen Indiens. Als Karl der Große in Rom zum Kaiser der Christenheit gekrönt wurde, war das Reich des Islam mehr als zehnmal so groß wie sein Reich. Im 17. Jahrhundert standen die Türken vor Wien. Heute ist der Islam mit mehr als 500 Millionen Anhängern die zweitgrößte Religionsgemeinschaft der Welt.

Mohammed, der diese weltweite Bewegung auslöste, war anfangs nicht mehr als ein Kameltreiber. Um 570 in Mekka geboren, gehörte er wohl dem Stamm der Kuraisch und damit der dort herrschenden Aristokratie an, aber da seine Familie arm war, er früh die Eltern verlor und bei einem gleichfalls armen Onkel aufwuchs, lernte er weder Lesen noch Schreiben und blieb zeit seines Lebens Analphabet. Als er 24 Jahre alt war, heiratete er die reiche, erheblich ältere Witwe Chadidscha, bei der er seit langem in Diensten stand.

Er kann dennoch kein alltäglicher Mann gewesen sein, der in seinen Geschäften aufging und sich auf seine Erfolge als Karawanenführer etwas zugute tat. Es wird vielmehr berichtet, daß er sich in die einsamen Höhlen des Berges Hirsa zurückzog, um tagelang zu meditieren. Offensichtlich fand er im bloßen Anhäufen von Reichtum keine Befriedigung. Er sah nur allzu deutlich das Elend der Armen, die Ungerechtigkeit der Herrschenden, das Ungenügen eines Lebens, in dem nur Geld etwas galt. Dann und wann vernahm er die Lehren der Juden und Christen, die er auf seinen Handelsreisen traf: Warum besaßen die Araber, die doch wie jene auch von Abraham abstammten, keinen solchen Glauben, der ihrem Leben einen tieferen Sinn gab?

Er war bereits 40 Jahre alt, als ihn die Berufung traf: Der Erzengel Gabriel erschien ihm »in menschlicher Gestalt, mit den Füßen am Rande des Himmels stehend, und sprach: ›O Mohammed, du bist der Gesandte Allahs!‹« Mohammed war erleuchtet worden. Von dieser Stunde an predigte er seinen Verwandten und Freunden und suchte Anhänger um sich zu sammeln.

Mohammed hat Allah nicht »erfunden.« Seit Jahrhunderten wurde seiner in der Kaaba, die in Mekka stand, gedacht, wenn auch auf sehr verschwommene Weise. Er war etwas dem unentrinnbaren Schicksal Ähnliches, dem man ungern zu nahe kam. Im praktischen Leben hielt sich der Araber an Hilfsgottheiten, die dem Alltag näherstanden, Regen- oder Fruchtbarkeitsgötzen etwa. Hunderte ihrer Art waren im Verlauf der Zeit in der Kaaba aufgestellt worden. Obgleich eigentlich der »Schwarze Stein«, ursprünglich ein

Alte Darstellung Medinas, der Stadt, die in ihrer Moschee das Grab Mohammeds birgt (im Zentrum der Radierung); im Vordergrund kommt eine Karawane moslemischer Pilger aus Istanbul an. Bild unten: Illustration aus einer alten persischen Handschrift (1585). Sie zeigt die Reinigung der Kaaba in Mekka von heidnischen Götzen durch Mohammed und seinen Vetter Ali. Nach der Legende wurde die Kaaba schon von Abraham errichtet. Im Lauf der Jahrhunderte hatten die Beduinen hier 360 Götzenbilder aufgestellt, über denen Allahs Bild thronte.

Die Berufung Mohammeds (rechts): Wie in der 96. Sure des Korans erzählt wird, war Mohammed nach einsamen Meditationen in der Höhle des Berges Hirsa eingeschlafen, als ihm der Erzengel Gabriel erschien. Mohammed verließ die Höhle. Er »hörte eine Stimme, die mir zurief: ›O Mohammed, du bist der Erwählte Gottes, und ich bin Gabriel!‹« Bild unten: Am Djebel Er-Rahm, dem Berg der Gnade, haben sich Zehntausende von Pilgern versammelt. Hier befinden sich im Tal Arafat ihre Lager, nahe den Wasserquellen von Mekka, wo einst Mohammed rastete.

Die Omarmoschee (links) wurde in Jerusalem über dem Felsen errichtet, von dem aus Mohammed zum Himmel auffuhr. Nachdem Mohammed in den ersten zehn Jahren seines Wirkens kaum mehr als hundert Menschen bekehrt hatte, begann er zu verzweifeln. Um ihn in seinem Glauben zu stärken, führte ihn der Engel Gabriel nach Jerusalem und dann in den Himmel.

بسم الله الرحمن الرحيم
الم ذلك الكتاب لا ريب فيه هدى للمتقين الذين يؤمنون
بالغيب ويقيمون الصلوة ومما رزقناهم ينفقون والذين يؤمنون
بما انزل اليك وما انزل من قبلك وبالآخرة هم يوقنون اولئك
على هدى من ربهم واولئك هم المفلحون ان الذين كفروا
سواء عليهم ءانذرتهم ام لم تنذرهم لا يؤمنون ختم الله على قلوبهم
وعلى سمعهم وعلى ابصارهم غشاوة ولهم عذاب عظيم ومن الناس
من يقول آمنا بالله وباليوم الآخر وما هم بمؤمنين يخادعون الله
والذين آمنوا وما يخدعون الا انفسهم وما يشعرون في قلوبهم

Der Beginn der zweiten Sure des Korans in einer Handschrift aus der zweiten Hälfte des 16. Jahrhunderts (oben). Es heißt darin unter anderem: »Dieses Buch – es ist vollkommen, nichts ist zu bezweifeln –, ist eine Richtschnur für die Frommen, die auch das geheimnisvoll Unbeweisbare glauben, das Gebet verrichten und von dem, was wir ihnen huldvoll verliehen, Almosen geben und an das glauben, was wir dir offenbarten, auch an das, was vor dir offenbart ward, und die auf das Jenseits fest vertrauen. Sie folgen der Führung ihres Herrn, ihnen wird es wohlergehen.«

Meteorit, den der Sage nach Abraham hierhergebracht hatte, das Ziel der jährlichen Pilgerfahrt aller Beduinen war, brachten sie ihre Opfer doch vornehmlich ihren Götzen dar, um danach den Markt aufzusuchen.

Gerade dies nun, den Götzendienst und den feilschenden Handel, prangerte Mohammed als Allahs und als der Kaaba nicht würdig an. Bald ging er weiter und forderte, daß die Sklaven freigelassen werden sollten, daß die damals übliche Tötung neugeborener Töchter aufhören müsse. Schließlich predigte er Milde gegen die Armen und Unterstützung der Hilfsbedürftigen. Genaugenommen waren das Ideale, die die Araber verachteten.

Natürlich lehnten besonders die Mekkaner Mohammeds Predigt ab. Die Stadt und damit sie selbst lebten doch von alldem, was Mohammed beseitigen wollte. Anfangs spotteten sie über ihn. Litt dieser seltsame Prophet nicht außerdem an der Fallsucht und zeigte sich damit nicht deutlich, daß er ein Verrückter war? Allmählich verwandelte sich der Spott jedoch in offene Feindschaft, zumal die Forderung nach Freilassung der Sklaven Aufruhr stiftete. Am Ende mußte Mohammed fliehen.

Er floh nach Jathrid, eine Oasenstadt nördlich von Mekka, die sich später Medina, die Stadt des Propheten, nannte. Da es dort eine große jüdische Gemeinde gab, kam den Arabern Medinas die Lehre des Mohammed weniger fremd vor, so daß dieser unter ihnen bald neue Anhänger fand. Weil aber von diesem Zeitpunkt an Mohammeds Anhängerschaft zunahm – vorher in Mekka hatten sich noch keine hundert zu ihm bekannt –, begann der Islam später seine Zeitrechnung mit dem Tage der Flucht nach Medina, der Hedschra am 16. Juli 622.

Auch jetzt hatte Mohammed noch nicht gesiegt. Aber er empfing immer neue

Mohammed, die Propheten und Kalifen (rechts) auf ihren Thronen; auch hier ist der Prophet gesichtslos dargestellt. Unten: Die Kaaba in Mekka ist das Ziel der Pilgerfahrten aller Moslems. Sie sind zu dieser Reise verpflichtet, wenn sie materiell dazu in der Lage sind. Die eigentliche heilige Handlung besteht in den sieben rituellen Umgängen, die schon Mohammed durchführte.

göttliche Offenbarungen. Sein Selbstbewußtsein und die Kraft seines Glaubens wuchsen. Dabei kam es zu merkwürdigen Vermischungen von religiösen und weltlichen Unternehmungen (die sich dem westlichen Verständnis nahezu entziehen). Das Ausrauben von Karawanen Nichtgläubiger galt als Gott wohlgefällig, der Meuchelmord an mißliebigen Gegnern war gerechtfertigt, wenn der Prophet ihn befohlen hatte.

Eines Tages waren es drei-, dann zehntausend, die Mohammeds Offenbarungen lauschten und mit ihm zu dem einen Gott, zu Allah, beteten. Es waren gleichzeitig Kämpfer, die der Prophet gegen Mekka führen konnte, gegen die heidnische Stadt, in der das entweihte Heiligtum Allahs lag. Im Jahre 630 wagte er es schließlich, nur im Vertrauen auf seine Macht und auf Allah, die Entscheidung waffenlos zu erzwingen: Er zog an der Spitze einer riesigen Prozession in Mekka ein und umschritt siebenmal die Kaaba. Das Heer der Kuraisch hatte sich zurückgezogen. Acht Jahre nach seiner Flucht hatte Mohammed gesiegt.

Es blieben ihm noch zwei Jahre bis zu seinem Tod. Er nutzte sie, den neuen theokratischen Staat aufzubauen, wobei sich religiöse und weltliche Ordnungen unauflöslich miteinander verbanden. Der Koran selbst, das heilige Buch des Islam, darin die Offenbarungen Mohammeds aufgezeichnet sind, wurde erst zwanzig Jahre später vollendet. Seitdem sind seine Gebote und Verbote, die rituellen Vorschriften, die Gesetze, die Gebete und Legenden das Instrumentarium einer Religion, für die gegenüber eigentlich allen anderen Religionen die sehr reale Beziehung auf das tägliche Leben charakteristisch ist. Bis auf den heutigen Tag gilt dies für alle islamischen Staaten, woraus ihre Stärke und ihre Schwäche resultiert.

Mohammeds erste Nachfolger wurden aus seinem engsten Freundeskreise gewählt. Sie nannten sich Kalifen. Bereits unter dem zweiten Kalifen, dem strahlenden Omar I., begann der Islam, der Welt »mit Feuer und Schwert« die Botschaft Mohammeds zu bringen: 635 zogen die Heere Omars in Damaskus ein, 640 eroberten sie Ägypten, wo Kairo gegründet wurde, 647 Tripolis, 711 schifften sie sich nach Spanien ein, 732 war Frankreich erreicht. Im Osten gelangten die islamischen Heere gleichzeitig an die indischen Grenzen. Damit begannen in all diesen Ländern zwischen dem Atlantischen Ozean und dem Indischen Meer aus der Vermischung der vorhandenen Kräfte mit den religiösen Impulsen der Eroberer neue Kulturen zu wachsen, die dann jahrhundertelang das strahlende Licht der Welt waren.

Denn da der Islam paradoxerweise – führt er doch immer einen »heiligen Krieg« – nur erobern und herrschen will, nicht missionieren, liegt ihm nichts an der Zerstörung. Erfüllt von der tiefen Sehnsucht des Menschen, dessen Traum inmitten seiner Wüste die fruchtbare Oase ist, möchte er aus Wasser und Schatten, den beiden Elementen paradiesischer Zustände, eine schönere Welt aufbauen. So entstehen ganz im Westen in Granada die bäderreiche Alhambra und im volkreichen Córdoba die tausendsäulige Moschee, ganz im Osten im Bagdad Harun al Raschids die weltberühmte Universität und später, nun schon in Indien, die marmornen Grabmäler des Tadsch Mahal in Agra oder des Safdar Jun in Delhi. Das noch halb barbarische Abendland aber gewinnt aus der Begegnung mit diesen Welten die eigene Erneuerung. Aus der vom Islam überlieferten Al-Gebra und Al-Chemie erwächst in Europa die neue Welt der Naturwissenschaften und Technik. Und der Islam heute? Die Zahl seiner Anhänger nimmt zu. Vor allem in den afrikanischen Staaten bekennen sich immer mehr Menschen zum Islam.

Das Topkapi-Museum zu Istanbul birgt neben vielen Bildern, Miniaturen und anderen Kostbarkeiten aus der islamischen Welt auch viele Erinnerungen an den Propheten und Reliquien Mohammeds, unter anderem seinen grünen Mantel, sein Schwert und seine Fahne, daneben auch Schreine, etwa mit dem Fußabdruck, einem Zahn und einem Barthaar des Propheten. Links: Die kostbare Schatulle, die den Mantel Mohammeds bewahrt. Bild Mitte: Blick in das Innere des Gedenkzimmers für den Propheten im Topkapi-Museum – auch »Ungläubige« dürfen es besichtigen.

Karl der Große

Sein Reich begründete das christliche Abendland

Der Erneuerer des alten römischen Kaisertums im Westen, seit 771 Alleinherrscher der Franken, einte das Abendland und gab dem Vielvölkerstaat durch ein Bündnis mit der Papstkirche festen Halt. Das Fundament und der Bauplan für das ganze europäische Mittelalter waren die politischen Hinterlassenschaften Karls (742 bis 814), den man schon zu seinen Lebzeiten den Großen nannte. Das Porträt stammt vom Aachener Büstenreliquiar Karls; das Gemälde zeigt den Kaiser in der Schlacht.

Der Ahnherr Frankreichs und Deutschlands war ein Kämpfer mit Bibel und Schwert

Karl der Große gilt neben Alexander dem Großen und Julius Cäsar als einer der erfolgreichsten Feldherren. Ungezählt sind die im Laufe einer fast 44jährigen Regentschaft siegreich beendeten Schlachten und die Stunden, die er an der Spitze seiner Heere im Sattel verbrachte (oben links). Mit gepanzerten Fahrzeugen (oben) wurden die Krieger ins Gefecht transportiert.

Er war eine außergewöhnliche und aufsehenerregende, eine in Charakter und Taten zugleich gradlinig-klare und widersprüchliche Erscheinung: fintenreicher, bisweilen skrupelloser Politiker, kriegerischer Haudegen und Feldherr mit beständiger Fortune, weitsichtiger Staatsmann, brillanter Organisator und Krisenmanager, verständiger Förderer von Kunst und Gelehrsamkeit.

Imponierend war auch das Äußere: reichlich 1,90 m groß, überragte er die meisten seiner Zeitgenossen beträchtlich. Der nach Schilderungen seines Hofbiographen Eginhardt derb und wuchtig wirkende Mann, mit mächtigem Rundschädel auf breitem kurzen Nacken, strotzte vor Vitalität und Dynamik. Er wurde 72 Jahre alt und übertraf in der Lebensdauer den zeitgenössischen Durchschnitt bei weitem.

Nationen und Nationalstaaten im heutigen Sinne, wie Deutschland und Frankreich, waren zu seiner Zeit nicht einmal denkbar, aber zu beiden hat er den Grund gelegt. Als Karl der Große und Charlemagne wird er von diesen Ländern ohne Streit vaterländischer Gefühle in Anspruch genommen. Sollte es je zu einer »Wiedervereinigung« der europäischen Völkerfamilie kommen, in ihm hat sie einen symbolkräftigen Ahnherrn.

Es war kein schlechtes Erbe, das Karl I. (742 bis 814) 768 antrat. Unter dem Herrschergeschlecht der Merowinger hatte sich der westgermanische Stamm der Franken weit über seine von Lothringen bis Flandern reichenden rheinischen Kernlande ausgedehnt, vor allem nach Westen. Ihren Höhepunkt erreichte die merowingische Macht unter Chlodwig (482 bis 511). Dessen Nachfolger vernachlässigten die Regierungsgeschäfte über dem ganzjährigen Zug des Hofstaates von Pfalz zu Pfalz.

Es war die Hofbeamtenfamilie der Karolinger, die unterdes zu den Zügeln der Macht griff, und es geschah der seltene Fall, daß aus drei aufeinanderfolgenden Generationen bedeutende Herrschergestalten hervorgingen. Da gab es zunächst den unehelich geborenen Karl Martell (689 bis 741). Den von Spanien her andrängenden Arabern lieferte er 732 bei Tours und Poitiers die erste erfolgreiche Abwehrschlacht des christlichen Abendlandes gegen den Islam.

Von seinen Söhnen ging der eine, Karlmann, in ein Kloster, das später Monte Cassino hieß. Der andere, Pippin (714 bis 768), verstand sich glänzend auf Alleinherrschaft und Staatsgeschäfte. Den letzten Merowingerkönig jagte er davon. Mit einigen siegreichen Schlachten zum Schutz des Papstes leitete er die das ganze spätere Mittelalter prägende Verbindung von weltlicher und geistlicher Gewalt ein.

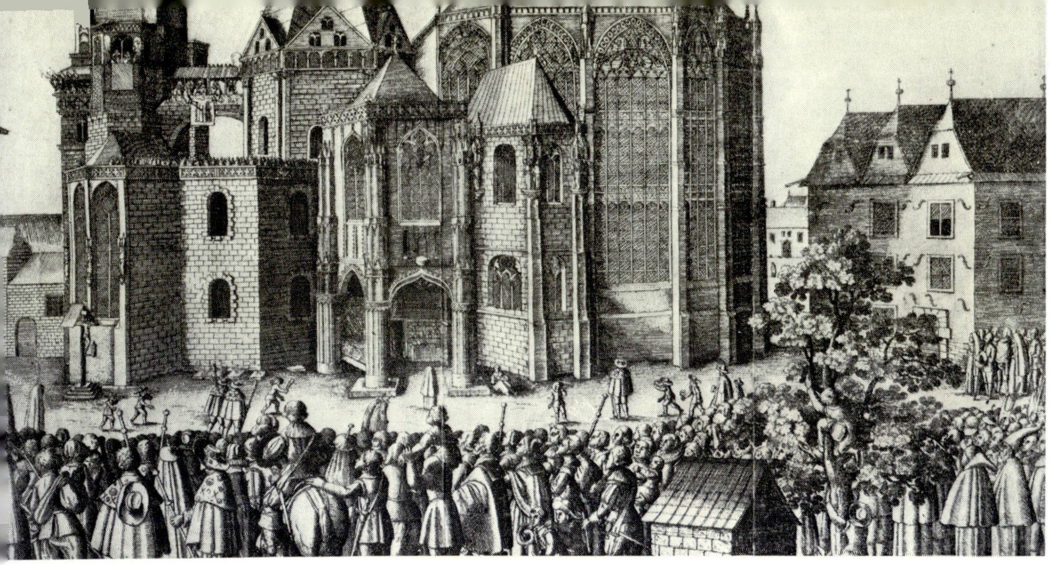

Pate bei dem von Karl veranlaßten Bau des Aachener Münsters (links, in einer historischen Darstellung) stand der byzantinisch geprägte Rundbau von San Vitale in Ravenna, der Residenz des Gotenkönigs Theoderich. Der in Aachen hergestellte Karlsschrein (unten) im Chor des Münsters ist eines der großartigsten Zeugnisse hochmittelalterlichen Kunsthandwerks. Er enthält wohl die Gebeine des Karolingerkaisers, die der Hohenstaufer Friedrich II. (1212 bis 1250) in diesen Schrein umbetten ließ. Zuerst war Karl in einem Römersarkophag bestattet worden.

Sein Monogramm (ganz links) als Unterschrift versah Karl zum Zeichen der Richtigkeit mit zwei Strichen (im mittleren Rhombus), obwohl er des Lesens und Schreibens durchaus kundig gewesen sein soll – für einen Herrscher seiner Zeit keine Selbstverständlichkeit. Machtfragen löste er meist durch Verträge. Zahlungsmittel in seinem Reich waren Münzen (links) mit dem idealisierten Abbild des Herrschers.

Im Alter von 26 Jahren wurde Karl zusammen mit seinem jüngeren Bruder Karlmann fränkischer Thronfolger. Eine Krise schien vorprogrammiert, denn so brüderlich, wie es das Sprichwort meint, dürften sie sich das Reich auf Dauer wohl nicht geteilt haben. Erst nach dem Tod des Bruders (771) konnte der nun fast 30jährige die Herrschaft übernehmen.

Diese Herrschaft ist eine nahezu ununterbrochene Abfolge von historisch »relevanten« Ereignissen. Rastlos zu neuen Schauplätzen eilend und selbst neue Schauplätze herstellend, vergrößerte er, von christlichem Sendungsbewußtsein durchdrungen, das Reich der Franken und dessen Einflußsphäre, die schließlich von der Odermündung bis Barcelona, von der Nordsee- und Atlantikküste bis an die Grenzen des Herzogtums Neapel reichte. Unter dem gemeinsamen Dach christlichen Glaubens verschmolzen römisch-antike, gallische und germanische Elemente zum Kern einer neuen abendländisch-europäischen Kultur.

Dieses gleichsam im Zeitraffer geführte Leben Karls des Großen kann nur als knapper Abriß nachgezeichnet werden. Da sind zunächst seine fast ausnahmslos siegreich beendeten Vielfrontenkriege. Den Unterwerfungen folgten klug inszenierte Versöhnungen, der Aufbau von Bindungen und die mehr oder weniger feste Integration der Besiegten in das organisatorische Gefüge des Reiches.

In einem mehr als 30jährigen Krieg von 772 bis 804 beendete er die jahrhundertelangen Grenzkämpfe zwischen den Nachbarstämmen der Sachsen und Franken. Gegen die immer wieder aufständischen, nur mit Gewalt zu Christentum und kirchlicher Steuer, dem »Zehnten«, bekehrbaren »Erbfeinde« unter ihrem Herzog Widukind war er ohne Erbarmen. Seinem blutigen Strafgericht von Verden an der Aller in Niedersachsen fiel ihre gesamte Oberschicht zum Opfer.

Familiäres war im Spiel, als er sich zwischen 773 und 774 die christlichen Langobarden im nördlichen und mittleren Italien untertänig machte. Sie hatten den Papst zwingen wollen, die Söhne seines verstorbenen Bruders zu Königen zu salben. Den Langobardenfürsten Desiderius verbannte er ins Kloster.

Weniger erfolgreich war der 778 begonnene Feldzug über die Pyrenäen nach Spanien, wo er Spaltungsbewegungen unter den islamischen Arabern für sich zu nutzen gedacht hatte. Immerhin konnte er das Grenzgebiet 795 durch die Errichtung der bis Barcelona reichenden »Spanischen Mark« absichern.

In mehreren »Slawenkriegen« machte er zwischen 789 und 812 Wilzen, Sorben und Tschechen zu Untertanen, verzichtete aber auf Missionierung. Zur selben Zeit – 791 bis 796 – besiegte er die ins Österreichische und in das Gebiet von Friaul drängenden Awaren, ein den Hunnen verwandtes Nomadenvolk.

Neben dem oströmisch-christlichen Byzanz und dem islamischen Kalifat war im europäischen Vakuum nach dem Niedergang des Römischen Imperiums ein neues Machtgebilde von universaler Bedeutung entstanden. Aber am Bosporus war man nicht – noch nicht – gewillt, den Emporkömmling aus dem barbarischen Norden als gleichberechtigt anzuerkennen. Das aber wollte Karl, nicht mehr und nicht weniger. In diesem Spannungsfeld, mit dem Papst als dritten Faktor, hat auch die Krönung zum Kaiser beim Gottesdienst am Weihnachtstag des Jahres 800 ihren Platz. Als Ausweis der Gleichstellung mit dem Kaiser von Byzanz hat Karl diese Krone wohl selbst gewünscht, aber die Umstände des päpstlichen Überraschungscoups haben ihn, nach den Berichten von Augenzeugen, aufs höchste verärgert.

Es mochte ihm gar nicht gefallen, daß der Schützling dem Protektor die Würde ver-

Allen zerstörerischen Stürmen der Jahrhunderte hat die Pfalzkapelle Karls des Großen in Aachen standgehalten. Sie wurde 798 von Odo von Metz erbaut und 805 von Papst Leo III. eingeweiht. Der sechzehneckige Außenbau umschließt ein Achteck mit zweistöckigem Bogen-Umlauf. In diesem Oktogon befindet sich der Thronsitz Karls (oben), auf dem sich viele spätere Kaiser krönen ließen, und hier hängt auch der von Kaiser Friedrich Barbarossa (1152 bis 1190) gestiftete mächtige Radleuchter, auf dem das himmlische Jerusalem sinnbildlich dargestellt ist (rechts).

NDAMINE TEMPLUM QUOD CAROLUS PRINCEPS CONDIDIT ESSE VELIT + CUM LAPIDES VIV

Die Krönung zum Kaiser (oben) durch Papst Leo III. beim Weihnachtsgottesdienst in Rom am 25. Dezember 800 kam für Karl überraschend. Vor allem fürchtete er Verwicklungen mit dem oströmischen Byzanz, die dann auch eintraten und erst nach zwölf Jahren vertraglich beigelegt werden konnten. Von Ostrom als gleichrangig anerkannt, starb er 72jährig, von Gicht und Rheuma geplagt, 814 in Aachen (rechts Mitte eine Darstellung aus dem 15. Jahrhundert). Ein Jagdhorn (rechts), das dem kaiserlichen Besitzstand zugeschrieben wird, blieb bis heute erhalten.

lieh, ihn also seinerseits verpflichtend band, und dies auch noch in Rom, als sei hier die Reichshauptstadt. Vor allem fürchtete er Verwicklungen mit Byzanz, die dann auch prompt ins Haus standen. Der mächtige Gegenspieler betrachtete die Krönung als Anmaßung und feindseligen Akt. Bei allem Selbst- und Machtbewußtsein: Karl kannte seine Grenzen, und den großen offenen Kampf wollte er meiden. Die diplomatischen, bisweilen kriegerische Formen annehmenden Verwicklungen dauerten bis 812. Gegen den Verzicht Karls auf Venedig und Dalmatien erkannte Ostrom im Vertrag von Aachen die Kaiserwürde endgültig an.

Tatkraft und Gestaltungswille Karls des Großen haben sich keineswegs in Kriegshandlungen erschöpft, die er als Nötigungen empfand – sei es zum Schutz oder zur Ausbreitung des Glaubens. Nicht weniger erfolgreich und nachhaltig war sein Wirken bei der Organisation und gesetzgeberischen Ordnung des Staatswesens. Die föderativ-dezentrale Gliederung, die Vergabe von Königsgut als Lehen und die Gewährung erstaunlich großer politischer und kultureller Selbständigkeit, auch für die unterworfenen Stämme und die zur Sicherung der äußeren Grenzen errichteten »Marken«, trugen ihm viel Gefolgstreue ein. Wichtigstes Kontrollorgan der kaiserlichen Zentralgewalt waren »Sendboten«, stets unterwegs und allgegenwärtig, die »jederzeit gegen alle und an allen Orten den heiligen Gotteshäusern, den Armen, Unmündigen und Witwen und dem ganzen Volk unverkürzt Gerechtigkeit gewähren sollen nach dem Willen Gottes«. Das Gerichtswesen war durch eine Fülle von Gesetzen straff gegliedert.

Überall im Land ließ der Kaiser Kirchenprovinzen und Klöster errichten, die mit dem Glauben auch die römisch-christliche Kultur verbreiteten. Karl selbst sammelte Gelehrte und Künstler um sich. Latein beherrschte er so gut wie seine fränkische Muttersprache. Sogar den Schreibgriffel vermochte er der Überlieferung nach leidlich zu handhaben.

Von seinen zahlreichen Residenzen, den »Pfalzen«, entwickelte er Aachen zur bedeutendsten. Sie wurde mit dem im Abendland einzigartigen Münster zum sichtbaren Zeichen der Gleichstellung beider Kaiser. In Aachen hatte Karl der Große mehr als zwanzigmal geweilt. Für den Alternden, den Gicht und Rheuma plagten, wurde es zur festen Residenz. Die Thermalquellen der Stadt und die Nähe zur stets unruhigen sächsischen Provinz mögen dafür ausschlaggebend gewesen sein. In Aachen ist er 814 gestorben. Im Münster befindet sich sein Grab.

Talisman Karls (unten) mit einem Partikel vom Kreuz Christi. Ausbreitung und Schutz des christlichen Glaubens hatte er sich zur Lebensaufgabe gemacht.

Thomas von Aquin

Der bedeutendste Theologe des Mittelalters

Der Sproß aus lombardischem Adel, im Benediktinerkloster Monte Cassino erzogen, wurde zum Verdruß seiner Familie ein Bettelmönch und stieg doch als Heiliger und Kirchenlehrer zu höchsten Ehren der katholischen Kirche auf. Als größte geistesgeschichtliche Tat des Thomas von Aquin (um 1225 bis 1274) gilt seine theologisch-philosophische Synthese zwischen den Lehren von Augustinus und Aristoteles. Höchste Norm für alles sittliche Verhalten war ihm das Heil der unsterblichen Seele.

Er schlug die geistige Brücke zwischen drei Hügeln: Akropolis, Kapitol, Golgatha

»Alles, was ich bin und geworden bin, verdanke ich Gott und meinem Lehrer Albertus Magnus«, soll Thomas von Aquin gesagt haben. Albertus Magnus (1193 bis 1280; Bild rechts) war der Lehrer von Thomas von Aquin in den Jahren von 1248 bis 1252 in Paris und Köln. Das Dominikanerkloster in Köln, in dem Thomas zu Füßen des großen Albert saß, wurde 1804 abgerissen.

Thomas von Aquin, ein Heiliger, dessen Fest am 7. März gefeiert wird, gilt als der bedeutendste mittelalterliche Denker und Theologe und als der neben Augustinus einflußreichste Kirchenlehrer. Dieser Thomas mit dem Beinamen »Doctor universalis et angelicus« war zwar ein allseitig gebildeter Lehrer, aber durchaus kein engelfrommer Sohn der Kirche und kein bequemer Zeitgenosse. Sein Leitspruch hieß: »Eisen wird durch Eisen geschärft.« Er ging keinen leichten Weg und wich Schwierigkeiten nicht aus. Wegen seiner Ruhe in der Unruhe hat man ihn einen »Widerspruch in sich selbst« genannt. Der Widerspruch begann mit seiner Geburt.

1225 als Sohn des Grafen von Aquino auf der Burg Roccasecca bei Aquino geboren und im Benediktinerkloster Monte Cassino erzogen, begann er mit 14 Jahren ein Studium der Kunst in Neapel. Mit 19 Jahren (1244) trat er gegen den Willen seiner Eltern in den Dominikanerorden ein. »Der Graf heiratet eine Zigeunerin«, schrieb Chesterton. Aus dem Sproß eines Adelsgeschlechtes war ein Bettelmönch geworden.

Man kann Thomas von Aquin und seine Lehre nur verstehen im Zusammenhang mit »seinem«, dem 13. Jahrhundert, das auch »Jahrhundert des Abendlandes« genannt wird, weil es die Weltlichkeit mit der Religion und die Antike mit dem Mittelalter vereinigte, also die Tradition mit dem Fortschritt. Diese »theologisch gegründete Weltlichkeit« war der Auftrag, den Thomas vollendete.

Das 13. Jahrhundert war »die kaiserlose, die schreckliche Zeit«, das Jahrhundert der letzten Kreuzzüge, Rudolfs von Habsburg, des Beginns der Gotik mit dem Bau des Kölner Doms und anderer Kathedralen. Dante schrieb seine »Göttliche Komödie«, in der er auch Albertus Magnus und dessen Schüler Thomas von Aquin erwähnt.

Der heilige Thomas muß ein unstetes Leben geführt haben. Er war fast ständig unterwegs, lebte selten länger als zwei bis drei Jahre an einem Ort. Die Stationen seines Lebens: Studien in Paris und Köln, wo Albertus Magnus sein Lehrer war (1248 bis 1252); Magisterwürde und Professur in Paris (1256); Tätigkeit am Hof Papst Urbans IV. in Orvieto (1259 bis 1262); Leiter der Ordensschule Santa Sabina in Rom (1264), dann Berufung an die Kurie Papst Klemens' IV. nach Viterbo, um die Wiedervereinigung der Ostkirche mit den westlichen Kirchen vorzubereiten. Lehrer in Paris (1268 bis 1271) und schließlich in Neapel (1272 bis 1274) mit dem Auftrag, eine neue Dominikaner-Hochschule einzurichten.

Unter diesen Umständen muß man sich fragen, wann Thomas eigentlich noch Zeit gefunden haben soll, sein 36 Bände umfassendes Werk zu schreiben.

Seine Hauptwerke – neben zahlreichen Kommentaren und Predigten – sind: »Summa contra gentiles« (»Summe wider die Heiden«), der erste Versuch eines theologischen Systems, und »Summa theologica«. An dieser »Summe der Theologie« hat er sieben Jahre gearbeitet. Sie wurde nicht vollendet. Eines Tages hörte er auf zu schreiben: »Alles kommt mir vor wie Stroh.« Die »Summa theologica« ist kein hochgestochenes wissenschaftliches Werk, sondern als eine »Fibel für Anfänger« gedacht. Den Inhalt hat jemand mit einem Bild beschrieben: Eine Kreislinie mit einem Pfeil kehrt in sich selbst zurück; Gott ist Ursprung und Vollendung zugleich.

Thomas lehrte: Das ewige Leben ist das endliche Ziel des Menschen. Seine Glückseligkeit besteht in der Erkenntnis Gottes. Er lehrte den Zusammenhang von »der ersten Materie« bis »zur reinen Wirklichkeit«. Und er folgerte: Alles Unvollkommene strebt nach Vollendung. Der Ursprung alles Unvollkommenen

Lehrer und Assistent (links): Thomas von Aquin vor Bischof Albertus. Die beiden Theologen waren bei vielen Disputationen um Glaubensfragen eine Einheit. Wenn Albertus als der bessere Redner galt, zeichnete sich Thomas durch sein profundes Wissen aus, besonders in der Kenntnis der Philosophie des Altertums. Thomas hat es abgelehnt, das Amt eines Bischofs von Neapel anzunehmen, das ihm bereits übertragen worden war. Er wollte nur Lehrer sein (unten). Als Heiliger ist Thomas für Wissenschaften, Schulen und Hochschulen und Buchhändler »zuständig«.

Vor Papst Alexander IV. und einer Versammlung hoher geistlicher Würdenträger und Gelehrter mußte Thomas von Aquin 1256 zu Anagni bei Rom die Bettelorden (einschließlich der Dominikaner, zu denen er selbst gehörte) gegen Angriffe der Universität Paris verteidigen (rechts: Gemälde von Benozzo di Gozzoli). Die Universität Paris war im 13. Jahrhundert das geistige Zentrum der Theologie. Die Konservativen wehrten sich gegen die »Außenseiter« und gegen die Ansichten und Riten in den Bettelorden (Kampf gegen die »Verweltlichung« der Kirche).

Im Benediktinerkloster von Monte Cassino ist Thomas von Aquin zur Schule gegangen. Das linke Bild zeigt das Mittelklaustrum, den Innenhof des Klosters, das 1944 zerstört und nach dem Krieg wiederaufgebaut wurde. Das große Fresko (unten) im Kapitelsaal des ehemaligen Dominikanerklosters von Santa Maria Novella in Florenz (in der sogenannten Cappella degli Spagnuoli) veranschaulicht, welche Stellung Thomas von Aquin in der Kirche zugesprochen wird. Die Darstellung des Heiligen, um 1350 entstanden, bezeugt den »Triumph des heiligen Thomas«.

liegt notwendigerweise in einem Vollkommenen. Aller Anfang zielt auf Vollendung. Das gilt für die Natur wie für die Kunst. Je höher der Rang, den ein Wesen im All hat, desto notwendiger ist, daß es teilhat an der Ordnung, in der das Gute des Alls beruht. Thomas von Aquin gilt als der Begründer der Lehre von der Gnade und den Sakramenten, vom Ablaß und der Unfehlbarkeit des Papstes. Bereits 1322 heiliggesprochen, erhob ihn Papst Leo XIII. zum ersten Lehrer der katholischen Kirche und 1880 zum Patron aller katholischen Schulen.

Man hat den heiligen Thomas einen Erneuerer Europas und den Schöpfer des »europäischen Abendlandes« genannt, weil er die geistige Brücke schlug zwischen den drei Hügeln: Akropolis, Kapitol und Golgatha. Er hat versucht, die antike Philosophie – besonders die des Aristoteles – mit dem Christentum zu verbinden. Er, der »größte Vertreter der Scholastik«, in der die Persönlichkeit hinter die Schule zurücktritt (*schola*, lateinisch »Schule«), war zugleich ein großer Mystiker, das heißt ein Vertreter des individuellen und subjektiven Denkens.

Der anerkannte Kirchenlehrer war aber auch – wie wir heute sagen – ein »politischer Mensch«, der zu den Problemen des Verhältnisses Mensch–Staat und Kirche–Staat Stellung nahm. Dadurch ist er zum Vorbereiter der katholischen Soziallehre und zum geistigen Vater der Sozial-Enzykliken der Päpste geworden.

Die letzte Mission des Heiligen blieb unvollendet. Anfang 1274 rief ihn Papst Klemens IV. von Neapel zum Allgemeinen Konzil nach Lyon zur Wiedervereinigung mit der Ostkirche. Thomas brach sofort auf. Er kam nur bis Fossanuova südlich von Rom. Dort starb er am 7. März 1274 im Alter von 49 Jahren. Als in Lyon die erste gemeinsame Messe in Lateinisch und Griechisch gefeiert wurde, war Thomas von Aquin bereits tot.

Gutenberg

Sein Werk ist der Buchdruck mit beweglichen Lettern

Die Erfindung des Buchdrucks mit gegossenen beweglichen Lettern ist das unsterbliche Werk des Mainzers Johannes Gutenberg (um 1397 bis 1468). Seine Schüler und Mitarbeiter verbreiteten die »Schwarze Kunst« innerhalb weniger Jahre über ganz Europa und dann über die ganze Welt. Er selbst hatte an den Früchten seiner Idee keinen Anteil. Sein berühmtestes Druckwerk war die sogenannte 42zeilige Bibel (Bild). Sie gilt noch heute als berühmtestes Meisterwerk der Buchdruckerkunst aller Zeiten.

Vom Druck mit beweglichen Lettern zur Informationslawine unserer Zeit

Johannes Gutenbergs (rechts) Erfindung machte es möglich, Druckwerke in hohen Auflagen und deshalb zu erschwinglichen Preisen herzustellen. Meinungen und Erkenntnisse, Wissen und Bildung konnten sich nun schneller ausbreiten – nicht immer zur Freude der Obrigkeit: sie erfand die Zensur.

Die Erfindung des Buchdrucks mit gegossenen beweglichen Lettern wird gepriesen als ein entscheidender Beitrag zur Befreiung des Menschen aus der Unwissenheit und geistigen Unmündigkeit. Über den Erfinder selbst weiß man nur Bruchstückhaftes, obwohl sein Name in zeitgenössischen Dokumenten häufig erscheint: in Steuerregistern, in Stammrollen und immer wieder in Prozeßakten.
Friele Gensfleisch hieß der Vater. Er war Patrizier und besaß mit seiner Frau in Mainz den Hof »zum Gutenberg«, nach dem die Eltern sich und ihre drei Kinder benannten, von denen Johannes das jüngste war. Er wurde um 1397 geboren, und er starb mittellos, etwa 70jährig, Anfang 1468.
Im Europa jener Zeit des ausgehenden Mittelalters, zwischen Gotik und Renaissance, hat sich Aufbruch- und Umbruchstimmung ausgebreitet. Alte Werte und Ordnungen zerfallen und mit ihnen die Reichsgewalt des Kaisers. Die Landesherren greifen zur Macht. In den Städten drängen die Zünfte der Handwerker gegen die Vorherrschaft der Patrizier. Der Ruf nach sozialer und religiöser Erneuerung wird laut. Eine Welle von Universitätsgründungen liegt erst wenige Jahre zurück. An vielen Orten wächst neues Wissen heran, historisches Wissen wird belebt. Der Mensch sucht eine neue, eine »humanistische« Selbstbestimmung.
Es ist auch eine Zeit der Entdeckungen und Erfindungen. Darunter sind neue Handwerkstechniken, zum Beispiel die Herstellung billigeren Papiers mittels Wasserradantrieb um 1390. Dazu gehören aber auch die ersten Feuerwaffen.
Mit dem Wissen wächst auch der Drang, daran teilzunehmen, doch das Wissen kann nur schwer verbreitet werden. Die Vervielfältigung der Bücher wird vornehmlich von den Mönchen besorgt, in handschriftlicher Einzelanfertigung. Bücher kosten ein Vermögen, die Werke des römischen Dichters Livius zum Beispiel ein ganzes Weingut.
Zwar gab es bereits lange vor Gutenberg Drucktechniken. Doch alle bekannten Verfahren haben einen entscheidenden Nachteil: das Material ist nicht widerstandsfähig genug für den Druck größerer Auflagen. Die technische Entwicklung scheint in eine Sackgasse geraten zu sein. Man kennt das Ziel, aber es fehlt die zündende Idee, der Zusammenschluß der Einzelteile zu einem abgerundeten Verfahren.
Daran arbeitet Gutenberg, und sein Interesse kommt sicher nicht von ungefähr. Mainz ist bekannt für seine vorzüglichen Siegel- und Münzstempel. Der Vater Gutenbergs liefert die Metalle dazu. Von Johannes weiß man, daß er sich, obwohl Patriziersohn, auf handwerkliche Fertigkeiten verstand. Er war Goldschmied und hat Spiegel hergestellt. Man kann ihn sich als eine brillante technische Begabung mit großen künstlerischen Fähigkeiten vorstellen. Eigensinnig und streitbar dürfte er auch gewesen sein. Als die Handwerkerzünfte den Stadtedlen die Steuersätze zudiktieren wollen, verläßt er Mainz. Von 1434 bis 1444 ist er in Straßburg aktenkundig. Es gibt einen Beleidigungsprozeß, einen Prozeß um ein angeblich gebrochenes Eheversprechen, er prozessiert mit seiner Vaterstadt und mit seinen Geschäftspartnern.
Viel Geld hat er benötigt für seine Arbeiten, und er hat immer wieder Geldgeber gefunden. 800 Gulden erhielt er, wieder in Mainz, von dem Advokaten Johannes Fust. Das entsprach dem Wert mehrerer Bauerngüter. Man versprach sich offenbar viel von seiner Erfindertätigkeit und witterte womöglich das ganz große Geschäft, denn der »Markt« war da, ein Bedürfnis brauchte nicht erst geweckt zu werden. Auch mit Fust kam es zum Bruch, als Gutenberg weitere Geschäftseinlagen anforderte. Er mußte Teile sei-

Buchdruckerei auf einem französischen Kupferstich von 1642 (links) und Rekonstruktion der Gutenbergschen Druckerei im Mainzer Gutenberg-Museum (unten). Mit diesem Handwerkszeug schuf der Patron der »Schwarzen Kunst« die 42zeilige Bibel (Wiedergabe eines Blattes Seite 76). Für das 1282 Folioseiten umfassende Werk benötigte er 3500000 Buchstaben. In ihrer typografischen Schönheit ist die Gutenberg-Bibel unübertroffen geblieben. 48 von ursprünglich 180 Exemplaren sind bisher aufgefunden worden, das letzte erst vor wenigen Jahren bei Kassel.

Incipit liber bresith quē nos genesim
In principio creauit deus celū dicimꝰ
et terram. Terra autem erat inanis et
vacua: et tenebre erāt sup faciē abissi·
et spūs dñi ferebat̄ sup aquas. Dixitq;
deus. Fiat lux. Et facta ē lux. Et vidit
deus lucem ꝙ esset bona: ⁊ diuisit lucē
a tenebris· appellauitq; lucem diem ⁊
tenebras noctem. Factūq; est vespe et
mane dies vnus. Dixit q3 deus. Fiat
firmamentū in medio aquaꝝ: ⁊ diui-
dat aquas ab aquis. Et fecit deus fir-
mamentū: diuisitq; aquas que erāt
sub firmamento ab hijs q̄ erant sup
firmamentū· et factū ē ita. Vocauitq;
deus firmamentū celū: ⁊ factū ē vespe
et mane dies secūdꝰ. Dixit vero deus.
Congregent̄ aque que sub celo sūt in
locū vnū ⁊ appareat arida. Et factū ē
ita. Et vocauit deus aridam terram:
congregacionesq; aquaꝝ appellauit
maria. Et vidit deus ꝙ esset bonū· et
ait. Germinet terra herbā virentem et
facientē semen: ⁊ lignū pomifeꝝ faciēs
fructū iuxta genus suū· cuiꝰ semen in
semetipō sit sup terrā. Et factū ē ita. Et
protulit terra herbā virentē ⁊ facientē
semē iuxta genus suū: lignūq; faciēs
fructū ⁊ habēs vnūqdq; sementē sc̄dm
speciē suā. Et vidit deus ꝙ esset bonū:
et factū est vespe et mane dies tercius.
Dixitq; autē deus. Fiant luminaria
in firmamēto celi· ⁊ diuidāt diem ac
noctem: ⁊ sint in signa ⁊ tp̄a et dies ⁊
annos· vt luceāt in firmamēto celi et
illuminēt terrā. Et factū ē ita. Fecitq;
deus duo luminaria magna: luminare
maius vt p̄esset diei et luminare minꝰ
vt p̄esset nocti ⁊ stellas· ⁊ posuit eas in
firmamēto celi vt lucerent sup terrā: et
p̄essent diei ac nocti· ⁊ diuiderent lucē
ac tenebras. Et vidit deꝰ ꝙ esset bonū:
et factū ē vespe ⁊ mane dies quartus.
Dixit eciā deꝰ. Producāt aque reptile
anime viuentis ⁊ volatile super terrā·
sub firmamēto celi. Creauitq; deus cete
grandia· et omnē aīam viuentē atq;
motabilē quā ꝑduxerāt aque ī species
suas· ⁊ omne volatile sc̄dm genꝰ suū.
Et vidit deus ꝙ esset bonū· benedixitq;
eis dicens. Crescite ⁊ mltiplicamini· ⁊
replete aquas maris· auesq; mltipli-
cent̄ sup terrā. Et factū ē vespe ⁊ mane
dies quītus. Dixit quoq; deus. Pro-
ducat terra aīam viuentē in genē suo·
iumenta ⁊ reptilia· ⁊ bestias terre sc̄dm
species suas. Factūq; ē ita. Et fecit deꝰ
bestias terre iuxta species suas· iumen-
ta ⁊ omne reptile terre ī genere suo. Et
vidit deus ꝙ esset bonū· et ait. Facia-
mus hoīem ad ymaginē ⁊ silitudinē
nostrā· ⁊ presit pisc̄ibȝ maris· et vola-
tilibȝ celi ⁊ bestijs vniūsisq; terre· omiq;
reptili qd̄ mouetur ī terra. Et creauit
deus hoīem ad ymaginē ⁊ silitudinē
suā· ad ymaginē dei creauit illū· ma-
sculū ⁊ feminā creauit eos. Benedixit-
q; illis deus· ⁊ ait. Crescite ⁊ mltiplica-
mini ⁊ replete terrā· et sbicite eā· et dña-
mini piscibȝ maris· et volatilibȝ celi·
et vniuersis animātibȝ que mouent̄
sup terrā. Dixitq; deꝰ. Ecce dedi vobis
omnē herbā afferentē semen sup terrā·
et vniūsa ligna que hñt in semetipis
sementē genis sui· vt sint vobis ī escā
⁊ cunctis aīantibȝ terre· ōniq; volucri
celi ⁊ vniuersis q̄ mouētur in terra· ⁊ ī
quibȝ est anima viuēs· vt habeāt ad
vescendū. Et factū est ita. Viditq; deus
cuncta que fecerat· ⁊ erāt valde bona.

Eine Seite aus der Gutenberg-Bibel in originalgetreuer Nachbildung (links). Erst das Computer-Zeitalter begann von der Technik der beweglichen Lettern aus Metall abzuweichen. Heute entstehen schon viele Druckvorlagen mit Hilfe von Satz-Computern (rechts), die Buchstaben nicht mehr in Metall gießen, sondern fotografieren. Offset-Rotationsmaschinen (unten) verarbeiten in atemberaubender Geschwindigkeit, was unser »Ereignisuniversum« an mitteilbarem Stoff hergibt. Buch und Zeitung werden trotz technischer Umstellungen ihre Bedeutung behalten.

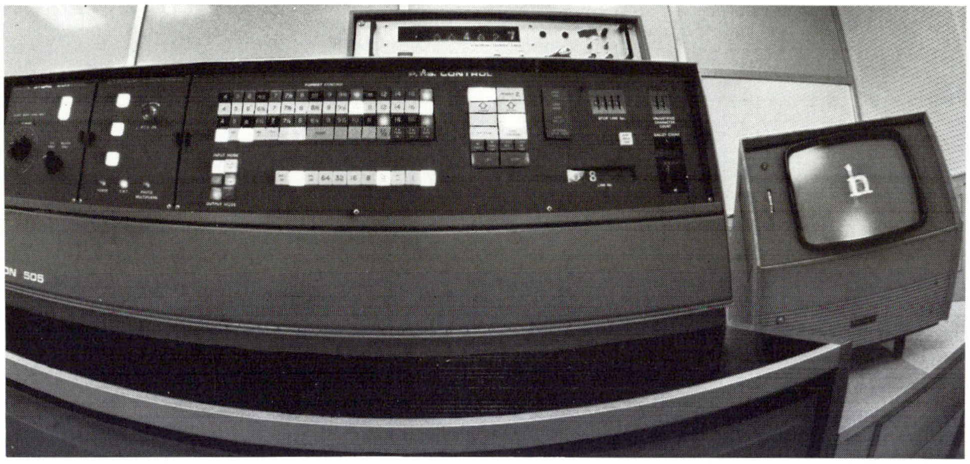

ner Werkstatt verpfänden oder verkaufen und damit wohl auch streng gehütete Geheimnisse preisgeben. Doch in diesen Jahren war ihm der große Durchbruch bereits gelungen: der Bleiguß einzelner beweglicher Lettern und vor allem die Entwicklung einer für die Massenherstellung der Lettern geeigneten, leicht zu handhabenden Gießform.
Der älteste von ihm selbst hergestellte Druck, das »Fragment zum Weltgericht«, ist um 1445 entstanden. Sein bedeutendstes Werk, die 42zeilige Bibel mit einem Umfang von 1282 Seiten, für die er über drei Millionen Typen benötigte, dürfte um 1455 fertiggestellt worden sein. Noch 48 Exemplare sind heute bekannt.
Gutenberg hat keine Früchte seiner Erfindung ernten können. Er geriet bald für lange Zeit in Vergessenheit und wurde später als Erfinder zunächst in Frage gestellt. Die Ausbreitung der »Schwarzen Kunst« indes war nicht aufzuhalten. Über die deutschen Buchdrucker schrieb bereits 1470 der französische Gelehrte Fichet: »Sie strömen in die Welt, wie einst die Krieger dem Bauch des Trojanischen Pferdes entstiegen.«
Der Bauch diese neuen trojanischen Pferdes barg überdies hochexplosives Material. Denn was fortan gedruckt und tausendfach in Umlauf gebracht wurde, waren nicht nur autoritätsfromme, den Obrigkeiten wohlgefällige Schriften, auch aufsässige Gedanken fanden ihren schwer kontrollierbaren Weg. Reformation, Aufklärung, moderne Wissenschaft und publizistische Massenkommunikation konnten ihren Lauf nehmen. Mit Gutenbergs Erfindung geriet in Bewegung, was wir als »Informationslawine« bezeichnen. Auf der ganzen Welt werden derzeit allein im wissenschaftlich-technischen Bereich täglich 6000 bis 7000 Veröffentlichungen fertiggestellt.

Columbus

Er entdeckte den Europäern die Neue Welt: Amerika

Ein zäher, verbissener, unerhört ausdauernder Mann muß er gewesen sein, dieser Christoph Columbus (1451 bis 1506) oder Cristóbal Colón, wie ihn seine spanischen Auftraggeber nannten. Viele Jahre lang versuchte er immer wieder, für seinen Plan einer Schiffsreise nach Indien Interessenten zu finden. 1492 endlich machte er sich mit Nußschalen von Schiffen auf den Weg (oben ein Nachbau der »Niña«). Er fand eine neue Welt, entdeckte Amerika – und hatte selbst nichts von seiner Tat.

Der Entdecker, der an seiner Entdeckung zerbrach

Der Hafen von Genua um 1481. Hier wurde Columbus 1451 geboren. Den 14jährigen hielt es nicht mehr in seinem Beruf als Wollweber. Er ging zur See.

Ein Nobody war er, dieser Columbus, ein verbohrter Herr Niemand, der König Johann II. von Portugal sechs Jahre lang, von 1478 bis 1484, auf die Nerven fiel mit seiner fixen Idee, den westlichen Seeweg nach Indien, über den Atlantischen Ozean, ausfindig zu machen, und der dafür auch noch beträchtliche Forderungen stellte: Finanzierung dieser abenteuerlichen Expedition aus der königlichen Kasse, den Titel eines Admirals für sich und seine Nachkommen und die Stellung eines Vizekönigs über alle von ihm bei dieser Fahrt etwa neu entdeckten Länder, dazu zehn Prozent von allen zu erwartenden Gewinnen.

Das war zuviel, auch für Portugal, das seine Mittel ohnehin bereits seit zwei Generationen in die schrittweise Erkundung der östlichen Route, entlang den Küsten Afrikas, investierte. Erlauchte Gelehrte und erfahrene Seefahrer, der Graf Vasco da Gama zum Beispiel, arbeiteten hier zusammen an einem soliden Projekt.

Portugal, das war im 15. Jahrhundert eine bedeutende Seemacht, ein am Mittelmeer und Atlantik gelegener natürlicher Ausgangspunkt für weltweite Entdeckungs- und Eroberungsreisen. Wichtige navigatorische Hilfsmittel waren schon seit langem bekannt: der Magnetkompaß seit 1250, der »Jakobsstab«, Vorläufer des heutigen Sextanten, seit 1300.

Aber erst neuerdings war die Kugelgestalt der Erde zur wissenschaftlich weitgehend anerkannten Gewißheit geworden. Der Nürnberger Martin Behaim, in portugiesischen Diensten stehend, war dabei, seinen »Erdapfel«, den ersten Globus, zu entwickeln.

Die Erde keine Scheibe, sondern eine Kugel! An dieser Entdeckung entzündete sich die Phantasie, die Lust zur forschenden Entdeckung des Erdballs. Andere Beweggründe kamen hinzu. Das Zauberwort jener Zeit hieß »Indien«, und mit Indien war alles Land östlich des islamisch-arabischen Gebietes gemeint. Indien bedeutete Gold, Perlen, Seide, Gewürze, Elfenbein – kurz, unermeßlichen Reichtum. Aber den alten klein- und vorderasiatischen Handelsweg nach Indien hatten nach der Besetzung des christlichen Konstantinopel (1453) die heidnischen Türken und Sarazenen abgeriegelt. Nun diktierten sie, Widersacher auch im Glauben, die Preise. Um Afrika segelnd, mußte es möglich sein, den Feind im Rükken zu fassen und eine neue Verbindung nach Indien herzustellen.

Was nun dieser Kapitän Columbus vorschlug, hatte das nicht sogar etwas von einem antiportugiesischen Ablenkungsmanöver? Wer war er überhaupt?

Aus Genua stammte Columbus, ein gelernter Wollweber wie sein Vater. Irgendwann 1451 war er geboren. Erst 14jährig, hatte es ihn schon nicht mehr an seinem Arbeitsplatz gehalten. Als Schiffsjunge ging er zur See, naheliegend in Genua, einem der bedeutendsten Hafen- und Handelsplätze des Mittelmeers. Auf portugiesischen Schiffen war er bis Island und Afrikanisch-Guinea gelangt. Mit dem verbissenen Ehrgeiz des Autodidakten hatte er seemännisches und manches andere Wissen seiner Zeit gepaukt und war schließlich zum Rang eines Kapitäns aufgerückt. Es ist möglich, daß er bei seinen Fahrten in den Norden auch die alten Wikingerlegenden vernommen hat, die von einem fremden Land weit im Westen berichteten, das ferne Vorfahren entdeckt hatten und bei dem es sich nur um die Ostküste Asiens, also um Indien handeln konnte.

Was er ganz genau kannte, war eine Weltkarte des Italieners Paolo Toscanelli aus dem Jahre 1474 und dessen dringende Empfehlungen, eine Westfahrt zu unternehmen. Diese Empfehlungen waren vielen bekannt, aber es war allein Columbus, der sie sich zum festen Vorsatz machte, um dessen Verwirklichung er mehr als

Zwölf Jahre lang kämpfte Columbus um seine »fixe Idee«, den westlichen Seeweg nach Indien zu entdecken. Seiner Sache sicher, ertrug er geduldig Hohn und Spott, wie hier (Bild links) beim Rat von Salamanca, bis er schließlich, 1492, vom spanischen Hof Vollmacht und Vertrag erhielt.

Die Nachbildung der »Santa Maria«, Flaggschiff der kleinen Columbus-Flotte, kann im Hafen von Barcelona besichtigt werden (unten): ein mäßig schneller Segler von 23 Meter Länge.

zwölf Jahre lang hartnäckig und unbeirrbar kämpfte.
Nach dem Fehlschlag am portugiesischen Hof fand er in Spanien geneigtere Ohren. Hier war erst 1469 durch die Vermählung der politisch aktiven Isabella von Kastilien mit Ferdinand von Aragon ein neues Reich entstanden, zunächst allerdings noch ohne überseeische Interessen. Man hatte sich sogar vertraglich gebunden, die Ostpassage dem iberischen Nachbarn allein zu überlassen. Der Ehrgeiz war auf festländische Ziele gerichtet, auf die Beseitigung der letzten Reste maurischer Herrschaft im Süden des Landes, in Granada. Dieses Ziel war fast erreicht, als Columbus 1486 eine erste Audienz gewährt wurde. Er verstand es, in einer die Gefühls- und Interessenlage der Zeit treffenden Art zu argumentieren und für seine Idee zu werben.
Aber zunächst wurde Columbus vertröstet, immer wieder, Jahr um Jahr. Erst 1492 und nachdem er sich angeschickt hatte, auf ein womöglich nur vorgetäuschtes Angebot des Königs von Frankreich einzugehen, erhielt er Vollmacht und Vertrag »zu entdecken und zu erobern gewisse Inseln und Festlande im ozeanischen Meer«.
Im selben Jahr 1492, als Columbus am 3. August vom heute versandeten Hafen der Stadt Palos im Golf von Cadiz aus in See stach, war mit dem Fall von Granada die 750jährige maurisch-islamische Herrschaft über die Iberische Halbinsel endgültig beendet. Als er im Jahr darauf am 15. März zurückkehrte, da hatte er für Spanien das Tor zur seebeherrschenden Weltmacht der nächsten 150 Jahre aufgestoßen und für die Weltgeschichte ein neues Kapitel begonnen. Aus dem Meer der Geschichtslosigkeit war ein neuer Kontinent, Amerika, aufgetaucht.
Seine hochgeschraubten Forderungen hatte Columbus beim spanischen Herrscherpaar zwar durchsetzen können, aber

Drei kleine Segler standen Columbus für seine Entdeckungsreise zur Verfügung. Zu ihnen gehörte die »Niña«, eine 17 Meter lange Karavelle, mit deren Nachbau vor einigen Jahren die »Westindienfahrt« wiederholt wurde.

Von den Bewohnern bestaunt und freundlich begrüßt, betrat Columbus am 12. Oktober 1492 amerikanischen Boden (links). Mit Sicherheit hatte er mehrere Vorgänger – schon in grauer Vorzeit. Aber erst die »Wiederentdekkung« durch ihn veränderte das Bild der Erde und die Geschichte der Welt.

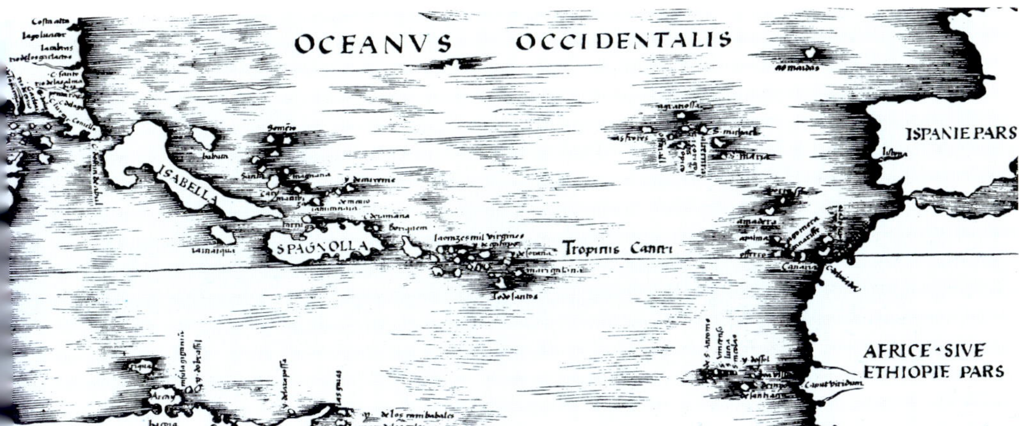

Die erste Karte Amerikas (links), das Columbus bis zu seinem Tode für einen Teil Indiens hielt. Der Entdecker wurde rasch vergessen. Seinen Namen erhielt der neue Erdteil nach dem Italiener Amerigo Vespucci (1451 bis 1512), der an mehreren Entdeckungsreisen nach Südamerika teilgenommen hatte.

Nach Jahren des Wartens und der Entbehrungen, nach einer gefahrvollen Fahrt ins Ungewisse war Columbus mit der Entdeckung Amerikas am Ziel seines Ehrgeizes. Bei seiner Rückkehr bereitete ihm der spanische Hof in Barcelona einen triumphalen Empfang (oben). Der Vizekönig der neuen Länder durfte neben dem Herrscherpaar Platz nehmen und sich huldigen lassen. Doch da die erhofften Reichtümer zunächst ausblieben, sank sein Stern rasch. Von seiner dritten Reise kehrte er entmachtet und als Gefangener in Ketten gelegt zurück (rechts).

es war eine winzige Flotte, mit der man den künftigen Admiral und Vizekönig auf die Reise schickte. Sein 250-Tonnen-Flaggschiff »Santa Maria«, kein besonders schneller Segler, war ganze 23 Meter lang; noch kleiner waren die Begleitschiffe »Pinta« und »Niña«. 100 Mann zählte die Besatzung dieses Nußschalengeschwaders.

Was dann die Fahrt so gefährlich machte, waren nicht in erster Linie Naturgewalten, sondern Angst und immer wieder aufflackernde Empörung der Besatzung, der Columbus nur mühsam mit Überredungskunst Herr wurde und mit falschen Angaben über die zurückgelegten Entfernungen, die in Wahrheit viel größer waren. Zwei Monate nach der Abreise, am 12. Oktober 1492, geschah dann das nicht mehr für möglich Gehaltene: Land, »Indien«, kam in Sicht. Es war eine Insel der Bahamas, von Columbus San Salvador genannt, und ihre rotbraunen Einwohner, »Indianer« nannte er sie, nahmen die Ankömmlinge unbefangen und arglos auf.

Die gleich einsetzende Goldsuche blieb erfolglos. Die Flotte segelte weiter bis Cuba und Haiti, wo endlich das ersehnte Metall zum Vorschein kam; nicht viel zwar, aber es reichte, um die Rückreise zu rechtfertigen. Weitere Beweisstücke wurden mitgenommen: Papageien, Gewürzproben und einige rasch zusammengefangene Einwohner. Nach stürmischer Fahrt erreichte Columbus am 15. März 1493 wieder spanischen Boden. Der Empfang für den nun 42jährigen war triumphal. Ein wahrhafter Vizekönig, saß er in Barcelona neben dem Herrscherpaar und durfte die Huldigungen der höchsten Stände entgegennehmen. Der »fahrende Glücksritter« hatte das Ziel seines brennenden Ehrgeizes erreicht, aber den Höhepunkt seines Lebens nun auch schon überschritten.

Es begann der Abstieg. Die in klingender Münze zählbaren Erfolge seiner zweiten Reise (1493 bis 1496) waren gering. Was bedeuteten Jamaika, Puerto Rico und die Kleinen Antillen, wenn sie weder Gold noch andere begehrte Kostbarkeiten hergaben? Und dafür hatte man ihm 17 Schiffe mit 1500 Mann finanziert. Statt der Edelsteine brachten sie die Syphilis nach Europa und den Tabak.

Trotzdem wurde ihm eine dritte Reise zugestanden (1498 bis 1500). Sie endete katastrophal. Zwar machte er weitere Entdeckungen: das südamerikanische Festland bei Trinidad und an der Orinokomündung. Aber den Desperados in seinem Gefolge war er nicht gewachsen. Das heimtückisch-grausame Abschlachten der sich empörenden Indianer begann, blutiger Auftakt der bald folgenden völligen Vernichtung blühender Kulturen der Maya, Inka und Azteken durch skrupellose Eroberer. Columbus ersuchte um einen strengen Statthalter und Oberrichter, und den schickte man ihm aus Spanien. Francesco de Bobadilla hieß er und hatte es bald auf Columbus selbst abgesehen. Als Kettenhäftling wurde der entmachtete Vizekönig dorthin gebracht, wo er sieben Jahre zuvor seinen Triumph ausgekostet hatte.

Noch einmal konnte er Isabella auf seine Seite ziehen. Die vierte Reise (1502 bis 1504) führte ihn nach Mittelamerika. Aber er war bereits ein erledigter, von den Statthaltern gerade noch geduldeter Mann. Außerdem hatte inzwischen (1498) Vasco da Gama Indien, das richtige Indien, auf der Afrikaroute erreicht und reiche Ernte in die portugiesischen Scheuern gebracht. Ein gebrochener, schwerkranker Columbus kehrte nach Cadiz zurück. Zwei Jahre später starb er ruhmlos und verachtet. In den Ländern Europas aber setzte sich schon bald eine immer größer werdende Menschenlawine in Bewegung, die den alten Kontinent zur »Neuen Welt« machte.

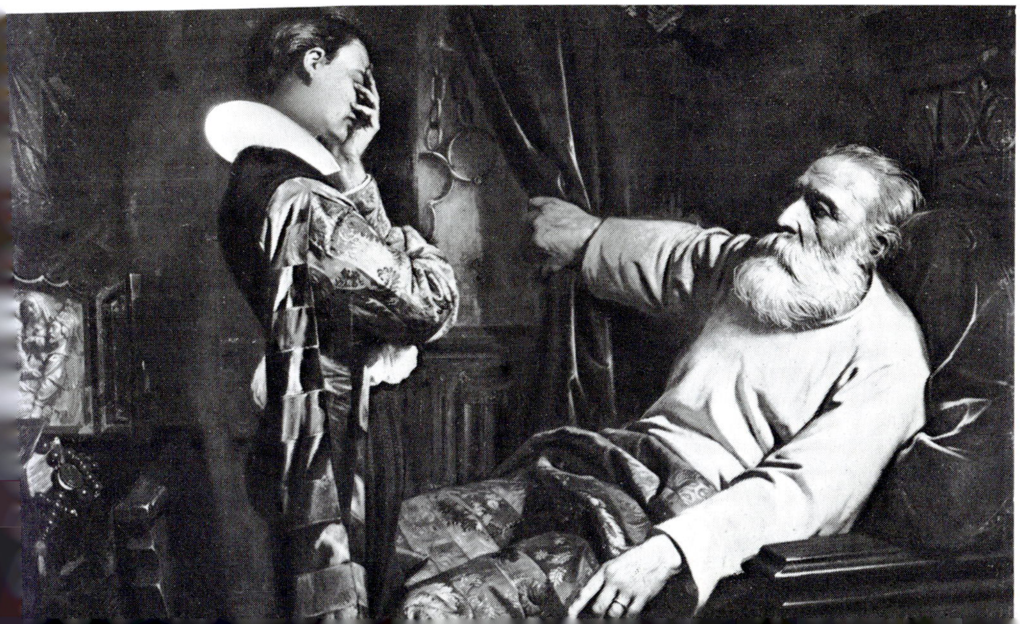

Die letzten Privilegien als Admiral und Vizekönig verlor Columbus, nachdem 1504 seine Gönnerin Isabella gestorben war. Er selbst starb am 21. Mai 1506 in Valladolid als von den Zeitgenossen vergessener Mann (links). Sein später in Sevilla errichteter Grabstein trägt die Inschrift: »Für Kastilien und Leon – entdeckte die Neue Welt Colón.«

Leonardo

Das große »Universalgenie« der Renaissance

da Vinci

Wie kein anderer faßte er Kunst und Wissenschaft als eine Einheit menschlichen Erkenntniswillens auf: Leonardo da Vinci (1452 bis 1519), Sohn eines florentinischen Notars und des Bauernmädchens Caterina aus Vinci. Das Universalgenie Leonardo überragte selbst die mächtigen Geistes- und Kunstheroen der italienischen Renaissance beträchtlich. Vieles von dem, was er plante, blieb unvollendet – so auch das oben abgebildete Schlachtenbild. Seiner Bedeutung tut das keinen Abbruch.

Mit seinen großen Entwürfen drang er bis an die Grenzen menschlicher Möglichkeiten vor

Drei Modelle, in unseren Tagen nach präzisen Entwürfen Leonardo da Vincis nachgebaut – sie nehmen in mancher Beziehung Erfindungen späterer Jahrhunderte vorweg. Von oben nach unten: durch Pedalantrieb bewegte Luftschraube; bewaffneter Panzerwagen, wie ihn Leonardo 1478 für Lorenzo de' Medici bauen wollte; durch Schaufelräder angetriebenes Wasserfahrzeug. Erst 1967 wurde sein »Musterbuch der Maschinenelemente« wiedergefunden.

Er war schön, dieser junge Leonardo da Vinci, Maler in Florenz und zugleich einer der Playboys der Stadt. Das lange blonde Haar fiel ihm modisch bis auf die Schultern. Wenn er abends durch die belebten Gassen flanierte, allein zumeist, sahen sich die Frauen verstohlen nach ihm um und versuchten, seinen Blick zu erhaschen. Er war dennoch bestenfalls freundlich zu ihnen, und keiner schien er sonderlich zugetan. Nur in seinen Bildern hat er sie später sehr geliebt.

Obgleich man auch das bezweifeln kann! Auf fast all seinen Frauengesichtern, die er malte – es sind überdies sehr wenige; nur neun oder zehn, Engel eingeschlossen, sind uns erhalten geblieben –, liegt jenes sonderbare Lächeln, das etwa die »Mona Lisa« berühmt gemacht hat. Niemand hat dieses Lächeln bisher sicher zu deuten gewußt. Es könnten also auch die recht haben, die es doppelsinnig, zwielichtig, hintergründig-falsch, grausam nennen – und Leonardos Ansicht über die Frauen wäre daher kaum sehr schmeichelhaft. Auf alle Fälle war er ein Künstler, in dessen Leben die Frauen, unüblicherweise, kaum eine Rolle gespielt haben. Seine Geliebte wurde mit jedem Tag mehr die Kunst, am Ende gar die nüchterne Wissenschaft.

Ob hier ein Zusammenhang bestand? Eigentlich ist alles an diesem Menschen außergewöhnlich. Am 15. April 1452 im Dorf Vinci bei Empoli geboren, war er der uneheliche Sohn eines erfolgreichen Florentiner Rechtsanwalts und eines schönen Dorfmädchens. Er blieb zunächst in Vinci und wurde erst im Alter von fünf Jahren, als seine Mutter heiraten wollte, ins väterliche Haus nach Florenz gebracht. Aus dieser Zeit wissen wir nur wenig von ihm, lediglich, daß er wahrscheinlich eine Schule nur recht unregelmäßig besuchte und viel allein war. Fünfzehn Jahre alt, trat er dann, ganz sicher mit Hilfe seines Vaters, der die Begabung seines Sohnes erkannt hatte, in die Werkstatt des berühmten Malers und Bildhauers Andrea del Verrocchio ein, wo er schließlich 1472, zwanzig Jahre alt, in die Malergilde aufgenommen, das heißt als ausgelernter Künstler anerkannt wurde. Er hatte indes bei Verrocchio nicht nur das Malen erlernt. Der berühmte Meister war ein Mann von vielseitigen Kenntnissen und im Stil der Zeit praktischer Naturwissenschaftler. In seinem Atelier gingen die bekanntesten Männer der Zeit ein und aus, und wenn Leonardo später auf so vielen Gebieten tätig wurde, hat er sicherlich hier bereits die ersten Anregungen bekommen.

1482 verließ er Florenz und ging nach Mailand an den Fürstenhof der Sforza, wo er sich als Brückenbauer, Festungsbrecher, Seekriegsingenieur, Konstrukteur von unwiderstehlichen Geschützen, Schleudern und Kampfwagen, als Erbauer von Wasserleitungen und ganz allgemein als Architekt beworben hatte. Nur nebenbei, gleichsam sachlich, erwähnte er, daß er auch Maler, Bildhauer und Erzgießer sei.

Die Hervorhebung seiner technischen Fähigkeiten als Ingenieur hängt mit dem Zustand der Zeit zusammen. Ganz Oberitalien war damals Kriegsgebiet, und die Kriegsherren verlangten mehr nach Kanonen als nach kunstreichen Bildern. Dennoch betätigte sich Leonardo in Mailand anfangs vor allem als Organisator von Festen, machte Musik, verfaßte Gedichte, schuf Dekorationen für Ballette und Theateraufführungen. Nebenher malte er auch, unter anderem 1495 das berühmte »Letzte Abendmahl«, das allerdings später nahezu unterging. Die Wände im Kloster Santa Maria delle Grazie waren feucht, so daß die Farbe abblätterte, es gab Überschwemmungen, schließlich machten Napoleons Soldaten das Refektorium zu ihrem Pferdestall. Ähnlich erging es dem großen Reiter-

Leonardo bei Franz I. von Frankreich (rechts). In Rom hatte Leonardo Papst Leo X. gedient. Als er den Plan, die Pontinischen Sümpfe trockenzulegen, nicht verwirklichen konnte, ging er auf Einladung des französischen Königs nach Frankreich. Auch hier plante er wieder Flußregulierungen: »Wenn man den Nebenfluß der Loire in den Fluß von Romorantin mit seinem trüben Wasser leitet, wird er die Felder fett und das Land fruchtbar machen, so daß es seine Bewohner ernähren kann, und der Kanal wird schiffbar sein und dem Handelsverkehr dienen«, schrieb er.

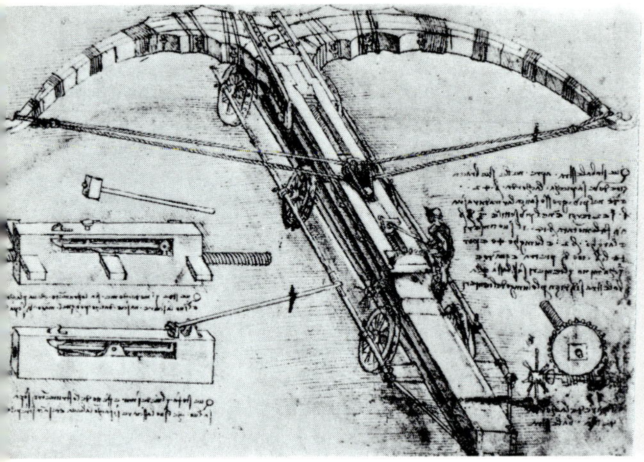

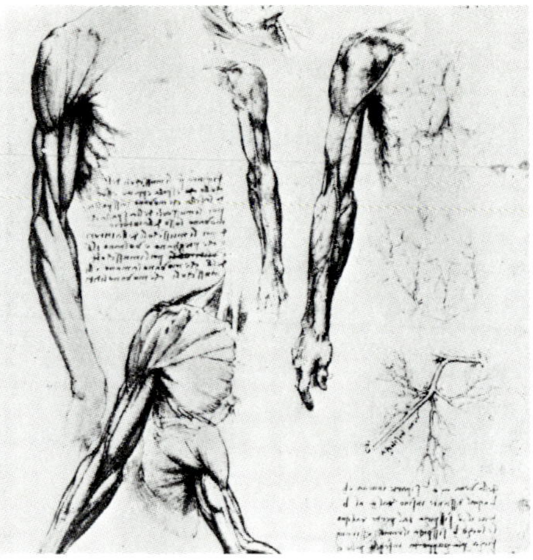

Zeichnungen und Ölbilder Leonardos. Ganz links: Entwurf für ein Geschütz nach dem Armbrustprinzip; links: anatomische Studien über die Armmuskeln des Menschen. Auf der rechten Seite das berühmte Bildnis der Mona Lisa, das heute im Louvre in Paris hängt. Unten ein Detail des Gemäldes, das die Maltechnik des »sfumato« verdeutlicht, jener Technik, die harte Konturen auflöst und den Körper wie aus Licht modelliert. Ganz unten: Blick in das Refektorium des Klosters Santa Maria delle Grazie in Mailand mit dem Wandgemälde »Das letzte Abendmahl«.

standbild des Francesco Sforza, das Leonardo so riesig plante, daß man in ganz Italien davon zu sprechen begann. Als jedoch endlich der Guß beginnen sollte, wurde die vorgesehene Bronze für Kanonen verwendet, das Tonmodell später von den Mailand erobernden Franzosen zerschlagen.

Sein Hauptaugenmerk richtete Leonardo jedoch bereits in diesen Jahren auf die Naturwissenschaften. Es entstanden nach und nach jene berühmten über zehntausend Blätter mit Aufzeichnungen, die ein Kompendium all seines Wissens wurden. Man weiß nicht, zu welchem Zweck Leonardo sie zusammentrug: Wollte er eines Tages eine große Enzyklopädie der Wissenschaften schreiben? Er kam nie dazu und hat daran sehr wahrscheinlich auch nie gedacht. Er schloß sich in seine nächtliche Werkstatt ein und überdachte die Möglichkeit menschlichen Fliegens, aber er wußte sehr wohl, daß dergleichen nur der Zukunft, nicht schon ihm gehörte. Er setzte bei all seinen Entwürfen nicht nur Materialien voraus, die es damals noch nicht gab, sondern auch Technologien, die erst vierhundert Jahre später entwickelt wurden; ganz davon abgesehen, daß zu seiner Zeit zum Exempel niemand ernstlich daran dachte, zu fliegen. Außer Leonardo: der deswegen, um nicht noch mehr Narr zu sein, seine Forschungen und Träume in seine Papiere verschloß, geschrieben in kaum entzifferbarer Spiegelschrift.

Es ist unmöglich, alles zu nennen, was er betrieben und erforscht hat. Als Maler etwa will er wissen, wie der Mensch gebaut ist, wie seine Gliedmaßen, Muskeln, die Gelenke funktionieren. Er untersucht also, seziert, experimentiert, zeichnet. Er gießt heißes Wachs in Körperhöhlen, um deren Form feststellen zu können. Er entdeckt die Krümmung der Wirbelsäule, er zeichnet als erster den menschlichen Fötus in seiner richtigen Lage.

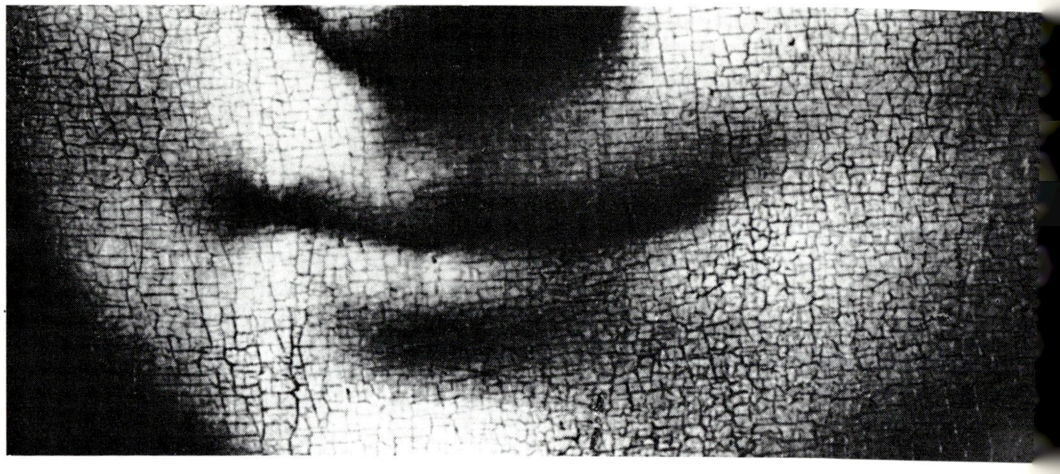

Leonardos letztes Selbstbildnis. Dies hatte er früher einmal geschrieben: »Deine Kraft, Künstler, liegt in der Einsamkeit. Nur wenn du ganz allein bist, gehörst du ganz dir selbst. Wenn du durchaus Freunde haben mußt, so seien es Genossen und Schüler aus deiner Werkstatt. Jede andere Freundschaft ist gefährlich.«

Im übrigen hat er – natürlich – auch die Technik der Malerei erneuert oder weitergeführt: Er erfand das *sfumato,* die weiche Malerei Ton in Ton, die jede harte Kontur auflöst und die Körper wie aus Licht modelliert.

Er ist auch Optiker und entdeckt, daß die Luft das Licht absorbiert. Er arbeitet als Mechaniker und klärt, daß es unmöglich sei, das immer wieder versuchte »Perpetuum mobile« zu bauen. Er findet bei seinen Untersuchungen und Konstruktionen die Hebelgesetze, das Parallelogramm der Kräfte, die Abhängigkeit der Reibung von Druck und Oberflächenstruktur. Als er seine Flugapparate zeichnet, entdeckt er das Turbinenrad, eigentlich bereits eine Kraftmaschine. Für die Konstruktion der Flugapparate studiert er zuvor die Vögel und schreibt sein »Buch über den Vogelflug«: Die damit verbundenen Untersuchungen über den Luftwiderstand, den Auftrieb, die Gleitfähigkeit, die Sog- und Wirbelbildung in der Luft sind Arbeiten, die auch noch lange nach ihm niemand in Angriff nahm und die Leonardo zu einem Vorläufer der modernen technischen Entwicklung machen, dessen Genie nicht erklärt, nur angestaunt werden kann.

Im Winter 1499 mußte er Mailand verlassen, flüchtend, da die Franzosen brandschatzend durch die Lombardei zogen und Mailand belagerten. Über Mantua und Venedig kehrte er in seine Vaterstadt zurück, wo er bis 1506 blieb. Zwischendurch allerdings diente er Cesare Borgia als Generalingenieur.

In dieser Zeit malte Leonardo sein berühmtestes Bild: die »Mona Lisa«. Man weiß nicht, wer die Frau war, man weiß nur, daß es das großartigste Bildnis ist, das die europäische Malerei hervorbrachte. Als es 1962 mit der »France« nach Amerika reiste, um in Washington und New York ausgestellt zu werden, verzichtete man darauf, die außergewöhnliche Sendung zu versichern. Schon Franz I. hatte für das Bild, das Leonardo mitbrachte, die damals unbegreifliche Summe von 4000 Goldflorinen bezahlt, was heute gut eine Million Mark wären: Mit wieviel Millionen sollte man den Wert des Bildes also heute beziffern (und die Versicherungsprämie)? So schickte man die Mona Lisa in einer Spezialkassette, die bei einem Brand nicht verbrannt und die bei einem Schiffsuntergang irgendwo heil und unversehrt angeschwemmt worden wäre. Vier Beamte der Sureté und drei Konservatoren des Louvre begleiteten und bewachten sie. Schon in den ersten zehn Tagen sahen eine Viertelmillion Menschen das Bild – sicherlich der Rekord, den je ein einzelnes Bild erzielt haben dürfte.

Ab 1506 war Leonardo auf Einladung der Franzosen wieder in Mailand und setzte hier in den alten Verliesen seine Studien fort. 1513 ging er zu Papst Leo X. nach Rom, wo er die Trockenlegung der Pontinischen Sümpfe plante. Als er sah, daß andere ihm vorgezogen wurden, vor allem Raffael und Michelangelo, nahm er die Einladung des französischen Königs Franz I. an und verbrachte die letzten Jahre seines Lebens auf dem kleinen Schloß Cloux bei Amboise. Er hatte seinen Freund Melzi und andere Helfer mitgebracht, um seine Arbeit fortzusetzen, aber dann befiel seine rechte Hand eine Lähmung, er mußte resignieren. Am 2. Mai 1519 starb er, einsam, in fast allem, was er plante, gescheitert, dennoch einer der großartigsten Menschen, die je gelebt haben, mit seinen Entwürfen an die Grenzen der menschlichen Möglichkeiten vordringend und zugleich, eben weil er ein Mensch war, scheiternd.

In der Kirche St. Florentin in Amboise hat man Leonardo bestattet. Sie wurde während der Französischen Revolution zerstört. Erbe seines riesigen Nachlasses war sein Schüler Francesco Melzi.

Teilansicht des Schlößchens Cloux (links), das Franz I. für Leonardo da Vinci herrichten ließ. Hier ging der große Maler und Ingenieur in den letzten drei Lebensjahren seinen Plänen nach. Wahrscheinlich entstand hier auch die links abgebildete Rötelzeichnung, sein Altersporträt. Unten: Leonardo stirbt in den Armen seines königlichen Freundes in Cloux. David Ingres malte hier eine schöne Legende, denn Franz I. weilte um diese Zeit in Saint Germain. Er soll geweint haben, als man ihm Leonardos Tod meldete. In Amboise wurde Leonardo beigesetzt.

Kopernikus

Er erkannte die Rolle der Erde im Weltall

S

Die Erde steht nicht im Mittelpunkt des Universums, sie ist ein Planet wie jeder andere und dreht sich um die Sonne. Diese revolutionäre Überzeugung vertrat als erster der in Thorn geborene Mathematiker und Astronom Nikolaus Kopernikus (1473 bis 1543). Er forderte damit Widerspruch und Gegnerschaft der Kirche und der Wissenschaft heraus. Sein »heliozentrisches Weltsystem« wurde zum Fundament aller Erkenntnisse, die wir heute von der Struktur des Universums besitzen.

Luther über Kopernikus: »Der Narr will mir die ganze Kunst Astronomia umkehren!«

Nikolaus Kopernikus verfolgt mit den einfachen Geräten, die ihm zur Verfügung standen, den verwickelten Lauf der Planeten. Im Hintergrund des von Ian Matejko gemalten Ölbildes der Turm der Frauenburg. Hier lebte Kopernikus von 1512 bis zu seinem Tode, und hier vollendete er auch sein Werk über das heliozentrische Weltsystem. Das untere Bild zeigt den Hof der Frauenburg mit astronomischen Instrumenten aus der Kopernikus-Zeit.

Als er 1473 geboren wurde, lebte die Welt noch in der aus der Antike übernommenen Vorstellung, nach der die als flache Scheibe gedachte Erde der Mittelpunkt des Weltalls sei, um den die Sonne, der Mond und die Planeten in ewigem Umlauf kreisten. Als er 1543 starb, hinterließ er mit seinem Werk »De revolutionibus orbium coelestium« den Entwurf eines Weltsystems, das nicht nur mit den Irrtümern der ptolemäischen Lehre aufräumte, sondern das zum Ausgangspunkt aller Erkenntnisse wurde, die wir heute von der Struktur des Universums und von seinen bewegenden Kräften besitzen.

In Thorn geboren, begann er 1491 an der Universität Krakau humanistische, mathematische und astronomische Studien, die er von 1496 bis 1500 an der Universität Bologna fortsetzte. Neben der Beschäftigung mit weltlichem und geistlichem Recht widmete er sich der Astronomie. Nach kurzem Aufenthalt in Rom nahm er 1501 seine Studien in Padua und Ferrara wieder auf. Am 31. Mai 1503 promovierte er als Doktor des Kirchenrechts. 1506 kehrte er in seine Heimat zurück und lebte sechs Jahre lang als Mitarbeiter seines Onkels Lukas Watzelrode, des Bischofs von Ermland, in dessen Schloß zu Heilsberg. Ab 1512 weilte Kopernikus in Frauenburg, von wo er sich 1516 nach Allenstein begab, um dort bis 1521 den Grundbesitz des Domstifts zu verwalten. 1523 wurde er zum Generaladministrator der Diözese berufen. Aber sein großes Lebensziel, die Rätsel des Himmels zu lösen, verfolgte er unentwegt weiter, bis er am 24. Mai 1543 in Frauenburg starb.

Beim Studium alter Schriften hatte er entdeckt, daß schon im 3. Jahrhundert v. Chr. griechische Philosophen vermutet hatten, die Erde sei kugelförmig und drehe sich um sich selbst. Ihre Auffassung fand wenig Beachtung, zumal sie im Widerspruch stand mit der Lehre des Aristoteles, dessen Thesen noch das ganze Mittelalter hindurch als unfehlbar galten. Noch schwerer aber wog, daß die Bibel den Standort der Erde eindeutig auf den Mittelpunkt des gesamten Kosmos festgelegt hatte, ein Dogma, an dem die Kirche nicht rütteln lassen wollte.

Kopernikus wußte, welche Widerstände er und seine Erkenntnisse von seinen Zeitgenossen zu erwarten hatten. Obwohl sein Weltbild wohl schon im ersten Jahrzehnt des Jahrhunderts feststand, zögerte er mit der Herausgabe, und erst kurz vor seinem Tod gab er dem Drängen seiner Freunde nach, das langgehegte Werk drucken und veröffentlichen zu lassen. Der Tod war schneller, er erlebte das Erscheinen der Bücher nicht mehr.

Aber sein Werk war da und sollte die Welt verändern. Sein Inhalt: Das heliozentrische Weltsystem. Darin ist nicht mehr die Erde der zentrale Punkt des Weltalls, sondern die Sonne. Sie ist das Zentralgestirn eines gewaltigen Planetensystems, in dem die Erde ein Planet ist wie alle andern. In diesem Weltsystem sind alle Himmelserscheinungen, die zuvor manches Rätsel aufgaben, geklärt: der Wechsel von Tag und Nacht, die Zu- und Abnahme des Mondes, Sonnen- und Mondfinsternisse und die Bewegung der Planeten.

Das alles mag in unserer Zeit als eine Reihe von Binsenweisheiten erscheinen – damals war es eine Revolution des Weltbildes und der Weltanschauung. Freilich nicht von heute auf morgen.

Das lateinisch geschriebene Werk war nur Mathematikern verständlich und wurde daher zunächst nur in einem kleinen Kreis von Experten diskutiert. Erst gegen Ende des 16. Jahrhunderts wurde den Scholastikern, die unbeirrt am ptolemäischen Weltsystem festhielten, der umstürzlerische Charakter der neuen Lehre bewußt. Die Diskussion verlagerte sich vom mathematischen auf das Gebiet von Reli-

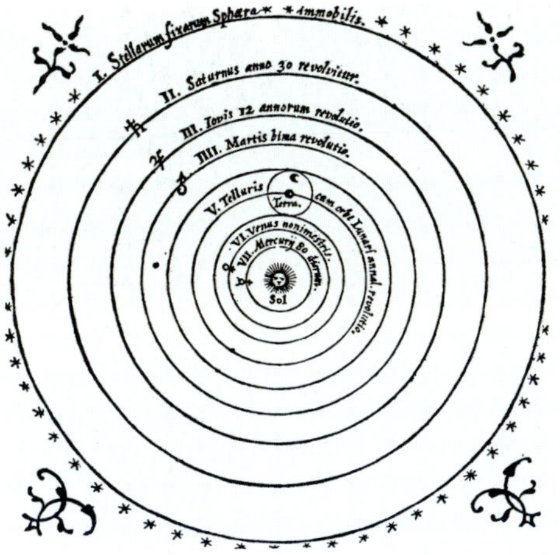

Darstellung des kopernikanischen Weltsystems (links). Kopernikus glaubte noch, daß sich die Planeten in Kreisbahnen um die Sonne bewegen. Erst Kepler erkannte, daß es sich um elliptische Bahnen handelt. Links Mitte: Papst Clemens VII. ließ sich schon 1533 über das neue Weltbild unterichten. Sein Nachfolger, Papst Paul III., stand der neuen Lehre aufgeschlossen gegenüber. Ihm widmete Kepler sein Hauptwerk, »um Gelehrten und Ungelehrten zu beweisen, daß ich keines Menschen Urteil scheue«. 1616 wurde das Buch dann doch von der Kirche indiziert.

Oben: Der unverändert gebliebene Raum im Turm der Frauenburg, in dem Kopernikus wohnte und arbeitete. Hier ließ er sich 1512 nieder, nachdem sein Onkel Lukas Watzelrode, Erzbischof von Ermland, gestorben war. Rechts: Mittelalterliche Darstellung des ptolemäischen Weltsystems aus »Flammarions Astronomia«. Über der flachen Erdscheibe strahlt die Sonne, während die Sterne auf einer riesigen Kristallschale befestigt sind. Ein Mensch, der offenbar aus dieser Vorstellungswelt auszubrechen sucht, sieht erschrocken in den bizarr gestalteten Himmelsraum.

gion und Philosophie. Die katholische Kirche zögerte noch mit der Verurteilung, während sich die Protestanten bald ablehnend einstellten. »Der Narr will mir die ganze Kunst Astronomia umkehren! Aber wie die Heilige Schrift zeigt, hieß Josua die Sonne still stehen und nicht die Erde«, rief Luther empört aus. Allmählich aber setzten sich die Gegner auch in der katholischen Kirche durch, und 1616 wurde die Lehre des Kopernikus auf den Index der für gläubige Katholiken verbotenen Bücher gesetzt.

Giordano Bruno war schon 1600 in Rom auf dem Scheiterhaufen verbrannt worden, weil er sich zur kopernikanischen Lehre bekannte. Nicht behelligt wurde dagegen der Astronom Johannes Kepler (1571 bis 1630), der zwischen 1609 und 1616 die Gesetze der Planetenbewegung erkannte (Keplersche Gesetze). Damit untermauerte er das kopernikanische Weltsystem, stellte aber auch fest, daß sich die Planeten nicht in regelmäßigen Kreisen, wie Kopernikus annahm, sondern in elliptischen Bahnen um die Sonne bewegen. Galileo Galilei (1564 bis 1642), der Entdecker der Fallgesetze, blickte als erster durch ein Fernrohr zum Himmel und fand weitere Beweise für die Richtigkeit der kopernikanischen Lehre. Das wurde ihm zum Verhängnis: Da er nicht schweigen wollte, zwang ihn 1633 das Inquisitionstribunal unter Androhung der Folter zum Abschwören seines kopernikanischen »Irrglaubens«.

Erbittert wurde der Streit zwischen den Vertretern des aristotelisch-ptolemäischen Systems und den Anhängern der kopernikanischen Lehre von Gelehrten, Klerikern und Laien ausgefochten. Aber als im Jahre 1835 das Werk vom Index der ketzerischen Bücher gestrichen wurde, hatte seine Wahrheit längst in aller Welt gesiegt und war zum tragenden Fundament all unseres Wissens um das Weltall geworden.

Das Astrolabium (oben links) ist ein altes astronomisches Meßgerät zur Bestimmung von Längen- und Breitendifferenzen. Es gehörte zum Instrumentarium des Kopernikus. Links: Der sterbende Kopernikus. Nach einer unverbürgten Legende soll er im letzten Augenblick noch das erste Exemplar seines Werkes »De revolutionibus« gesehen und berührt haben.

Luther

Der Reformator begründete die evangelische Kirche

Einen »Revolutionär wider Willen« hat man ihn genannt, den Theologieprofessor Martin Luther (1483 bis 1546), der zum Reformator wurde, als er den Zwiespalt zwischen den Idealen der urchristlichen Predigt und der Wirklichkeit der römischen Papstkirche erkannt hatte. Die Gründung einer neuen christlichen Kirche, aber auch die innere Erneuerung der katholischen Kirche waren Folgen seines Wirkens. Auf dem Reichstag zu Worms (Bild) lehnte er es ab, zu widerrufen

Luther: »Ich bin nicht aus freien Stücken und mit Vorbedacht in diesen Sturm geraten«

Am 31. Oktober 1517 veröffentlichte der junge Augustinermönch Martin Luther seine 95 Thesen gegen den Ablaßhandel – daß er sie an die Tür der Schloßkirche zu Wittenberg schlug (rechts), wird heute für eine Legende gehalten. Er tat es als gläubiger Katholik und wußte erst später, daß schon in diesem Augenblick die Loslösung von der römischen Kirche begonnen hatte.

Kaum 2000 Menschen lebten damals in dem unbedeutenden Städtchen Wittenberg. An der erst vor kurzem gegründeten Universität studierten noch keine 200 Studenten. Und dennoch! Als hier am 31. Oktober 1517 Doktor Martin Luther, Professor der Theologie an genannter Universität, seine 95 Thesen gegen den Ablaßhandel veröffentlichte (daß er sie an das Portal der Wittenberger Schloßkirche geschlagen haben soll, wird heute für eine Legende gehalten), nahm eine neue Zeit ihren Anfang. Aus dem Lateinischen ins Deutsche übersetzt, in allen größeren Städten als Flugblatt nachgedruckt, war bald in aller Munde, was da ein bis dahin unbekannter Mönch gegen den Papst in Rom und gegen die mächtige katholische Kirche anklagend vorbrachte.

Unter der Oberfläche hatte es seit Jahrzehnten geschwelt: nicht nur eine moralische Unzufriedenheit mit dem wenig christlichen Leben mancher Mönche, Priester, Prälaten, Kardinäle war zu spüren, sondern eine tief religiöse Unruhe, auf die die ins rein Äußerliche abgesunkene Kirche keine Antwort mehr wußte. Der Ablaßhandel, wie er auf allen Straßen und Märkten betrieben wurde, um Geld in die Kassen der Kirche zu bringen, war dafür ein häßliches Zeichen, und gleich die erste von Luthers Wittenberger Thesen traf die blasphemische Gleichsetzung von Geld und Sündenerlaß ins Herz: »Als unser Herr und Meister Jesus Christus sprach: Tut Buße! da wollte er, daß das ganze Leben der Gläubigen Buße sei« (und nicht durch Dukaten abgelöst und ersetzt werden könnte).

Was war das für ein Mensch, der es wagte, Papst und Kirche in die Schranken zu fordern? Wenn man seinen Lebensweg nachzeichnet, findet man kaum eine aufklärende Antwort auf diese Frage. Am 10. November 1483 in Eisleben am Harz geboren – der Vater war Bergmann und besaß später ein kleines Bergbauunternehmen –, sollte er Jura studieren. Die Familie wollte mit ihm sozial aufsteigen. Kaum jedoch in Erfurt auf der Hohen Schule angekommen, brach er das Studium jäh ab und wurde Mönch. Er hatte, als während eines Gewitters neben ihm der Blitz einschlug, gelobt, ins Kloster einzutreten.

Aber dieser Entschluß muß lange vorher gereift sein, erwies sich Luther doch von so ursprünglicher und tiefer Religiosität, daß man sich ihn anders, gleichsam weltlich, gar nicht vorstellen kann. Es vergingen noch zwölf Jahre bis zum legendären Thesenanschlag von Wittenberg, aber gewachsen ist dieser letzte revolutionäre Ausbruch langsam im religiösen, nicht im moralischen Bereich, auch wenn sich Luther selbst dessen erst später bewußt wurde.

Zwei tiefe Erkenntnisse hatten sich ihm aus der Lektüre der Heiligen Schrift fast aufgedrängt: zum ersten, daß der Mensch in seiner tiefen, unzulänglichen Sündhaftigkeit zu seiner Seligkeit allein auf die Gnade Gottes angewiesen sei (und nicht auf gute Werke oder gar den Ablaß); zum andern, daß der Mensch unmittelbar vor Gottes Angesicht stünde und nicht der Vermittlung des Priesters, nicht des Papstes bedürfe: Allein in der Heiligen Schrift erkenne er die Wahrheit Gottes, unzulänglich, ja nichts seien dagegen die Aussagen der Kirche und der Konzilien.

Luthers Thesen wurden in ganz Deutschland mit leidenschaftlichem Beifall aufgenommen. Die immer wieder herbeigesehnte Reform der Kirche an Haupt und Gliedern schien beginnen zu wollen. Es kam zu Disputationen zwischen Luther und anderen Theologen (die bekannteste im Sommer 1519 mit Dr. Eck auf dem Leipziger Stadtschloß), zu großen Predigten der Reformatoren, die sich Luther angeschlossen hatten; schließlich entstanden 1520 die drei großen Sendschreiben in deutscher Sprache: »An den christlichen

Am 15. Juni 1521 hatte Rom den Ketzerprozeß gegen Luther abgeschlossen und eine Bannandrohungsbulle geschickt: Innerhalb von 60 Tagen sollte er widerrufen. Luther antwortete, indem er die Bannbulle am 20. Dezember des gleichen Jahres vor dem Elstertor zu Wittenberg verbrannte (links). Drei Jahre vorher schon hatte der päpstliche Legat Cajetan Luther auf dem Augsburger Reichstag verhört und ihn gefragt, ob er denn wirklich ein Ketzer sei (unten). Da Luther auf seinen Schriften bestand, hatte Cajetan geraten, den Widerspenstigen zu exkommunizieren.

Am 17. und 18. April 1521 stand Martin Luther auf dem Reichstag zu Worms vor Kaiser Karl V. Erneut wurde er zum Widerruf gedrängt. Luther lehnte das ab, er widerrief nicht (oben links). Daraufhin wurde die Reichsacht über ihn verhängt. Oben rechts: Bevor die Reichsacht Folgen haben konnte, wurde Luther von seinem Landesherrn, Friedrich dem Weisen, auf die Wartburg entführt.

Adel deutscher Nation«, »Von der babylonischen Gefangenschaft der Kirche« und »Von der Freiheit eines Christenmenschen«. Besonders die erste Schrift wurde zum wichtigsten Dokument der nun immer deutlicher werdenden Reformation: Sie forderte Kaiser und Fürsten auf, die endliche Erneuerung von Staat und Kirche in eigener Verantwortung in die Hand zu nehmen. Die ganze Nation reagierte mit ungeheurem Jubel. Der Bann, den Rom gegen den frechen deutschen Mönch schleuderte, wurde verlacht, und als Luther schließlich im April 1521 mit kaiserlichem Geleit zum Reichstag nach Worms ritt, begleitete ihn die Begeisterung des ganzen Volkes.

Worms! Es waren die deutschen Fürsten, vor allem Luthers Landesherr, Kurfürst Friedrich der Weise, die durchgesetzt hatten, daß Luthers Sache nicht vor dem Papst in Rom, sondern vor Kaiser und Reich verhandelt werden sollte. Nun saßen sie da, an diesem hellen 18. April des Jahres 1521: die Kurfürsten, Erzbischöfe, Fürsten, Bischöfe, Prälaten, Äbte, Räte, auch Kriegsleute wie Luthers Freund Frundsberg, der berühmte Landsknechtsführer, auch spanische und italienische Granden, an ihrer Spitze aber, halb Flame, halb Spanier, der junge Kaiser Karl V., der das Deutsche bestenfalls halb verstand: Des Römischen Reiches Führerschaft also, um als Rechtens anzuerkennen Luthers Anklagen und Forderungen, wie er sie in seinen Schriften niedergelegt hatte, oder aber um ihn zum Widerruf zu zwingen.

Luther, in seiner schwarzen, armseligen Mönchskutte, den härenen Strick um den Leib, damals mit seinen 37 Jahren noch mager, schien gegenüber den Großen des Reichs kaum ein großartiger Vertreter der Sache zu sein, die hier verhandelt werden sollte. »Der wird mich gewiß nicht zum Ketzer machen«, soll der Kaiser, auf spanisch, gesagt haben. Aber als Luther das Wort ergriff, wurde deutlich, daß er sich in der Hand Gottes wußte und keinen Schritt von seinem Weg abwich. Schließlich rief er mit fester Stimme: »Mein Gewissen bleibt gefangen in Gottes Wort. Ich glaube weder dem Papst noch den Konzilien allein, weil es offenkundig ist, daß sie öfters geirrt und sich selbst widersprochen haben. Widerrufen kann und will ich nichts, weil es weder sicher noch geraten ist, etwas gegen sein Gewissen zu tun. Gott helfe mir, Amen!«

Am 25. Mai 1521 erklärte der Reichstag gegen Luther die Reichsacht (womit er vogelfrei wurde). Aber der Verurteilte weilte bereits auf der Wartburg, wohin ihn sein Landesherr zu seinem Schutz entführt hatte. Auch später, als er nach Wittenberg zurückkehrte, hat es niemand gewagt, ihn gefangenzusetzen. Da war er jedoch schon nicht mehr der kleine Mönch, der gegen Rom rebelliert hatte, sondern der Mann, auf den ganz Deutschland blickte und von dem es seine Erneuerung erhoffte.

Gerade dies erwies sich jedoch als tragischer Irrtum. Er wurde am deutlichsten, als sich um 1525 allerorts in Deutschland die Bauern erhoben und unter Berufung auf die von Luther verkündete Freiheit eines Christenmenschen die Burgen ihrer Fronherren niederbrannten und die Wiederherstellung der alten Bauernfreiheiten

Der schwere hölzerne Schreibtisch, an dem Luther – er wurde hier Junker Jörg genannt – während seines zehn Monate dauernden Aufenthalts auf der Wartburg (oben) arbeitete, vornehmlich an der Übersetzung des Neuen Testaments (Bild rechts). Die Übersetzung der ganzen Bibel lag 1534 gedruckt vor (unten). Mit der Bibelübersetzung schenkte Luther der deutschen Nation eine allen Stämmen gemeinsame Nationalsprache, die es bis dahin nicht gegeben hatte. Auch als Prediger, Schriftsteller und Liederdichter war Luther ein wortgewaltiger Formulierer.

forderten. Sie glaubten Luther auf ihrer Seite – und sahen sich von seiner Haltung enttäuscht.
Denn Luther hatte nicht die Revolution gemeint und die Umkehrung aller Zustände, sondern die *Reformation* und Wiederherstellung der alten Christlichkeit. Der Willkür war er feind, auf beiden, auf allen Seiten, und Geltung sollten haben nur die Heilige Schrift und das Gewissen. Wenn jeder nach eigener Willkür leben durfte wie die Wiedertäufer und Schwärmer, die ihr Eigentum gemeinsam besaßen und der heidnischen Vielweiberei huldigten, mußte da nicht das Chaos wachsen und die Zerstörung aller Ordnung, die doch von Gott gesetzt war, die unausweichliche Folge sein?
Immer wieder mußte Luther mit Predigt und Schrift in die oft chaotischen Bewegungen eingreifen. Er verlor dabei, weil er oft auch seinen irrenden Anhängern entgegentrat, manches von seinem Ruhm. Desto fester band er sich an die Heilige Schrift. Er hatte 1521, als er auf der Wartburg saß, mit der Übersetzung des Neuen Testaments ins Deutsche begonnen, nicht ahnend, daß er auf solche Weise der deutschen Nation die Sprache schuf: Ein Besitztum, das später, als diese deutsche Nation dem Zerfall mehr als einmal nahe schien, das einzige war, was sie zusammenhielt.
Luther starb 1546 in seiner Geburtsstadt Eisleben, 63 Jahre alt, verehrt, berühmt, der große alte Mann der neuen protestantischen Konfession. Aber in Wahrheit hatte sich sein Werk längst von ihm gelöst. Die Welt veränderte sich unaufhaltsam. Das alte Römische Reich Deutscher Nation, dem nun das einigende Band der einen katholischen Kirche fehlte, zerfiel, neu heraufkamen in Deutschland als Machtblöcke die einzelnen Länder, an seinen Grenzen die Nationalstaaten. 1555

hatte man im Augsburger Religionsfrieden noch einmal einen Kompromiß gefunden (die Konfession sollte in seinem Land der jeweilige Landesherr bestimmen), aber schon ein Menschenalter später, nachdem sich in der Gegenreformation auch die katholische Kirche erneuert hatte, brachen die alten Konflikte neu auf und führten – durch die Schrecknisse des 30jährigen Kriegs hindurch – zur Gründung eines neuen Europa der Nationen. »Das Geistesleben der Neuzeit wäre ohne Luther und die Reformation, so muß das zusammenfassende Urteil lauten, nicht zur Existenz gekommen« (Kurt Aland).

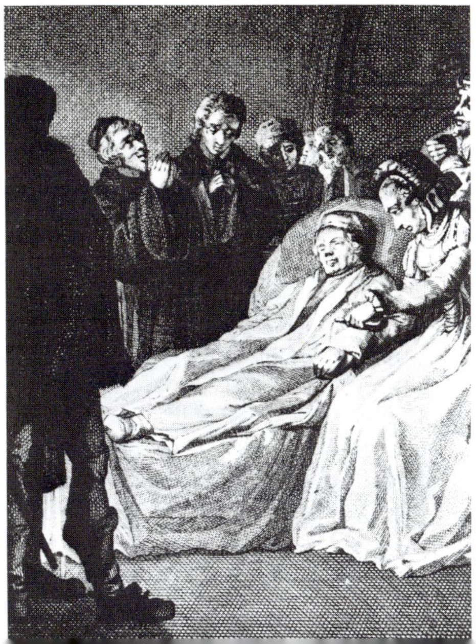

Das Konzil zu Trient, das mit Unterbrechungen von 1545 bis 1563 tagte (oben links), war der letzte Versuch der Kirche, die christliche Einheit des Abendlandes wiederherzustellen. Die Gegenreformation scheiterte jedoch.

Oben: Auf dem in der Stadtkirche zu Weimar hängenden Golgatha-Bild hat Lucas Cranach, wie die meisten Maler der Zeit der evangelischen Sache zugetan, den Freund Luther dargestellt. Links: Martin Luther auf dem Sterbelager, umgeben von seiner Frau Katharina, von Kindern und Hausgenossen.

Shakespea

Der bedeutendste Dramatiker der Weltliteratur

re

Der Komödiant und Theaterfachmann William Shakespeare (1564 bis 1616) war ein Dichter von solcher Weite und Tiefe, daß ein Menschenleben kaum ausreicht, ihn völlig zu ergründen, noch die titanische Kraft zu verstehen, die eine derartige Fülle von Leben schuf. Seine Wirkung auf die abendländische Geisteswelt reicht bis in unsere Zeit. Um 1600 wurde in London das Globe-Theater erbaut (Bild). Shakespeare war sein Mitbesitzer; viele seiner Stücke wurden hier uraufgeführt. 1613 brannte es nieder.

Shakespeares Werke – hat William Shakespeare sie geschrieben oder ein anderer?

Der »Schwan vom Avon«, William Shakespeare, hat einen Höhepunkt abendländischer dramatischer Kunst geschaffen. Zu Lebzeiten war er der führende Bühnenautor seines Heimatlandes England. Sein Werk überdauerte dort auch die Zeit der von den Puritanern geschlossenen Theater und das andersgearteten Vorstellungen huldigende 18. Jahrhundert, um dann im 19. wieder in den höchsten Rang gehoben zu werden.
Den wohl größten Einfluß nach seinem Tod aber übte Shakespeare auf deutsche Dichter, deutsches Theaterpublikum aus. Englische Komödianten machten hier mit einzelnen seiner Werke schon zu seinen Lebzeiten bekannt. Doch erst Lessing hat 1759 auf seinen einzigartigen, beispielgebenden Rang hingewiesen und ihm die führende Position im europäischen Drama zugesprochen.
Wieland schuf nur wenige Jahre später die erste bedeutsame Übersetzung einiger Dramen in Prosa. Diese Übersetzung ist es gewesen, die die Stürmer und Dränger zu Begeisterung hinriß und zu Werken in der Nachfolge Shakespeares anregte. Ein Drama wie Goethes »Götz von Berlichingen« ist ohne das Vorbild Shakespeare undenkbar. Schlegel und Tieck schließlich schufen zu Beginn des 19. Jahrhunderts jene wahrhaft kongenialen Übersetzungen, die – trotz mancher kritischen Einwände im einzelnen – noch heute als unübertroffen gelten und unsere Bühnen beherrschen.
Wohl im April 1554 wurde William Shakespeare in der kleinen mittelenglischen Stadt Stratford-upon-Avon geboren; sie liegt in der grünen Grafschaft Warwickshire und soll damals 1500 Einwohner gehabt haben. Der Tag der Geburt ist nicht überliefert (am häufigsten wird der 23. April genannt), lediglich der Tauftag: 26. April. Die Eltern waren angesehene Leute: Der Vater, aus der Zunft der Handschuhmacher und angeblich

Das Geburtshaus Shakespeares in der kleinen mittelenglischen Stadt Stratford-upon-Avon (ganz links). Die »Shakespeare-Geburtsstadt-Gesellschaft« ist bemüht, die Orte der Erinnerung an den großen Dichter in Ordnung zu halten und den zahllosen Fremden gegen ein entsprechendes Eintrittsgeld vorzuzeigen. Links ein Zimmer im Shakespeare-Haus in Stratford. Unten: »Shakespeare und seine Freunde« heißt dieses Gemälde, das ihn im Mittelpunkt zeigt, in der linken Hand ein Buch. Der Dichter kam in London zu Ansehen und Wohlstand.

Das Innere des Swan-Theaters in London (unten), wie es eine Handzeichnung aus dem Jahre 1596 zeigt. Damals war Shakespeare schon ein erfolgreicher Darsteller und auch Theaterdichter. U.a. hatte er zwei Jahre vorher »Romeo und Julia« geschaffen. Rechts: Shakespeares unsterbliches Liebespaar Romeo und Julia in der Darstellung eines französischen Malers. Rechte Seite: Balkon des Hauses Via Cappello 27 in Verona, wo angeblich Romeo seiner Julia die Liebe erklärte.

Analphabet, brachte es zu Wohlstand und schließlich sogar zum Bürgermeister; die Mutter entstammte einer adligen Familie. William Shakespeare ist auf die Stratforder Lateinschule gegangen (das Gebäude ist noch erhalten), wo er, nach Ben Jonson, »wenig Latein und noch weniger Griechisch« lernte. Bereits mit achtzehn heiratete er die acht Jahre ältere Ann Hathaway aus Shottery, einem der Nachbarorte. Man hatte es eilig. Bereits sechs Monate nach der Eheschließung wurde den beiden das erste Kind geboren: die Tochter Susanna; die Zwillinge Hamnet und Judith folgten 1585. Über das Jahrzehnt 1582 bis 1592 in Shakespeares Leben ist besonders wenig bekannt. Womit verdiente er den Lebensunterhalt für sich und die Seinen? War er, wie behauptet wurde, Lehrer? Oder Schreiber in einem Anwaltsbüro? Oder, wofür das meiste spricht, ohne Beruf?

Um 1586 begab er sich nach London und soll dort am Theater »von der Pike auf« gelernt haben, zunächst als Zettelverteiler. Vielleicht aber ist er auch zunächst eine Zeitlang mit einer wandernden Schauspielertruppe durchs Land gezogen und dann in die Hauptstadt gekommen. 1592 jedenfalls war er schon ein erfolgreicher Darsteller und auch Bühnenautor; ein gewisser Greene erwähnte ihn damals, um ihn als »größenwahnsinnige Krähe« zu beschimpfen. 1594 war er Mitglied der Truppe seines Freundes Richard Burbage und trat vor der Königin auf – es herrschte damals die bedeutende Elisabeth I. Er war, mit zehn Prozent, Teilhaber des Unternehmens.

Bereits 1596 starb sein Sohn Hamnet, erst elf Jahre alt. Um diese Zeit war Shakespeare bereits so wohlhabend, daß er Besitz im Heimatort Stratford erwerben konnte. Damals war er mit dem Earl of Southampton befreundet; und ihm lag an öffentlichem Ansehen: Er bewarb sich um die Verleihung eines Wappens. 1597 hatte er mit seiner Figur Falstaff riesigen Erfolg. Eine im folgenden Jahr erschienene Übersicht über die Literatur der Zeit erwähnte seine Sonette und Epen – die Stücke fürs Theater wurden zu seinen Lebzeiten ja nicht eingeschätzt wie heute, so etwas galt eher als Handwerksarbeit; nur mit den Sonetten, dem größten lyrischen Werk der englischen Renaissance, war er als Künstler anerkannt.

Um 1600 wurde das bald berühmte Globe-Theater erbaut; Shakespeare ist sein Mitbesitzer gewesen. 1603 starb Königin Elisabeth; ein Zeitalter ging zu Ende. Aber der Nachfolger, Jakob I., Sohn der Maria Stuart, die unter Elisabeth hingerichtet worden war, wurde noch im selben Jahr Schutzherr der Schauspielertruppe Shakespeares, die sich seither »The King's Men« – des Königs Männer – nannte. Um 1610, als etwa Fünfundvierzigjähriger, verkaufte Shakespeare seine Anteile am Globe-Theater und die unlängst erst erworbenen am Blackfriars-Theater und zog sich in die Abgeschiedenheit des heimatlichen Stratford zurück. Er war recht wohlhabend und hatte auch das ersehnte Wappen bekommen – so mochte er es für an der Zeit halten, den Aufregungen des Theaterlebens den Rücken zu kehren.

Ende 1616 unterzeichnete er sein Testament; einen Monat später, am 23. April (also vielleicht an seinem Geburtstag) ist er gestorben. In der spätgotischen Kirche Stratfords wurde er beigesetzt.

Kein Werk Shakespeares ist in seiner Handschrift erhalten geblieben; und er hat die dramatischen Arbeiten auch nicht in Druck gegeben. Das war nichts Ungewöhnliches: Die Stücke gehörten ja jener Truppe, von der sie gespielt wurden, niemandem sonst sollten sie greifbar sein, als »Literatur« wurden sie, wie gesagt, kaum angesehen. Erst sieben Jahre nach seinem Tod, 1623, gaben seine Schauspielerkollegen John Heminge und Harry Condell »zu Ehren des würdigen Freundes und Gefährten« die Folio-Ausgabe mit 36

Ein Porträt Shakespeares, das ihn wohl in seinen mittleren Jahren zeigt (links). Eugène Delacroix, der führende Maler der französischen Romantik, schuf dieses Gemälde einer der berühmtesten Szenen Shakespeares (rechts). Sie steht in »Hamlet« zu Beginn des fünften Akts. Hamlet und Horatio sind auf Totengräber gestoßen; einer von ihnen gräbt den Schädel Yoricks aus. Hamlet kannte diesen Spaßmacher des Königs – er ist tief erschüttert über die Vergänglichkeit alles Lebendigen.

dramatischen Werken heraus; sie ist seither die Grundlage der Shakespeare-Forschung. (Die zahllosen Fragen, die sich dieser Forschung im Lauf vieler Jahrzehnte stellten und die längst nicht alle beantwortet werden konnten, können hier nicht einmal angedeutet werden.)
Shakespeare hat sein dramatisches Werk zwischen etwa 1590 und 1610 geschaffen: »Es sind die beiden folgenreichsten Jahrzehnte der Theatergeschichte, zwei Jahrzehnte für die Ewigkeit« (Georg Hensel). Dieses Werk läßt sich sinnvoll nach vier Schaffensperioden gliedern. Die erste dieser Perioden rechnet man bis 1595; sie umfaßt die Dichtungen bis in sein 31. Jahr und zeigt noch eine gewisse Abhängigkeit von zeitgenössischen Vorbildern. Er begann mit dem Schauerdrama »Titus Andronicus«. Ihm folgten die Trilogie um Heinrich VI. und einige Lustspiele (u.a. »Die Komödie der Irrungen«). Das Meisterwerk dieser Zeit ist »Richard III.«, dessen Hauptfigur als die Verkörperung des Urbösen erscheint. Daneben schrieb er Verserzählungen und Sonette.
Zur zweiten Schaffensperiode wird das Werk der Jahre 1595 bis 1599 gerechnet; sie schließt mit den Schöpfungen des Fünfunddreißigjährigen. Für sie sind zu nennen: die unsterbliche Liebestragödie »Romeo und Julia«, fünf Komödien: »Ein Sommernachtstraum«, »Der Widerspenstigen Zähmung«, »Der Kaufmann von Venedig«, »Viel Lärm um nichts«, »Wie es euch gefällt«, und ein weiterer Historienzyklus: u.a. mit den Königsdramen »Richard II.« und »König Heinrich IV.«.
Mit der großen Tragödie »Julius Cäsar« beginnt die dritte Periode, die »dunkle«; sie dauerte ein volles Jahrzehnt bis 1609. Die Tragödie des Menschen ist in ihm selbst, in seiner Seele begründet – das zeigt sich in den Meisterwerken »Hamlet«, »Othello«, »Macbeth«, »König Lear«. Auch die Komödien dieser Zeit sind dunkel überschattet, so »Die lustigen Weiber von Windsor« (um Falstaff), »Was ihr wollt«, »Ende gut, alles gut«, »Maß für Maß«.
Die letzte Schaffensperiode erscheint als die eigentümlichste. In großen Märchenspielen, dem »Wintermärchen« und dem »Sturm«, bekommt Phantastisches, Überirdisches Gewicht; und auch die Düsternisse der dritten Periode sind überwunden, Hoffnung triumphiert: Zuletzt glaubt der Dichter an Mitleid, Vergebung und Versöhnung.
Was macht den überragenden, zeitüberdauernden Wert des Shakespeareschen Werkes aus? Herder hat es am knappsten und zutreffendsten zum Ausdruck gebracht: »Hier ist kein Dichter! ist Schöpfer! ist Geschichte der Welt!« Ja: Im Werk dieses Dramatikers meinen wir ein vollständiges, in allem zutreffendes Abbild der Menschheit vor uns zu haben, und es ist unauslotbar wie sie. Die von ihm geschaffenen Figuren sind in vielem so wenig ausrechenbar wie die Menschen des wirklichen Lebens. »Die Motivierungen Shakespeares sind verrätselt: immer bleibt ein Rest Geheimnis ... Er ist der Dichter, der es nicht so genau weiß: darin liegt seine Größe, seine Überlegenheit über alle, die es genau zu wissen glauben ...« (Georg Hensel).
Unübertroffen meisterlich ist sein Werk aber auch in der Form. Es ist kaum eine Stimmung denkbar, die sich bei ihm nicht findet: Er mischt Hell mit Dunkel, Schatten mit Licht ...
Was Wunder, wenn angesichts dieses unnachahmlichen Werks immer wieder daran gezweifelt wurde, daß der wenig gebildete Mann aus dem Provinznest Stratford es geschaffen habe. Doch alle Theorien, es andern zuzuschreiben (die »Kandidatenliste« umfaßt über 50 Namen), waren nicht stichhaltig. Es blieb dabei, daß die Literatur in Shakespeare ein Genie ohnegleichen besessen hat.

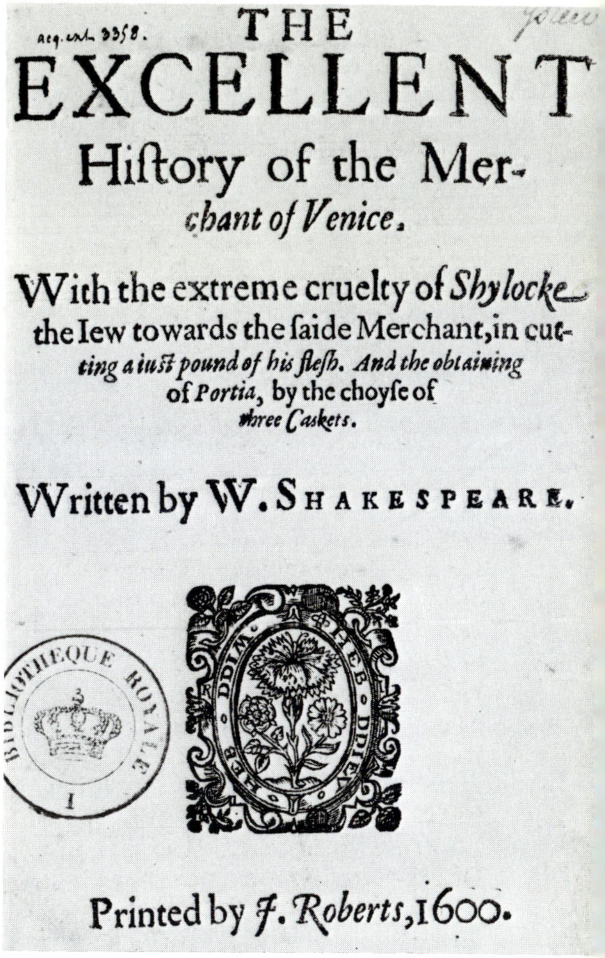

THE EXCELLENT History of the Merchant of Venice.

With the extreme cruelty of Shylocke the Iew towards the saide Merchant, in cutting a iust pound of his flesh. And the obtaining of Portia, by the choyse of three Caskets.

Written by W. SHAKESPEARE.

Printed by J. Roberts, 1600.

Titelblatt für »Der Kaufmann von Venedig«, eines der 16 Werke, die zu Lebzeiten des Dichters gedruckt wurden.

Im Vorhof des dänischen Schlosses Kronborg, wo Shakespeares »Hamlet« spielt und wo jährlich Hamlet-Festspiele stattfinden, steht dieses Porträt-Relief.

Descartes

Seine Philosophie formte das europäische Denken

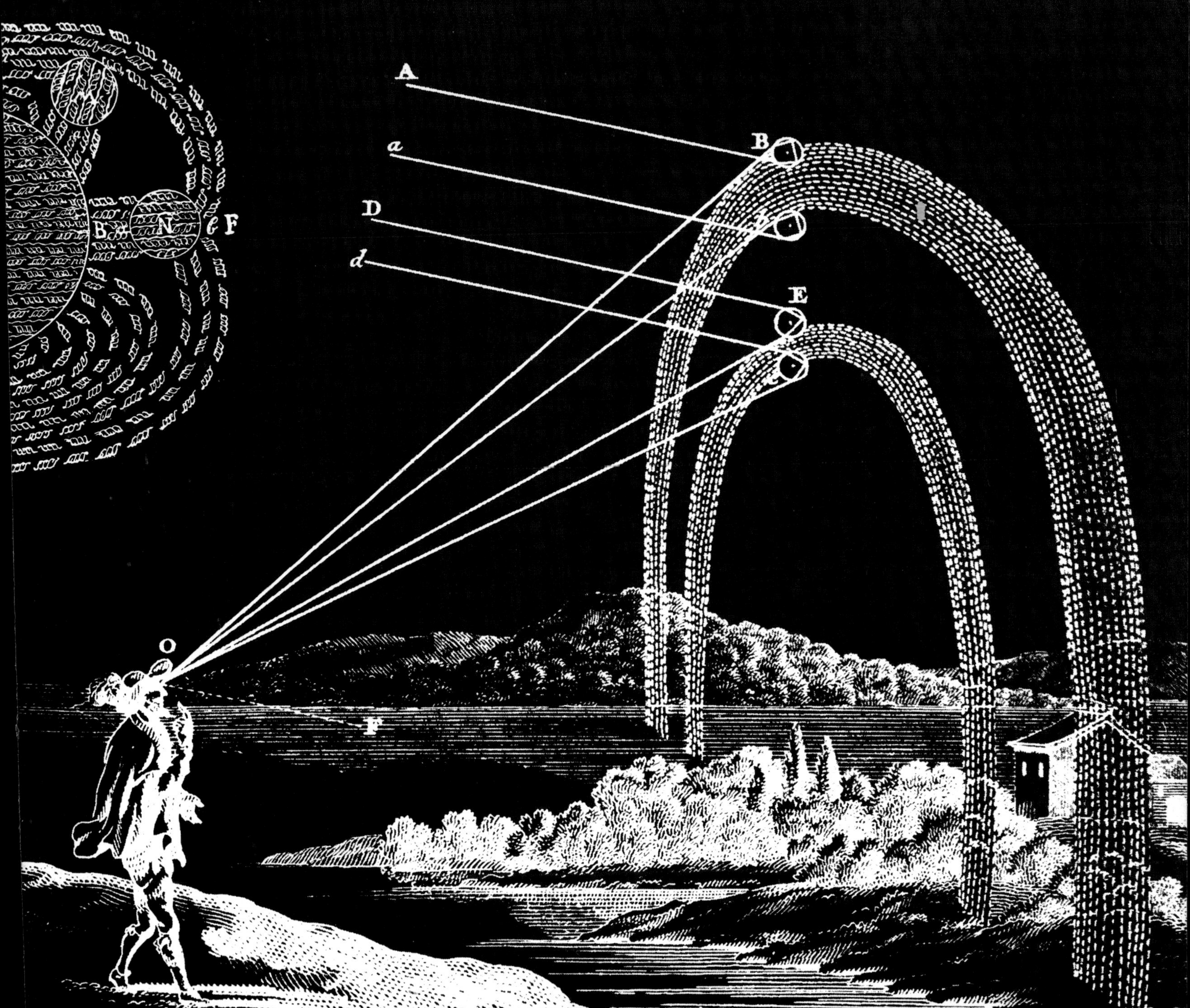

Mit dem französischen Philosophen, Mathematiker und Naturforscher René Descartes (1596 bis 1650) begann die neuzeitliche Philosophie in Form eines strengen Rationalismus: »Ich denke, also bin ich«. Descartes dachte über ein geschlossenes mechanistisches Weltsystem, die »Maschinentheorie des Lebendigen«, nach. Er begründete aber auch die analytische Geometrie, erklärte die Lichtbrechung durch den Regenbogen (oben rechts) und erforschte den Magnetismus (oben links).

Alles, was wir zu wissen glauben, immer neu anzuzweifeln, wird der Motor einer neuen Zeit

Descartes hat Jura, Medizin, Mathematik studiert. Auf der Suche nach letzter unumstößlicher Sicherheit findet er den Satz: »Ich denke, also bin ich!«

Er gehört zu den Männern, die mit ihren Ideen die neue Zeit heraufführten – und dennoch vor den Mächten, die sie zu überwinden halfen, oft genug fliehen mußten. Es war noch das Mittelalter, das Descartes verfolgte und, wie üblich in solchen Situationen, des Atheismus bezichtigte. Dabei hatte er die gefährlichsten seiner Schriften zurückgehalten, bestimmt von dem bösen Schicksal, das Galilei erlitten. Schließlich war er froh, nach Schweden entweichen zu können, wo ihm Königin Christine, Gustaf Adolfs Tochter, Asyl bot: Er sollte ihr Lehrer sein. Immer wieder gab es solche Möglichkeiten: Herrscher und Philosoph vereinigt, um ein gerechteres Regiment in dieser Welt einzurichten. Alexander und Aristoteles, Friedrich der Große und Voltaire waren Versuche auf diesem Feld. Sie scheiterten. Auch Descartes konnte seine Aufgabe nicht erfüllen; wenige Monate nach seiner Ankunft in Stockholm starb er an einer Lungenentzündung.

Seine revolutionärste Idee war in einem kurzen Satz enthalten gewesen: »Cogito, ergo sum«, zu deutsch: »Ich denke, also bin ich.« Aber dieser kurze Satz enthielt mehr Sprengstoff als ganze Bibliotheken oder auch, wenn man in die Welt der Materialien hinübertreten will, ganze Batterien von Feldschlangen und Kanonen. Eine Armee Soldaten konnte eine Provinz erobern, aber der Satz des Descartes eroberte und veränderte ein ganzes Jahrhundert.

Bei diesem Philosophen von Feldschlangen und Kanonen zu sprechen ist deswegen nicht so abwegig, wie es scheint, weil Descartes, als er 21 Jahre alt geworden war, selbst Kriegsdienste nahm und als Soldat durch die Welt zog. Er enstammte einem alten französischen Adelsgeschlecht. Am 31. März 1596 in La Haye in der Touraine geboren, besuchte er von 1604 bis 1612 die berühmte Jesuitenschule in La Flèche, um dann die nächsten fünf Jahre an der Universität von Poitiers zu studieren, neben Medizin und Jurisprudenz vornehmlich Mathematik. Warum er danach 1617 in die Armee des Statthalters Moritz von Nassau und später des Kurfürsten von Bayern eintrat, bleibt ungewiß. Angeblich wollte er Erfahrungen in der Welt sammeln. Immerhin mögen diese fünf turbulenten Jahre dazu beigetragen haben, seine Anlage zum Rationalismus, das heißt, zum kritischen Denken, zu verstärken. Er kämpfte in den ersten Schlachten des 30jährigen Krieges mit und kam schließlich bis nach Ungarn und in die Türkei.

Danach gibt es von seinem Leben nur noch wenig zu melden. Er machte noch Reisen durch Deutschland und Italien, verbrachte einige Zeit in Paris, zog sich dann jedoch in die Niederlande zurück, um dort in völliger Einsamkeit zu leben und an seinen Schriften zu arbeiten. Er stand in Briefwechsel mit vielen Gelehrten seiner Zeit, auch mit Elisabeth, der englischen Königin, aber für die Öffentlichkeit war er nahezu verschollen. Er mochte seine Gründe für diese Zurückgezogenheit haben. Seine Philosophie, die, wenn auch nur bruchstückweise, bekannt wurde, zog ihm die Feindschaft der Kirche zu, und als ihn daher die schwedische Königin nach Stockholm einlud, ging er gern an diesen freizügigeren Hof.

Wir verstehen heute kaum noch, wie eine Philosophie des »Cogito, ergo sum« so revolutionär wirkte. Es wird begreiflicher, wenn man den Weg des Descartes zu seiner Erkenntnis bedenkt: Es war der Weg des radikalen Zweifels. Es gab für ihn absolut nichts mehr, was unbedingt feststand, selbst so einleuchtende Sätze wie der, daß $2 + 3 = 5$ sei, zweifelte er an. Sinneseindrücke, Gefühle, Vorstellungen, das alles gab es, sicherlich, doch es kam ihnen keinerlei Gewißheit zu. Gewiß war lediglich der Zweifel selbst und gewiß war die Existenz dessen, der zwei-

In eine Weltkarte aus dem Jahre 1482 von Leonard Holle trägt René Descartes Koordinaten ein: Auch kartographische Probleme interessieren einen umfassenden Geist wie Descartes. Bild unten: Descartes und Pascal vor der Sorbonne in Paris. Der Maler läßt die beiden großen Mathematiker und Philosophen vor der berühmten Universität zusammentreffen. Descartes hat seine ersten, aufsehenerregenden Traktate veröffentlicht. Der jüngere Blaise Pascal wird des großen Descartes Gedanken, bedingt durch persönliche Erlebnisse, später ins Religiöse überhöhen.

Königin Christine von Schweden (oben, nach einem Stich von J. Falk) berief Descartes 1649 nach Stockholm an die Königliche Akademie (rechts). Der Philosoph folgte ihrem Ruf nur allzugern, da er sich in Frankreich und in den Niederlanden wegen seiner angeblich allzu freien Gedanken von der Kirche verfolgt sah. Der Philosoph starb jedoch schon im folgenden Jahr nach seiner Ankunft an Lungenentzündung.

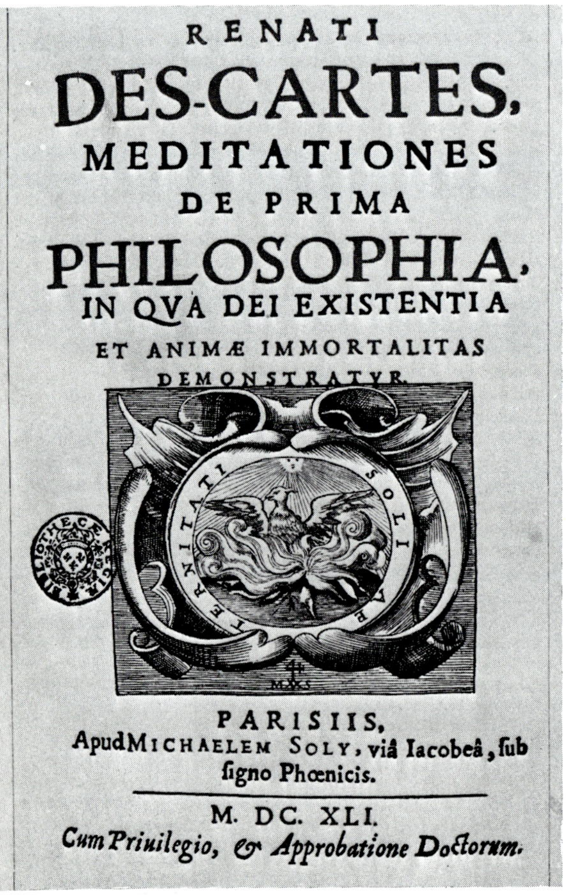

RENATI
DES-CARTES,
MEDITATIONES
DE PRIMA
PHILOSOPHIA,
IN QVA DEI EXISTENTIA
ET ANIMÆ IMMORTALITAS
DEMONSTRATVR.

PARISIIS,
Apud MICHAELEM SOLY, viâ Iacobeâ, sub signo Phœnicis.

M. DC. XLI.
Cum Priuilegio, & Approbatione Doctorum.

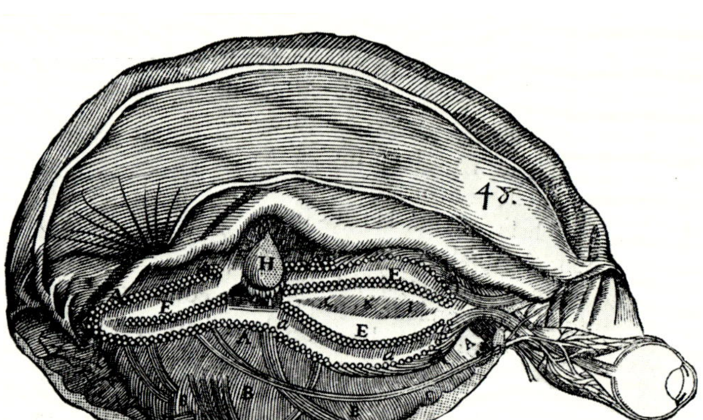

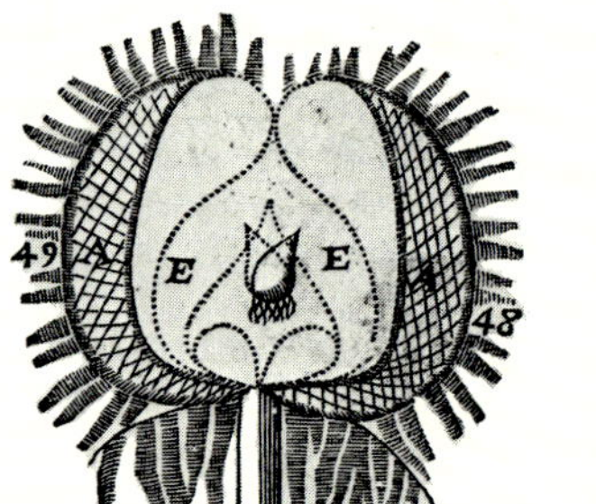

felte. Da aber Zweifel Denken ist, war gewiß auch, daß Existenz nur dem Denkenden zukommt. Bei Descartes lautete der entscheidende Satz (in dem fragmentarischen Dialog »La recherche de la verité«) folgendermaßen: »Da du nicht leugnen kannst, daß du zweifelst, und es im Gegenteil gewiß ist, daß du zweifelst, und zwar so gewiß, daß du daran nicht zweifeln kannst, so ist auch wahr, daß du, der du zweifelst, bist, und dies ist auch in solcher Weise wahr, daß du nicht mehr daran zweifeln kannst.«

War es abwegig, wenn die Zeitgenossen Descartes vorwarfen, er zerstöre mit seinen Zweifeln alle bis dahin geglaubte Wahrheit? Die alten theologischen Probleme: die Fragen nach Gott, nach der Seele, nach der Ewigkeit, traten bei ihm in den Hintergrund, und wenn er statt dessen die Untersuchung unseres Denkvermögens selbst, nicht der Denkgegenstände forderte, so machte er sich in den Augen der Theologen und Philosophen des Atheismus schuldig.

Er hat am Ende die Entwicklung des gesamten späteren Denkens nicht nur beeinflußt, sondern in jene Richtung gelenkt, die schließlich hundert Jahre später in den Kritiken Kants und in der Aufklärung ihren Höhepunkt erreichte. Dabei fielen Einzelheiten, die er vertrat, als Kuriositäten in die Vergessenheit zurück. So hatte er den Körper als eine komplizierte Maschine begriffen, in der als ordnendes Organ die in der Zirbeldrüse sitzende denkende Seele wirkt. Den Tieren bestritt er die Seele, er hielt sie daher für gefühl- und schmerzlos.

Als er am 11. Februar 1650 starb, war gerade der schreckliche 30jährige Krieg zu Ende gegangen, der nicht nur die deutschen Lande, sondern die ganze alte Zeit zerstört hatte. Neue Realitäten kamen herauf. Descartes hatte bereits die Methoden geschaffen, sie zu erkennen und denkend zu bewältigen.

In seinen »Meditationes« (ganz links das Titelblatt) hat Descartes seinen Gottesbeweis vorgetragen – mit allen Gründen auch, die gegen ihn geltend gemacht werden können. Hier wird auch der berühmte Satz »Cogito, ergo sum« bewiesen. Zuvor, im »Discours de la méthode«, beschrieb er Naturphänomene wie den Sehvorgang oder spezielle Formen einer Pflanze (links), die er als erster Forscher streng mechanistisch erklärte. Der Schädel René Descartes' (rechts) wird im Museum für Naturgeschichte in Paris aufbewahrt – Reliquie eines großen Wissenschaftlers.

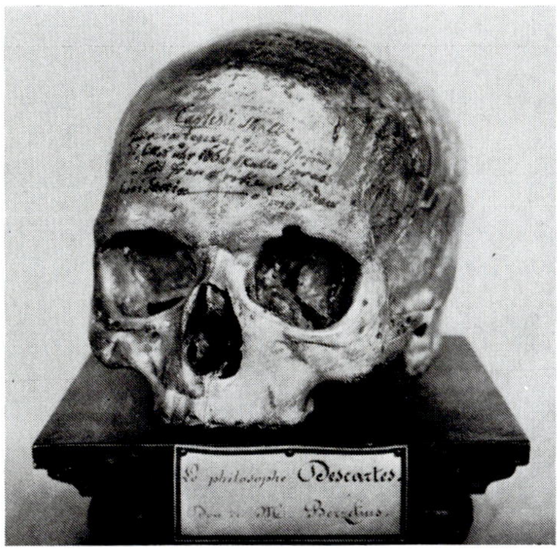

Pascal

Großer Naturwissenschaftler und Religionsphilosoph

Seine Lehrsätze über die Kegelschnitte, die Erfindung einer Rechenmaschine, die Entdeckung des Gesetzes von den kommunizierenden Röhren und die ersten Luftdruckmessungen (Bild oben) machten Blaise Pascal (1623 bis 1662) zu einem der bedeutendsten Naturwissenschaftler der Welt. Als Philosoph erlangte er Ruhm und Ansehen. Frankreich verehrt ihn noch heute als sein größtes religionsphilosophisches Genie. Viele Züge seiner Glaubenslehre kehren bei Kierkegaard wieder.

Mit der Erfindung des Barometers, das auf Luftdruckunterschiede reagiert, schuf Pascal das wichtigste Instrument der Meteorologie

Um seinem Vater, einem Steuereinnehmer, schwierige und langwierige Berechnungen zu erleichtern, erfand der 17jährige Pascal eine mechanische Rechenmaschine (rechts), deren Konstruktionsprinzip für alle Maschinen dieser Art bis zum Beginn des Computerzeitalters seine Gültigkeit behielt.

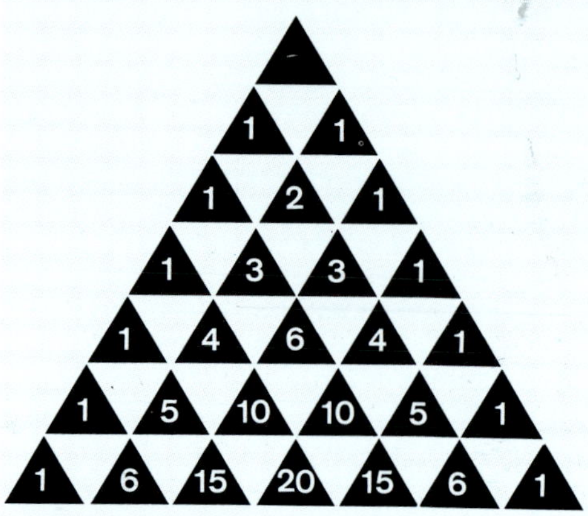

Bei Blaise Pascal, geboren am 19. Juni 1623 in Clermont-Ferrand, zeigte sich schon im kindlichen Alter eine ungewöhnliche Begabung für die Lösung schwieriger Probleme. Sein Vater, ein Finanz- und Steuerfachmann, stellte eines Tages mit Erstaunen fest, daß sich der kleine Blaise, ohne je mathematischen Unterricht gehabt zu haben, selbständig die Grundbegriffe der euklidischen Geometrie beigebracht hatte. Und kaum war er sechzehn Jahre alt, entwickelte er in einer Abhandlung über die Kegelschnitte, in der er die Ellipse, die Parabel und die Hyperbel als Projektionen ein und desselben Kreises darstellt, den nach ihm benannten Satz vom Pascalschen Sechseck.
Als er 1642 sah, wie sich sein Vater, der vom französischen Finanzminister beauftragt war, die Steuerordnung in Rouen neu zu regeln, mit schwierigen Rechnungen plagte, erfand und konstruierte er die erste mechanische Rechenmaschine, nach deren Prinzip alle Rechenmaschinen gebaut wurden, bevor sich heute die elektronische Steuerung durchsetzte. Der Wunsch, andern zu helfen, blieb sein Leben lang ein Wesenszug Pascals.
Interessiert verfolgte er in Rouen die Quecksilberversuche des Florentiners Torricelli, eines Schülers von Galilei. Dieser war einst um Rat gefragt worden, als es den Brunnenbauern in Florenz auch mit den stärksten Pumpen nicht gelang, das Wasser im Rohr höher als 32 Fuß (= 10 Meter) zu heben. Galilei konnte das Problem auch nicht lösen und meinte schließlich, der Wasserstrang reiße eben ab wie ein zu straff gespanntes Seil. Torricelli aber wollte der Sache auf den Grund gehen.
Die Zeit war gekommen, da man die Rätsel der Natur nicht nur durch Nachdenken theoretisch zu lösen versuchte, sondern durch praktische Experimente. Also ließ sich Torricelli meterlange, an einem Ende geschlossene Glasröhren blasen, die er mit Wasser füllte und dann mit dem offenen Ende senkrecht in ein mit Wasser gefülltes Becken stellte. Er mußte feststellen, daß das Wasser aus der Röhre nur zu einem kleinen Teil in das Becken abfloß, nämlich um das Volumen, um das sich der Wasserstand in der Glasröhre senkte. Was aber war jetzt in dem Hohlraum, der sich an der Spitze der Röhre gebildet hatte?
Nichts? Diese einfache Antwort verbot die immer noch sakrosankte Lehre des Aristoteles, nach der in der Natur der »horror vacui« herrschte: die Natur duldet keinen leeren Raum, denn wenn ein Körper – ob fest, flüssig oder gasförmig – seinen Ort verläßt, wird er sofort durch einen anderen ersetzt.
Torricelli und sein Freund Viviani setzten ihre Versuche fort. Jetzt aber verwendeten sie statt des Wassers Quecksilber. Dessen Pegel sank in der geschlossenen Glasröhre wesentlich tiefer als der des Wassers, blieb aber ebenfalls deutlich über dem Niveau des Quecksilbers im Becken. Irgendein Gewicht mußte demnach auf das Quecksilber im Becken drücken und so das Gleichgewicht mit der in der Röhre stehenden Säule herstellen. Konnte das die Luft sein? Hatte die Luft ein Gewicht? Torricelli glaubte es, und er glaubte auch, daß im Oberteil der Röhre ein Vakuum entstanden sei – aber er konnte es nicht beweisen.
Dieses Problem beschäftigte auch Pascal längere Zeit. Nach vielen, zum Teil kostspieligen und schwierigen Versuchen kam er auf einen genialen Einfall: wenn die über der Erde lagernde Luftmasse tatsächlich ein Gewicht hat und einen Druck ausübt, dann müsse dieser Druck um so höher sein, je größer die Masse der Luft sei, die über einem bestimmten Gebiet lagere, am höchsten also in einer Ebene. Auf einem Berg dagegen, wo die Luftsäule um den Höhenunterschied kleiner sei, müsse geringerer Druck herrschen.

Das Pascalsche Dreieck (links) dient zur Feststellung der Wahrscheinlichkeit von Kombinationen. Jede Zahl ist die Summe der beiden rechts und links darüber stehenden Zahlen. Rechts: Zum Beweis, daß sich der schwankende Luftdruck auf die Höhe einer Flüssigkeitssäule auswirkt, ließ Pascal mitten in Rouen eine riesige, oben geschlossene und unten offene Glasröhre aufstellen, die Urform des Barometers. Seine Erkenntnisse darüber faßte er im »Traité du vide« zusammen. Unten: Blaise Pascal in seinem Arbeitszimmer bei der Niederschrift einer Arbeit.

Da Pascal im Flachland lebte, bat er seinen Schwager, der in Clermont am Fuß des 1465 Meter hohen Puy-de-Dôme wohnte, dort den Versuch zu machen. Das Resultat: auf dem Berg war die Quecksilbersäule um mehrere Zoll niedriger als in der Ebene. Damit war nicht nur der Beweis geglückt, sondern es waren zugleich der Höhenmesser und – da das Instrument auch Luftdruckschwankungen anzeigt – das Barometer erfunden. Es war das Jahr 1648.

In der folgenden Zeit beschäftigte sich Pascal wieder mit der Mathematik und entwickelte u. a. die Wahrscheinlichkeitsrechnung, die heute im Versicherungswesen und in der Nuklearforschung eine wichtige Rolle spielt. In der Physik nahm er sich das Problem des Gleichgewichts der Flüssigkeiten vor und schuf damit die Grundlagen der Hydrostatik, auf der z.B. die hydraulische Presse beruht. Schließlich gelang es ihm noch, das Problem der Zykloide zu lösen, jener Kurve, die von einem Punkt auf dem Radius eines rollenden Kreises, also etwa eines Rades, beschrieben wird.

Dann aber nahm er Abschied von der Wissenschaft. Schon seit 1646 hatte er engen Kontakt mit den Jansenisten, einer von der Kirche abgelehnten Sekte. Und als er gar am 23. November 1654 eine göttliche Vision hatte, zog er sich in das Kloster Port Royal zurück, um den Rest seines Lebens mit theologischen Studien und religiösen Meditationen zu verbringen. Dort verfaßte er auch eine Reihe von Streitschriften, in denen er die Lehre der Jansenisten gegen die römische Kurie und die Jesuiten verteidigte. Mit Scharfsinn und Ironie vertrat er die jansenistische Auffassung von der »Prädestination«, von der göttlichen Vorherbestimmung des Menschen und der Unbeeinflußbarkeit von Gottes Gnadenentschluß.

Blaise Pascal starb im Alter von 39 Jahren am 19. August 1662.

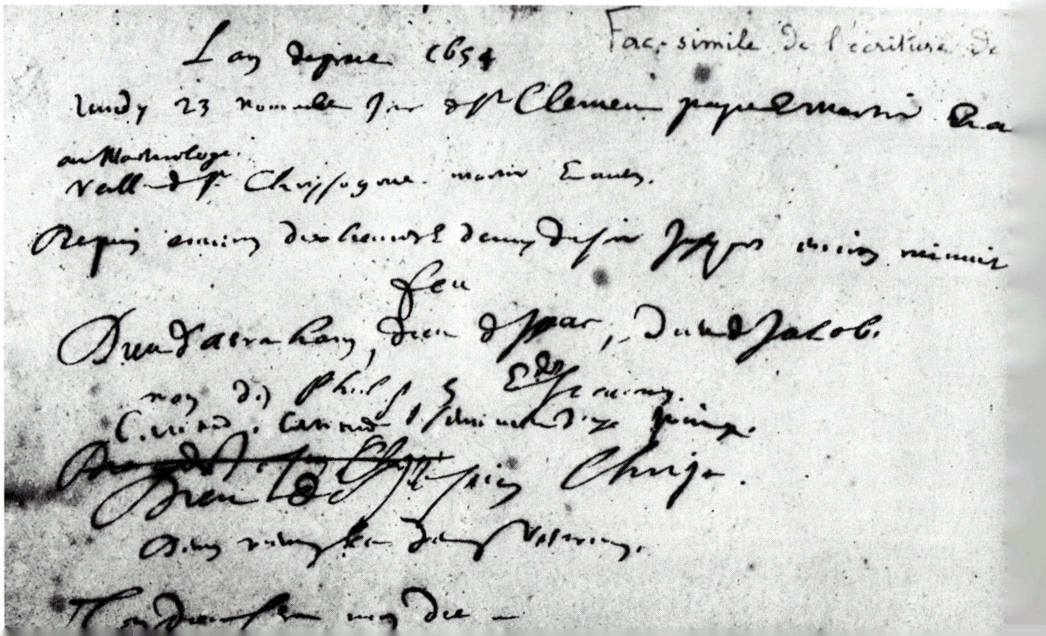

Zeitlebens war Pascal ein in sich gekehrter, tiefreligiöser Mensch. Neben seinen physikalischen Experimenten und mathematischen Studien beschäftigten ihn philosophische und theologische Probleme. Sein Glaubensbekenntnis, von eigener Hand niedergeschrieben, trug er in den Rock eingenäht bei sich.

Porträt des Jean du Vergier de Hauranne, genannt Saint-Cyran, der zusammen mit Bischof Cornelius Jansen von Ypern 1646 eine religiöse Erwekkungsbewegung ins Leben rief, aus der sich später die Sekte der Jansenisten entwickelte. Saint-Cyran, der geistliche Leiter des vor den Toren von Paris gelegenen Klosters der Zisterzienserinnen von Port Royal (links), machte die Abtei zum Mittelpunkt der Bewegung. Pascal, dessen Schwester Jacqueline in dieses Kloster eingetreten war, nahm von Anfang an regen Anteil an den Reformbestrebungen der Jansenisten.

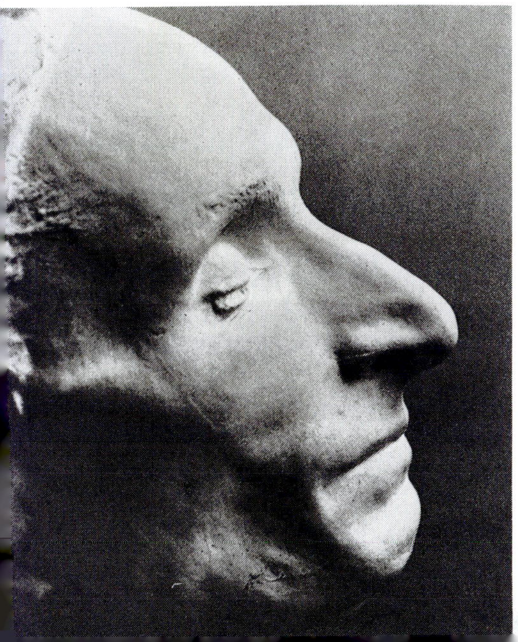

In der Nacht vom 23. zum 24. November 1654 hatte Blaise Pascal eine mystische Vision, in deren Folge er sich vollends von allen weltlichen Dingen abwandte. Er verfaßte eine Reihe tief durchdachter und geistvoller religiöser Schriften, in denen er seinen Standpunkt darlegte und die Lehre der Jansenisten gegen Jesuiten und römische Kurie verteidigte; darunter die »Pensées« (»Gedanken über die Religion«), deren Titelblatt die Abbildung rechts zeigt. Links: Totenmaske Blaise Pascals, der am 19. August 1662 im Alter von 39 Jahren in Paris verstarb.

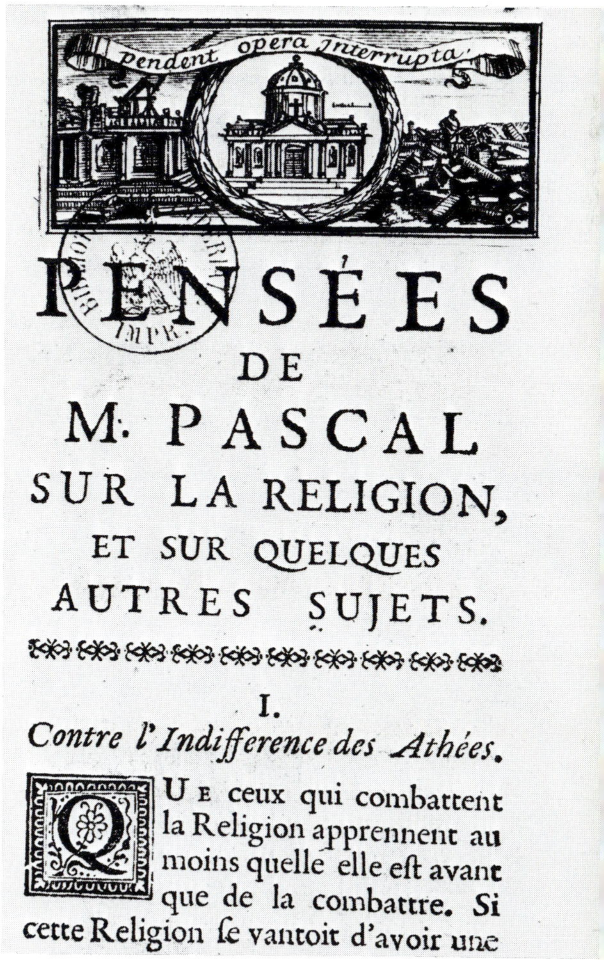

Pendent opera interrupta.

PENSÉES
DE
M. PASCAL
SUR LA RELIGION,
ET SUR QUELQUES
AUTRES SUJETS.

I.
Contre l'Indifference des Athées.

QUE ceux qui combattent la Religion apprennent au moins quelle elle eſt avant que de la combattre. Si cette Religion ſe vantoit d'avoir une

Newton

Auf seinen Entdeckungen basiert die moderne Physik

Die moderne Physik ist ohne Isaac Newton (1643 bis 1727) nicht denkbar. Unter anderem formulierte er die Lehre von der Schwerkraft (Gravitationslehre), wies die Zusammensetzung des Lichtes nach, legte die Grundlagen für Akustik und Aerodynamik und erklärte Ebbe und Flut. Auf dem Gebiet der höheren Mathematik entwickelte er die Infinitesimalrechnung. Der Professor in Cambridge war Präsident der Royal Society und wurde geadelt. Sein Körper ruht in der Westminster-Abtei.

Ein vielseitiger Geist schafft ein Gedankengebäude, das 200 Jahre Bestand hat

Die Linsen eines Fernrohrs brechen das Licht unterschiedlicher Wellenlängen ungleichmäßig, ein Nachteil, der bei astronomischen Beobachtungen stört. Newton fand einen Ausweg: Er konstruierte ein Spiegelteleskop, dessen Präzisionsspiegel er eigenhändig schliff. Unser Bild zeigt eines der ersten großen Spiegelteleskope, das der britische Astronom Lord Rosse bei Palmerston in der Nähe von Dublin benutzte.

Wenige Monate nach dem Tode Galileis wurde Isaac Newton am 4. Januar 1643 (nach der alten Zeitrechnung am 25. Dezember 1642, also am Weihnachtstag) in Woolsthorpe, einem kleinen Dorf in Lincolnshire/England geboren. Sein Vater, ein Landwirt, war vor seiner Geburt gestorben. Seine Mutter schloß eine zweite Ehe und übergab den Jungen im Alter von drei Jahren in die Pflege seiner Großmutter, bei der sich das anfänglich schwächliche Kind gut entwickelte. Erst im Alter von zehn Jahren kam er nach dem Tode des Stiefvaters zu seiner Mutter nach Woolsthorpe zurück. Er besuchte die Grundschule im nahe gelegenen Grantham, ohne durch besondere Leistungen aufzufallen.

Seine Mutter wollte, daß er einmal als Landwirt das väterliche Gut übernehme, aber es zeigte sich bald, daß ihm dazu jede Lust und Veranlagung fehlte. Der Leiter der Schule von Grantham schlug, unterstützt vom Onkel Isaacs, vor, ihn studieren zu lassen. Am 5. Juni 1661 ließ er sich am Trinity College in Cambridge immatrikulieren. Sein bevorzugter Lehrer dort wurde der Theologe, Philologe und Mathematiker Isaac Barrow. 1665 wurde Isaac Newton Bachelor of Arts. Er war jetzt 22 Jahre alt.

Da wurde 1665 überraschend die Universität geschlossen: in London wütete die Beulenpest und man fürchtete ihr Übergreifen. So kehrte er ins elterliche Haus nach Woolsthorpe zurück, von wo er erst nach zwei Jahren ins Trinity College zurückkehren konnte.

Diese zwei Jahre sollten entscheidend werden für sein ganzes Leben und sein Werk. Man weiß nicht viel über seine Arbeit in dieser Zeit. Aber an ihrem Ende hatte er drei fundamentale Entdeckungen gemacht: die Infinitesimalrechnung, die Natur des Lichts und die Gravitationstheorie. Freilich veröffentlichte er einstweilen noch nichts darüber. Aber er sagte später selbst einmal: »All das geschah während der Pestjahre; damals stand ich, was die Entdeckungen betrifft, auf dem Höhepunkt meines Lebens.«

Newtons Infinitesimalrechnung war epochemachend. Konnte man bis dahin nur mit festen Größen wie Zahlen oder geometrischen Figuren rechnen, so wurde es mit seiner Methode möglich, auch zeitlich veränderliche Größen wie Geschwindigkeiten und Kräfte in Zahlen zu bestimmen. Es gab einigen Ärger, weil der deutsche Philosoph und Mathematiker Leibniz etwa zur gleichen Zeit, wenn auch auf anderem Wege, unabhängig von Newton zu einer ähnlichen Lösung (Differential- und Integralrechnung) gekommen war. Das konnte jedoch Newtons gedankliche Leistung nicht schmälern. 1669 gab er einen Bericht darüber seinem alten Lehrer Barrow, der ihm im gleichen Jahr seinen Lehrstuhl in Cambridge abtrat; aber erst 1711 wurde diese Abhandlung veröffentlicht.

1669 war Newton damit beschäftigt, das Teleskop zu verbessern; die Linsen schliff er mit eigener Hand, ebenso drehte und polierte er den Metallspiegel eines Spiegelteleskops, für das sich die Royal Society in London, die älteste englische Akademie der Wissenschaften, interessierte. Ihr vertraute er auch 1672 seine erste wissenschaftliche Veröffentlichung an, in der er seine Entdeckung von der Natur des Lichts niederlegte.

Bei Experimenten mit lichtbrechenden Prismen hatte er entdeckt, daß nicht, wie es die landläufige Meinung zu seiner Zeit war, das weiße Licht einfach, das farbige komplex sei. Er wies nach, daß weißes Licht durch eine Mischung der farbigen Lichtkomponenten entsteht, also aus ungleichmäßig brechbaren Strahlen. Dem Licht schrieb er Korpuskelcharakter zu, erklärte jedoch einige Erscheinungen – die »Newtonschen Farbenringe« – mit Welleneigenschaften. Natürlich gab es

Bach

Sein Werk ist das Fundament der neueren Musik

Zu seinen Lebzeiten drang der Ruhm des Musikers und Komponisten Johann Sebastian Bach (1685 bis 1750) zwar über die engere thüringisch-sächsische Heimat hinaus, aber der sichtbare Erfolg blieb aus. Äußerer Glanz vermochte den Leipziger Thomaskantor nicht zu verlocken – und doch »zog er den brausenden Gesang von Erde, Himmel und Sternen in seine Arbeitsstube«. Erst im 19. Jahrhundert wurde Bachs Bedeutung für die Barockmusik verstanden – und sein Einfluß auf unsere Zeit.

Mit Bach entwuchs die deutsche Musik den nationalen Begrenzungen und gewann Weltformat

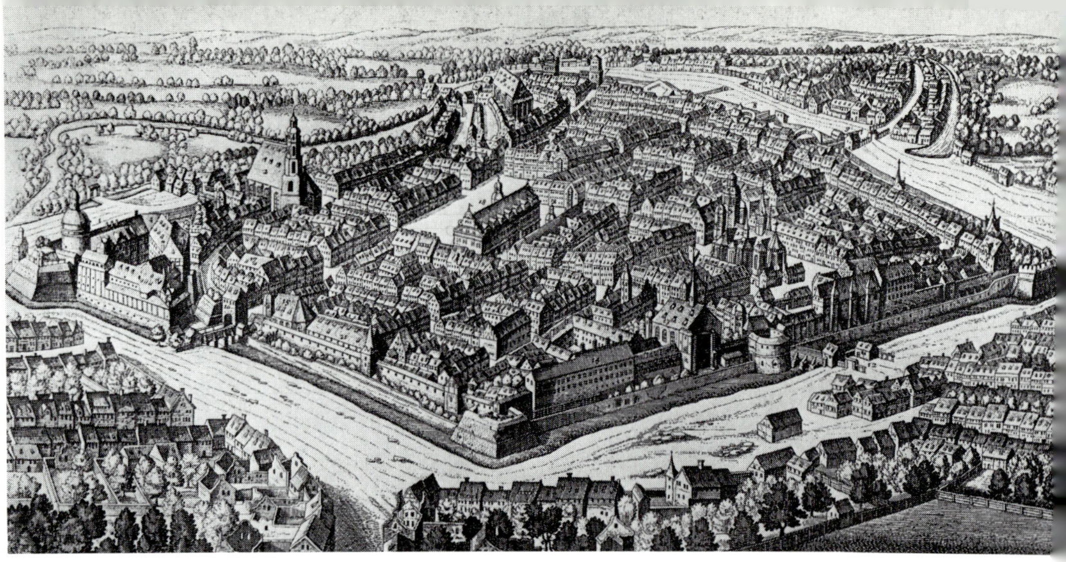

Eine Ansicht der Stadt Leipzig aus dem Jahre 1614. Auch hundert Jahre später, als Bach nach Leipzig kam, sah die Stadt nicht viel anders aus.

Als Bach im regennassen April des Jahres 1747 die Postkutsche bestieg und nach Potsdam reiste, war das für den Thomaskantor aus Leipzig mehr als der Besuch des Sohnes Philipp Emanuel, der beim König von Preußen als Hofcembalist angestellt war: es war der Höhepunkt seines Lebens.

Friedrich II. hat das vielleicht gewußt. Kaum daß der große Mann endlich am 5. Mai in der Stadt eingetroffen war, ließ er ihn – nicht eine Stunde wollte er warten – aufs Schloß kommen, um ihn zu sehen. Und um mit ihm zu sprechen. Und um vor allem seine berühmte Musik zu hören. Er blies ihm auf der Flöte ein Thema vor, damit Bach darüber, nach den Regeln des Kontrapunktes, phantasierte. Dann stand er hinter dem Meister und lauschte ihm. Am Ende sagte er immer wieder die drei Worte: »Nur ein Bach . . . nur ein Bach . . .«

Mehr ist uns nicht überliefert. Wir wissen nicht, was die beiden miteinander gesprochen haben: der 63jährige Thomaskantor und der junge preußische König. Aber überliefert ist uns die große Musik, die Bach wenige Wochen danach als Dank nach Potsdam schickte. Er hatte das Thema des Königs noch einmal neu bearbeitet: »Das musikalische Opfer« hieß das Werk.

Drei Jahre später war Bach tot. Die beiden letzten Jahre war er blind gewesen. Er arbeitete dennoch bis zum letzten Tag an seinem großen Lehrwerk über »Die Kunst der Fuge«. Mitten in dieser Arbeit verstummte er.

Damit verstummte im Grunde genommen eine ganze Musikepoche. Johann Sebastian Bach war ihr größter und letzter Repräsentant gewesen. Wirklich ihr letzter. Die nach ihm kamen, lachten heimlich über ihn, dann wurde er vergessen. Kaum daß in den Kirchen noch seine Choräle gesungen wurden.

Dabei hatte alles unter den günstigsten Voraussetzungen begonnen. Als Bach am 21. März 1685 geboren wurde, waren die Bache, wie man sie nannte, seit mehr als 200 Jahren in Thüringen Musikanten gewesen: Stadtpfeifer, Sänger, Organisten, Kapellmeister – eine riesige Familie voller Musik. So wurde auch dieser Johann Sebastian Bach mit 18 Jahren Violinist am Hof in Weimar, wenig später Organist in Arnstadt. Weitere Stationen: 1707 Organist in Mühlhausen, 1708 wieder in Weimar, wo er bald auch die Kapellmeisterstelle versah, 1717 Hofkapellmeister beim Fürsten Leopold von Anhalt-Köthen. Zwischendurch längere Reisen nach Hamburg und Lübeck, um die großen Orgelmeister der Zeit, Reinken und Buxtehude, zu hören. Schließlich berief ihn 1723 die Stadt Leipzig zum Thomaskantor.

Dieser letzte Umstand hat viel zu einem Mißverständnis über Bach beigetragen: vor allem sei er Kirchenmusiker gewesen. Man übersieht dabei, daß den 27 Jahren, die er in Leipzig als Thomaskantor wirkte, mindestens 20 Jahre gegenüberstehen, die er an weltlichen Fürstenhöfen zubrachte. Man stellt ihn sich meist im schwarzen Habit des protestantischen Kirchenmannes vor; er trug aber ebensooft die prunkende Uniform des Hofbediensteten.

Dies wird noch deutlicher in seiner Musik. In den Jahrzehnten nach dem 30jährigen Krieg gab es keine große, eigenständige deutsche Musik mehr. Überall herrschten Ausländer, und wenn sich ein Fürstenhof ein großes Orchester oder gar eine Oper hielt, waren ihre Mitglieder selbstverständlich Franzosen oder Italiener. Bach stand diesen Einflüssen allerdings durchaus offen gegenüber. Aufnahmebereit sog er die damals neueste Musik auf, steigerte sie in ihrer Wirkung und schmolz sie in Traditionen ein. Besonders in den Instrumentalwerken ist diese Begegnung erkennbar.

Wenn die Familie Bach musizierte, bildete schon sie allein ein kleines Orchester (unten). Bach hatte aus zwei Ehen 20 Kinder, von denen ihn fünf Söhne und vier Töchter überlebten. Links Mitte: Blick in das (angebliche) Geburtshaus Johann Sebastian Bachs in Eisenach, in dem sich heute ein Bach-Museum befindet. Es gibt außerdem ein Bach-Archiv in Leipzig und ein Bach-Institut in Göttingen. Links: Johann Sebastian Bach im Alter von 40 Jahren. Zwei Jahre vorher war er als Thomaskantor und Musikdirektor in der Messestadt Leipzig ansässig geworden.

Drei Jahre vor seinem Tode reiste Bach auf Einladung König Friedrichs II. nach Potsdam und spielte vor dem König auf dem Cembalo und seinem Lieblingsinstrument, der Orgel (links). Unten die Orgel in der Kirche zu Arnstadt in Thüringen, wo Bach 1703 seine erste Organistenstelle annahm. Rechts das Denkmal Johann Sebastian Bachs vor der Thomaskirche in Leipzig, wo Bach 27 Jahre lang als Organist und Kantor wirkte. Für die Thomasgemeinde schrieb Bach seine rund 200 Kantaten und mehrere Passionen, von denen allerdings nur drei erhalten blieben.

Aber es war eine fruchtbare Begegnung: So entwuchs die Musik allen nationalen Begrenzungen und gewann Weltformat, gleich, ob es sich um die große Solosonate handelte oder um das Wunder der Matthäuspassion. Zugleich wurde auf solche Weise der deutsche Choral zum *Cantus firmus* einer Weltmusik.

Denn dies ist die große Bedeutung des Johann Sebastian Bach, und daß er nach seinem Tode zunächst lange vergessen blieb, mutet wie der tiefe Atemzug an, den die Welt brauchte, um die neuen Wirkungen vorzubereiten. Seitdem wuchs der Ruhm Bachs, der heute nicht mehr nur den Deutschen gehört, sondern ein Ereignis der Welt ist. Es sind nach ihm viele gekommen: Mozart, Beethoven, Wagner, Debussy, Bruckner, Strawinsky, um stellvertretend nur einige zu nennen, aber das große Gesetz war und blieb Bach. An ihm werden alle gemessen. Immer wieder ist darauf hingewiesen worden, daß Musik in ihrer reinen Form Mathematik sei: ein Spiel der Zahlen, die in immer neuen Verhältnissen untereinander ein Abbild der Ordnung sind. Daher gibt es Entwicklungen, aber sie sind immer nur neue Abbildungen des ersten Gesetzes. Beschreibungen bleiben unzulänglich: etwa die, daß in der Fuge der Gewinn der Harmonie aus dem Widerstreit der gegeneinander geführten Melodien geschieht – die wirkliche Fuge, die Bach in immer neuen Variationen gespielt hat, ist vollkommen.

Goethe, dem der junge Mendelssohn aus den Werken Bachs vorspielte, sagte: »Mir ist, als ob die ewige Harmonie sich mit sich selbst unterhielte, wie sich's etwa in Gottes Busen kurz vor der Schöpfung mag zugetragen haben.«

Beethoven endlich, obgleich er doch nicht den zehnten Teil der Werke Bachs kannte (die damals fast alle noch ungedruckt waren), gestand ergriffen: »Nicht Bach, Meer sollte er heißen!«

JOHANN
SEBASTIAN
BACH

Kant

Vollender und Überwinder der Aufklärungsphilosophie

Als 57jähriger veröffentlichte er sein Hauptwerk, die »Kritik der reinen Vernunft«: Immanuel Kant (1724 bis 1804), Professor für Logik und Metaphysik an der Universität (Bild oben) zu Königsberg. Seine Gedanken, sein Werk wurden zur Basis für die neuere Philosophie. Mit dem »Kategorischen Imperativ« schuf er eine Formel für das Sittengesetz: »Handle so, daß die Maxime deines Willens jederzeit zugleich als Prinzip einer allgemeinen Gesetzgebung gelten könnte.«

Kant hat sein Leben lang immer nur in Ostpreußen gelebt, Königsberg kaum verlassen

Viele Jahre nach Kants Tod entstanden diese Abbildungen, die sein erstes Wohnhaus in Königsberg (Bild rechts) und das Königsberger Schloß (Bild Mitte) zeigen. In Königsberg in Preußen wurde er 1724 geboren; er hat die Stadt selten verlassen, Ostpreußen nie. Königsberg war damals das bedeutendste Zentrum des deutschen Ostens.

Kant hat die für die heutige Menschheit entscheidenden Grundfragen aufgeworfen: die Fragen nach dem Recht, dem Sinn und den Grenzen von Wissenschaft; und die Fragen nach dem Recht und der Verwirklichung menschlicher Freiheit im Blick auf eine tätige, unablässige Friedensstiftung.« So hat Kurt Rossmann die Bedeutung des großen deutschen Philosophen beschrieben und damit zugleich zum Ausdruck gebracht, in welch hohem Maße Kant den Menschen grundlegende Probleme bewußtgemacht und ihr Denken, ihre Welt verändert hat.

Immanuel Kant ist ein Mann des 18. Jahrhunderts gewesen, das in seiner Heimat Preußen die Zeit des aufgeklärten Absolutismus Friedrichs des Großen war und an dessen Ende die Französische Revolution stand. In Königsberg in Ostpreußen wurde er am 22. April 1724 geboren, einem damals bedeutenden politischen und kulturellen Zentrum mit einer angesehenen Universität; er hat die Stadt kaum einmal verlassen, Ostpreußen gar nicht.

Er entstammte einer Handwerkerfamilie in sehr bescheidenen Verhältnissen; der Vater ist Riemermeister (Sattler) gewesen. Die Mutter war wohl gebildeter; Kant sprach später von ihrem »großen natürlichen Verstande, einem edlen Herzen und einer echten, durchaus nicht schwärmerischen Religiosität«. Zwei Jahre besuchte er die Vorstädter Hospitalschule; dann, als Achtjähriger, kam er in das Collegium Fridericianum, ein Gymnasium pietistisch-theologischen Geistes. »Schrecken und Bangigkeit« kamen später über ihn, wenn er sich an diese Anstalt erinnerte.

1740, als Sechzehnjähriger, begann er an der Universität Theologie, Philosophie und Mathematik zu studieren. Philosophie hörte er bei Martin Knutzen, der – so Kant – seine Schüler nicht zu »Nachbetern«, sondern zu »Selbstdenkern« erzog – dem Dozenten Kant wurde später dasselbe Lob zuteil. 1746 starb der Vater; Kant beendete das Studium und nahm, um Geld zu verdienen, in den folgenden Jahren Hauslehrer-Stellen an. 1755 schrieb er seine Dissertation »Über das Feuer« und wurde zum Magister promoviert.

Noch im selben Jahr habilitierte er sich und war danach Privatdozent an der Königsberger Universität. Er las über eine große Zahl von Themen vor allem naturwissenschaftlichen und philosophischen Inhalts, mit gutem Erfolg. Wiederholt bewarb er sich um eine ordentliche Professur für Philosophie, doch erst 1770, als schon Sechsundvierzigjähriger, wurde er Professor für Logik und Metaphysik. Einen Lehrstuhl für Dichtkunst und Rhetorik in Königsberg und vier vielversprechende Berufungen an andere Universitäten hatte er abgelehnt.

Nach einer ganzen Reihe kleinerer Abhandlungen veröffentlichte er als Siebenundfünfzigjähriger sein philosophisches Hauptwerk: »Kritik der reinen Vernunft«. Die danach wichtigsten Werke: »Kritik der praktischen Vernunft« und »Kritik der Urteilskraft«, folgten sieben bzw. neun Jahre später. Zweimal war Kant Rektor der Königsberger Universität. Erst 1796, mit über siebzig Jahren, gab er das Lehramt auf. Am 12. Februar 1804 ist er, ohne eigentlich krank gewesen zu sein, als Achtzigjähriger gestorben.

Kant hat sein Leben in seltener Übereinstimmung mit seinen humanistischen Ansichten gelebt. Er reiste nicht, war aber geographisch umfassend gebildet. Er blieb unverheiratet, besaß einen Diener und spät erst auch eine Köchin; doch er war kein Sonderling, sondern ein offener, geselliger Mann, der auf eine gewisse Eleganz Wert legte. Man sah ihn in den besten Kreisen gern; seine eigenen Tischgesellschaften galten vor allem politischen Diskussionen. Ein anderer großer Ost-

Kants Haus in der Prinzessinstraße. Er blieb unverheiratet, hatte einen Diener und später eine Köchin. Zuletzt zog eine jüngere Schwester zu ihm.

Kant im Kreis von Freunden (unten). Der Philosoph war durchaus kein Sonderling, sondern ein geselliger, gern gesehener Mann. Seine Tischgesellschaften galten angeregten Diskussionen.

Aus Kants eigenhändiger Niederschrift der Abhandlung »Zum ewigen Frieden. Ein philosophischer Entwurf« (1795). Man hat sie »ein bedeutendes politisches Vernunftplädoyer« genannt. Er schrieb sie mit etwa siebzig Jahren. Überhaupt sind alle seine bedeutenden Arbeiten Alterswerke: Seine drei Hauptwerke, deren erstes die »Kritik der reinen Vernunft« war, hat er zwischen seinem siebenundfünfzigsten und seinem sechsundsechzigsten Lebensjahr veröffentlicht, zwischen 1781 und 1790.

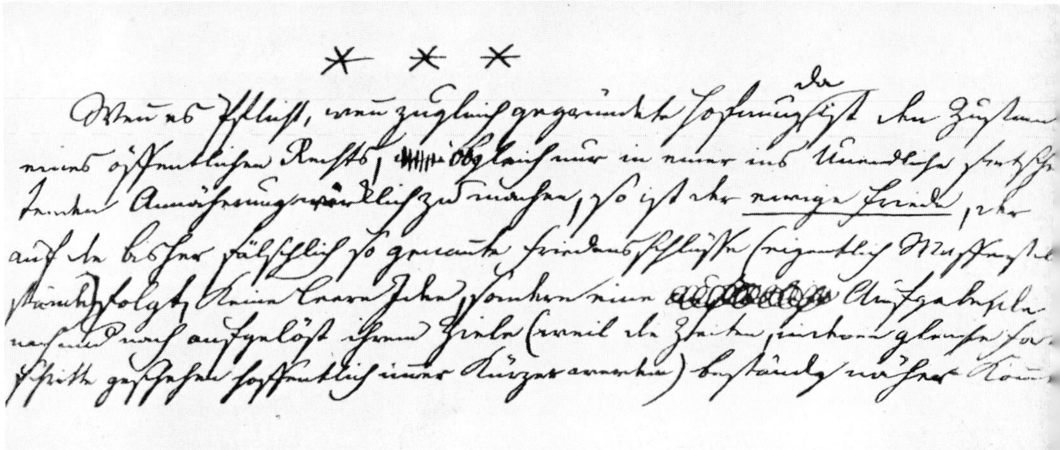

preuße, Herder, hat »mit größter Dankbarkeit und Hochachtung« von ihm gesprochen: »Er munterte auf und zwang angenehm zum Selbstdenken; Despotismus war seinem Gemüte fremd.«
Immanuel Kant ist am stärksten von der Physik Newtons und der Philosophie Leibniz' beeindruckt worden. In seinem eigenen Werk, dem Ausgangspunkt für nahezu alle neuere Philosophie, ist er Vollender, zugleich aber auch Überwinder der Aufklärung.
Er hat die neue Lehre der Transzendental-Philosophie geschaffen. Nicht mehr das Sein (der Erkenntnisgegenstand), sondern das Bewußtsein (die Erkenntnisart) war Ausgangspunkt seiner Überlegungen. Er wollte die Quellen und Grenzen menschlicher Erkenntnis erforschen. Sie ist, so stellte er fest, an die sinnliche Anschauung gebunden und kann nur von den Gegenständen der Erfahrung gewonnen werden. Dabei beruht die Erfahrung als gesetzmäßiger Zusammenhang »selbst auf apriorischen, allgemeingültigen Voraussetzungen, auf Verstandesgesetzen«.
Eine Metaphysik, wie sie frühere Philosophen lehrten, gibt es bei ihm nicht. Allerdings stellt er ein natürliches Streben des menschlichen Erkenntnisvermögens nach Abschließendem, Unbedingtem fest; die Antwort auf dieses Streben seien die Ideen. Er führte aus, daß sie nicht Verstandes-, sondern Vernunftsbegriffe sind. Die höchsten theoretischen Ideen sind seiner Ansicht nach: Seele, Welt, Gott; die höchsten praktischen (ethischen): Unsterblichkeit, Freiheit, absolute Persönlichkeit.
Die Vernunftsbegriffe sollen Grundlage unseres Handelns sein. Mit dem »kategorischen Imperativ« schuf er eine Formel für das Sittengesetz: »Handle so, daß die Maxime deines Willens jederzeit zugleich als Prinzip einer allgemeinen Gesetzgebung gelten könnte.«

Ein Besuch Fichtes bei Kant. Johann Gottlieb Fichte (1762 bis 1814) hat in seinem Werk den Kantischen Kritizismus zu einem »metaphysischen Idealismus« weiterentwickelt.

Gedenktafel für Kant an der Schloßmauer in Königsberg (Bild links) und das Grabmal des Philosophen (rechts). Kant hat sein Leben in seltener Übereinstimmung mit seinen humanen Ansichten gelebt. Erst mit zweiundsiebzig Jahren stellte er, nach über vierzigjähriger Lehrtätigkeit, seine Vorlesungen ein. Danach bemühte er sich um ein letztes großes Werk, ohne es vollenden zu können (»Opus postumum«, 1936). Noch heute wird in Königsberg, das inzwischen Kaliningrad heißt, sein Andenken in Ehren gehalten.

IMMANUEL KANT
1724-1804

Washingto

Er führte die USA zur Unabhängigkeit von England

n

Die Amerikaner verehren ihn als Freiheitshelden, als »Vater des Vaterlandes«, dem es gelang, die britischen Kolonien Nordamerikas zur Unabhängigkeit und Selbstbestimmung zu führen: George Washington (1732 bis 1799), Oberbefehlshaber der amerikanischen Armee und erster Präsident der USA. Nach ihm wurde die Bundeshauptstadt benannt. Eines der Denkmäler zu seiner Ehre ist die »Präsidentengalerie« am Mount Rushmore (mit Thomas Jefferson, Theodore Roosevelt, Abraham Lincoln).

»Er war der Erste im Krieg, der Erste im Frieden und der Erste im Herzen der Mitbürger«

Der Mann, der zum eigentlichen Schöpfer der amerikanischen Nation wurde und dessen Namen ein Bundesstaat, die Bundeshauptstadt, sieben weitere Städte, fünf Universitäten und Hunderte von Institutionen tragen, war nicht gerade eine männliche Schönheit. Auf den unzähligen Denkmälern und Bildern, die noch heute an ihn erinnern, hat man ihm sicherlich geschmeichelt. Dieser Mann, der als Vater des Vaterlandes verehrt wird, war von sehr bescheidener Bildung und alles andere als ein Theoretiker. Eigentlich empfand er sich in erster Linie als Großgrundbesitzer. Als Oberkommandierender im Unabhängigkeitskrieg seines Landes hatte er nie eine militärische Ausbildung erhalten. Und doch wurde er im entscheidenden Zeitpunkt zur zentralen Persönlichkeit des neuen Amerika.

Als Sohn eines Pflanzers aus Virginia, dessen Großvater vor Oliver Cromwell 1657 aus England geflohen war, wurde George Washington am 22. Februar 1732 in Wakefield (Westmoreland) geboren. Nach dem frühen Tode seines Vaters wuchs er bei seinem Halbbruder Lawrence in dessen schönem Gutshaus Mount Vernon in Hunting Creek am Ufer des Potomac auf und unterschied sich in nichts von anderen jungen virginischen Pflanzern. Als Lawrence plötzlich starb, übernahm der inzwischen Zwanzigjährige die Bewirtschaftung von Mount Vernon.

Ein zweites Erbe seines Bruders sollte entscheidend in sein bisher geruhsames Leben eingreifen: einflußreiche Freunde und Verwandte setzten durch, daß er als Nachfolger des Verstorbenen zum Major der virginischen Miliz ernannt wurde. Das geschah zu einem Zeitpunkt, als das Verhältnis der dreizehn englischen Kolonien zum Mutterland in eine neue Phase einzutreten begann. Anderthalb Jahrhunderte war die stärkste Bindung unter den Kolonien ihre »gemeinsame Untertanentreue gegen den englischen König gewesen« (A. Cooke). Sie wurden unabhängig voneinander durch königliche Gouverneure verwaltet, hatten aber alle, besonders das reiche Virginia, längst eine gewisse politische Eigenständigkeit entwickelt. So gab es in Virginia schon seit 1619 ein eigenes Parlament, das »House of Burgessis«.

Aus dem eigenmächtigen Vorgehen der Virginier gegen die Franzosen und die mit diesen verbündeten Indianer, die ihnen die Ausdehnung ihrer Ländereien nach Westen streitig machten, entwickelten sich 1754 Grenzgeplänkel im oberen Ohio-Gebiet. Washington, der die kleine virginische Truppe führte, erwarb sich dabei keinen sonderlichen militärischen Ruhm. Als aber England 1755 ein Expeditionsheer in die Kolonie schickte, um in den bisher unerklärten Krieg gegen die Franzosen einzutreten, brachte es der Dreiundzwanzigjährige zum Oberst und Oberbefehlshaber der Milizen Virginias.

Die Kämpfe am Ohio wurden in den darauffolgenden Jahren Teil des welthistorischen Ringens des Siebenjährigen Krieges, der die Kolonialmacht Frankreichs auf dem nordamerikanischen Kontinent zerbrach. Als Ende 1758 die Entscheidung gefallen war, nahm Washington den Abschied und widmete sich mit großem Erfolg wieder seiner Landwirtschaft, deren Umfang er durch seine Heirat noch erheblich vermehren konnte.

Das Verhältnis zwischen den Kolonisten und dem Mutterland kühlte sich nach dem Krieg in starkem Maße ab. »Sie sahen vieles längst als selbstverständlich an, was in London noch kaum bemerkt worden war, nämlich die zunehmende Macht und Fähigkeit der selbständigen Kolonialverwaltung« (A. Cooke). Aus dieser Fehleinschätzung der Lage auf dem nordamerikanischen Kontinent lassen sich die Ungeschicklichkeiten erklären, die

Der Hafenplatz Boston an der Bai von Massachusetts spielte in der amerikanischen Siedlungsgeschichte eine bedeutende Rolle. Er wurde schon früh zum Hauptsitz der Opposition gegen England. In seinem Hafen (oben ein zeitgenössischer Stich) kam es 1773 zu der berühmten »Tea-Party«. Das untere Bild zeigt den jungen Washington als Oberst der virginischen Milizen. Rechte Seite: Gegen Ende des Jahres 1777 stand es schlecht um die Aufständischen. Washington mußte mit seinem stark angeschlagenen Heer den eisführenden Delaware-Fluß überqueren.

Nach dem Sieg der Amerikaner beschloß der Konvent der »Gründungsväter« in Philadelphia 1787 nach langwierigen Diskussionen die Verfassung des neuen Bundesstaates. Das erste Blatt der Urkunde (rechts) begann mit der Präambel: »Wir, das Volk der Vereinigten Staaten, von der Absicht beseelt, einen vollkommenen Bund zu schließen . . .« Als Vorsitzender der Versammlung verkündete Washington den beschlossenen Text (unten rechts).

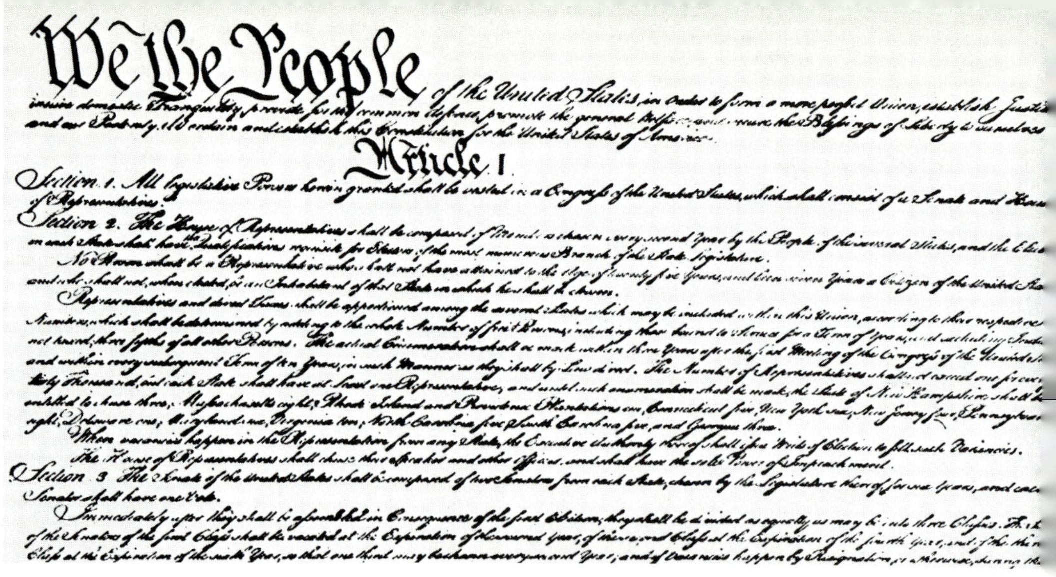
We the People of the United States, in Order to form a more perfect Union, establish Justice,

Article I

Section 1. All legislative Powers herein granted shall be vested in a Congress of the United States, which shall consist of a Senate and House of Representatives.

Section 2. The House of Representatives shall be composed of Members chosen every second Year by the People of the several States,

Section 3. The Senate of the United States shall be composed of two Senators from each State, chosen by the Legislature thereof, for six Years; and each Senator shall have one Vote.

schließlich zum Bruch führen mußten: Handelsbeschränkungen für die Ausfuhren, Verdoppelung der Einfuhrzölle für europäische Waren und verschiedene Sondersteuern, darunter eine besondere Teesteuer, die das Hauptgetränk der Kolonisten betraf.

So entwickelte sich langsam, aber sicher eine Anti-England-Stimmung und es kam zu revolutionären Aktivitäten. Zwei davon, die sich in Boston ereigneten, ragen heraus: der Sturm auf das Zollhaus (1770), bei dem die ersten Kolonisten durch britische Soldaten getötet wurden, und die »Tea-Party« von 1773, in der als Indianer verkleidete Untergrundkämpfer ein Schiff der Ostindischen Kompanie enterten und die gesamte Teeladung ins Meer warfen.

Mit all diesen Dingen hatte Washington nichts zu tun, er hatte vielmehr des öfteren zu vermitteln versucht. Als es dann allerdings 1774 zum ersten Kontinentalkongreß in Philadelphia kam, war er einer der sieben Delegierten Virginias.

Nun überstürzten sich die Ereignisse: Der Kongreß beschloß umfassende Boykottmaßnahmen gegen englische Waren. Bald darauf kam es westlich von Boston zu ersten Gefechten zwischen amerikanischen Rebellen und britischen Soldaten. Ein zweiter Kongreß proklamierte 1775 den »Verteidigungszustand«, und am 15. Juni dieses Jahres wurde Washington zum Oberbefehlshaber über die Truppen der dreizehn Kolonien gewählt. Mit ausschlaggebend dafür waren wohl die Erfahrungen, die er im Kriege gegen Franzosen und Indianer erworben hatte, aber nicht zuletzt auch die Hoffnung, daß er als hoch angesehener Südstaatler zu einem Bindeglied für die gemeinsame Sache werden könnte.

Das Heer, das Washington vor Boston übernahm, war bunt zusammengewürfelt und nur mangelhaft ausgerüstet. Zum wirklichen Krieg wurde die Rebellion erst ein Jahr später, nachdem der Kongreß am 4. Juli 1776 die unter der Federführung von Thomas Jefferson, Benjamin Franklin und John Adams erarbeitete Unabhängigkeitserklärung beschlossen hatte. Jetzt versuchten die Engländer mit allen Mitteln, ihre Macht zu behaupten. Immer neue Kompanien brachten sie über den Ozean, eigene und »gemietete« Soldaten, darunter fast 30 000 Deutsche. Im Winter 1777/78 sah es aus, als sei für die Amerikaner alles verloren.

Washington schlug in Valley Forge, nordwestlich von Philadelphia, sein Winterlager auf. Im Frühjahr waren infolge von Seuchen, Hungersnot und Desertion von elftausend Mann noch dreitausend übrig. Aber der General gab nicht auf. Zwei Verbündete stießen damals zu ihm, die für den Ausgang des Krieges eine entscheidende Bedeutung erlangen sollten: der ehemalige preußische Kapitän von Steuben und die Franzosen. Baron Steuben gewann schnell das Vertrauen Washingtons und wurde zum Instrukteur der Revolutionssoldaten, zum »Hammer von Valley Forge«. Das Eingreifen der Franzosen, die Revanche an England nehmen wollten, rettete die Revolution.

Doch vergingen seit diesem Winterlager noch vier schwere Jahre, in denen der Zusammenbruch der Union mehr als einmal drohte. Washington war der ruhende Pol in allen Krisen. Wie kein anderer wurde er zum Symbol der Einigkeit und Entschlossenheit. 1781 kapitulierte schließlich das größte britische Expeditionskorps in Yorktown, und ein Jahr später kam es zum Frieden. George Washington legte den Oberbefehl nieder und zog sich nach Mount Vernon zurück. Aber der nur locker im Kampf gegen die Kolonialmacht zusammengefügte Staatenbund brauchte eine Persönlichkeit wie ihn jetzt mehr denn je. So fand er sich 1787 als Leiter des Verfassungskonvents in Philadelphia einer Aufgabe gegenüber, die ihm

1789 trat die Verfassung der Vereinigten Staaten in Kraft. Es war keine Überraschung, daß Washington am 30. April dieses Jahres durch den zum erstenmal in New York tagenden Kongreß zum ersten Präsidenten der USA gewählt wurde (links). In einem Brief aus diesen Tagen schrieb er: »Ehrenhaftigkeit und Standhaftigkeit, das ist alles, was ich versprechen kann.« In den acht Jahren seiner Präsidentschaft gelang es ihm, den neuen Staat zu prägen und viele innerpolitische Schwierigkeiten zu meistern. 1794 führte er eine Verständigung mit England herbei.

fast schwerer wurde als der Oberbefehl über die Armee. Doch nach viermonatigem Ringen um die Einheit errang er mit der Annahme der gemeinsamen Verfassung seinen zweiten großen Sieg.
Sein Anteil an dieser Verfassung waren vor allem seine Autorität und die Beharrlichkeit, mit der er das Ziel nicht aus den Augen ließ, aus dem Provisorium einen solide fundierten Staat zu schaffen. Eine gewisse Tragik liegt darin, daß es nicht damals schon gelang, die Sklaverei endgültig aufzuheben. Die Schuld dafür darf man aber wohl nicht Washington anlasten. Schon bei der Abfassung der Unabhängigkeitserklärung hatten die Landeigner aus dem Süden und die Reeder im Norden eine diesbezügliche Reform zu verhindern gewußt. Im Interesse des Zusammenhaltes aller Bundesstaaten konnte deshalb an dieser heiklen Frage nicht gerührt werden. Noch über siebzig Jahre später wäre der Staat daran fast zugrunde gegangen.
Es war eigentlich nur selbstverständlich, daß man Washingtons Lebenswerk auch mit der Präsidentschaft krönte. 1789 und 1793 wählte ihn der Kongreß einstimmig für dieses höchste Amt. Eine dritte Wahl lehnte er ab und verlebte die zwei Jahre, die ihm noch vergönnt blieben, auf seiner Farm. Unter seiner Präsidentschaft wurden durch seine maßvoll-konsequente Politik und die glückliche Hand, die er in der Auswahl seiner Mitarbeiter bewies, die USA, die Vereinigten Staaten von Amerika, zu einer politischen Realität. Es steht außer Zweifel, daß sie mit dem Farmer aus Virginia und seiner Wahl in die höchsten Ämter das größte Glück ihrer Geschichte hatten. John Marshall, ein Zeitgenosse Washingtons, charakterisiert ihn treffend als den »Ersten im Krieg, den Ersten im Frieden und den Ersten im Herzen seiner Mitbürger«.

Washington – das Bild links oben zeigt ihn 1796 mit seiner Familie – war seit 1759 mit der verwitweten Martha Custis verheiratet und führte eine harmonische Ehe. Eigene Kinder blieben ihm versagt. Seine beiden Stiefkinder liebte er zärtlich. Seit 1792 betrieb er den Aufbau der neuen Bundeshauptstadt und bestimmte auch den Standort des Kapitols, mit dessen Bau 1793 begonnen wurde. Das obere Bild gibt das Parlamentsgebäude etwa um 1800 wieder. Erst 1824 wurde es fertiggestellt. Links: Washingtons Farm Mount Vernon ist heute nationale Gedenkstätte.

Watt

Seine Dampfmaschine revolutionierte die Industrie

Der schottische Mechaniker James Watt (1736 bis 1819) entwickelte die entscheidenden Ideen für eine wirkungsvolle Dampfmaschine. Im Gegensatz zu seinen Vorgängern trieb er seine Maschine mit verdichtetem Dampf an und erfand viele andere Verbesserungen. Sie machten aus einem »kohlefressenden Ungeheuer« jene wirksame Kraftmaschine, die eine neue Epoche der Technik einleitete: die Industrialisierung. Und fünf Jahre nach seinem Tod fuhr Stephensons erste Eisenbahn.

Watts Dampfmaschine stand am Beginn eines neuen Zeitalters: dem der Maschine

Welche Kraft im Wasserdampf steckt, fiel Watt schon im Knabenalter auf, als er den Teekessel seiner Mutter beobachtete (rechts). Daneben der Papinsche Topf, Urbild aller Dampfkochtöpfe.

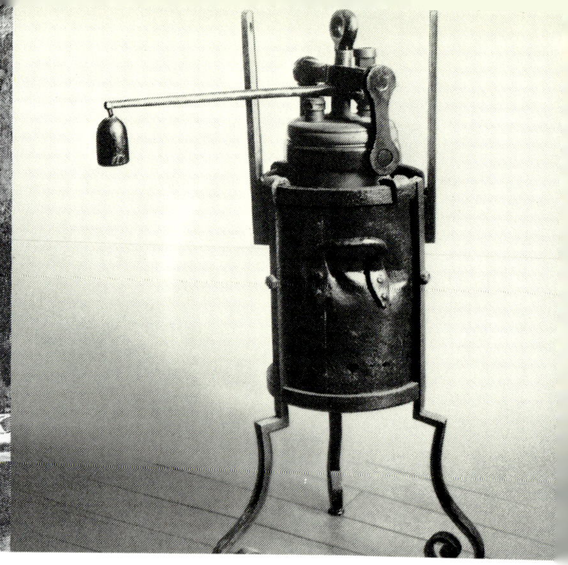

Die Bergleute wußten keinen Rat mehr. Der Bedarf an Kohle zog mächtig an, die Schächte mußten immer tiefer abgeteuft werden, aber es gab kein Mittel, um des eindringenden Wassers Herr zu werden. Viele der englischen Bergwerke ersoffen und mußten aufgegeben werden.

Der französische Naturforscher Denis Papin (1647 bis 1712) – ihm verdanken unsere Hausfrauen übrigens den zeitsparenden Dampfkochtopf – beschäftigte sich Ende des 17. Jahrhunderts mit dem Problem einer dampfgetriebenen Pumpe. Aber die Technik seiner Zeit war noch nicht genügend fortgeschritten, um eine funktionierende Maschine herzustellen.

Mehr Erfolg als Papin hatte der englische Schmied Thomas Newcomen (1663 bis 1729), dessen Dampfpumpe 1711 erstmals in einem Bergwerk eingesetzt wurde. Es war ein ungeschlachter Apparat, aber er funktionierte.

Allerdings verbrauchte diese Pumpe für ihre zwölf Hübe in der Minute eine Unmenge an Kohle, weil der jedesmal abkühlende Zylinder mit viel Dampf wieder aufgeheizt werden mußte. Als James Watt ein Modell dieser Pumpe in die Hand bekam, erkannte er ihre wirtschaftlichen Nachteile sofort.

James Watt war am 19. Januar 1736 in dem kleinen Ort Greenock-on-Clyde im westlichen Schottland geboren worden. In seines Vaters Schiffsbau- und Instrumentenwerkstatt lernte er schon früh, geschickt mit Werkzeugen umzugehen. In der Schule fiel er durch seine mathematische Begabung auf. Das war, zusammen mit seiner handwerklichen Neigung, der Grund, warum sein Vater ihn Mechaniker werden lassen wollte. Da sich im nahen Glasgow keine geeignete Lehrstelle fand, schickte der Vater den nunmehr Achtzehnjährigen nach London. Er erreichte die Hauptstadt zu Pferd in zwölf Tagen, eine Strecke, die man heute mit der Eisenbahn in sieben Stunden zurücklegt. Ein Instrumentenmacher nahm ihn in die Lehre.

Als Einundzwanzigjähriger kehrte James Watt im Juni 1757 heim. Im selben Jahr übernahm ihn die Universität in Glasgow als »Mathematical-instrument-maker« und stellte ihm eine Werkstatt zur Verfügung. Und da geschah es, daß er 1763 ein Modell der Newcomenschen »Feuermaschine« zur Reparatur bekam. Von diesem Augenblick an ließ ihn der Gedanke, eine rationell arbeitende Maschine zu konstruieren, keine Ruhe mehr.

Bald fand er die Lösung: Man mußte neben den Zylinder, in dem der Kolben läuft und der immer heiß bleiben muß, einen zweiten Zylinder setzen, in den der Dampf nach getaner Arbeit entweichen und kondensieren kann. Und man mußte den ersten Zylinder auch oben abschließen, so daß nicht mehr der Druck der äußeren Luft, sondern der Sog des entweichenden Dampfes den Kolben zurückbewegte. Ein Versuchsmodell dieser Art, das er 1765 baute, befindet sich heute im Science Museum in London.

Das Problem war damit gedanklich gelöst, aber bis zur praktischen Realisierung war es noch ein weiter Weg. Erst 1768 konnte er mit Hilfe des Arztes und Stahlwerkbesitzers John Roebuck darangehen, eine größere Versuchsmaschine zu bauen. 1769 erhielt Watt auf seine Erfindung das Patent Nr. 913. In dieser Zeit ging es ihm jedoch wirtschaftlich so schlecht, daß er gezwungen war, bis 1773 eine Stellung als Landvermesser anzunehmen, um Geld zu verdienen.

Auch Roebuck geriet in finanzielle Schwierigkeiten. Aber als alles verloren schien, hatte James Watt das Glück, mit dem cleveren Unternehmer Matthew Boulton in Verbindung zu kommen. 1774 siedelte er noch Soho bei Birmingham über und ging mit Boulton, dem Besitzer eines großen Metallwerkes, eine Arbeits-

Sinnend beobachtet James Watt das erste funktionierende Modell seiner Dampfmaschine (rechts) und überlegt, welche konstruktiven Verbesserungen noch notwendig sind, um sie für den praktischen Einsatz tauglich zu machen. Bild unten: Modell der ersten Dampfmaschine von James Watt, bei der es ihm gelang, die linear auf- und abgehenden Bewegungen des Kolbens auf die rotierende Bewegung eines großen Schwungrades zu übertragen. Damit wurde die Maschine, die vorher nur zum Betrieb von Pumpen verwendbar war, zur idealen Antriebsmaschine.

Blick in die Werkstatt des Glasgower Betriebes, in dem Watts Dampfmaschine hergestellt wurde (oben). Rechts: 1807 machte das erste, von dem amerikanischen Ingenieur Fulton konstruierte Dampfboot seine erfolgreiche Jungfernfahrt auf dem Hudson. Seine Schaufelräder wurden von einer 20 Pferdestärken leistenden Dampfmaschine von James Watt angetrieben (Nachbau um 1900).

gemeinschaft ein. Beiden gelang es, Watts Patent verlängert zu bekommen.
Endlich im März 1776 konnten die beiden ersten Maschinen in Betrieb genommen werden: die eine in einem Bergwerk zur Wasserhaltung, die andere in einer Eisenhütte zum Gebläseantrieb; weitere folgten im Bergbaugebiet um Cornwall. Der Durchbruch war gelungen, zumal es sich zeigte, daß die Wattsche Maschine gegenüber anderen Konstruktionen drei Viertel der Kohlenmenge einsparte. Watt und Boulton verkauften deshalb ihre Maschinen nicht, sondern forderten ein Drittel der Kostenersparnis als Miete.
Diese Maschine produzierte freilich nur eine linear auf- und abgehende Bewegung, wie sie für das Pumpen ausreichte, nicht aber für den Antrieb der Maschinen, die in den vielen um diese Zeit entstehenden Fabriken noch von Menschenkraft bewegt wurden. James Watt löste auch dieses Problem, indem er die Linearbewegung durch ein genial erdachtes Planetengetriebe auf ein Schwungrad übertrug. Mit Drosselklappe und Zentrifugalregulator ausgestattet, war die doppelt wirkende Wattsche Dampfmaschine 1785 fabrikationsreif und trat ihren Siegeszug in die verschiedenen Industriezweige, vor allem zunächst in die Textilindustrie und die Mühlenbetriebe, an. Das Zeitalter der Industrialisierung mit all seinen wirtschaftlichen und sozialen Folgen hatte begonnen.
James Watt wurde Mitglied der Royal Society und erhielt die Ehrendoktorwürde der Universität Glasgow. Um 1800 zog er sich, 64jährig, aus dem Dampfmaschinengeschäft zurück. Als er 1819 starb, trauerte die Welt um den genialen Erfinder. Seine Grabstätte ist nicht mehr bekannt, aber seit 1824 steht sein Monument in der Westminster-Abtei neben den Grabmälern der Großen seines Landes.

»De Witt Clinton«, eine der ersten in den USA gebauten Dampflokomotiven, legte am 9. August 1831 zwischen Albany und Schenectady eine Strecke von 14 Meilen in 46 Minuten zurück; Pferdewagen brauchten eine halbe Stunde länger. Ganz rechts: Höhepunkt und Ende einer Entwicklung. Die D-Zug-Dampflok 10 der Reichsbahn sollte nach dem Zweiten Weltkrieg alle schnellen Züge ziehen, fiel aber ihren praktischeren elektrischen und dieselgetriebenen Nachfolgern zum Opfer.

10 001

Napoleon

Sein Wirken prägte die neuere Geschichte Europas

Er war ein Kind der Französischen Revolution und gleichzeitig ihr Bändiger und Umgestalter: Napoleon I., Kaiser der Franzosen (1769 bis 1821). Einen »Robespierre zu Pferd« hat man ihn genannt. Sein Riesenreich zerbrach nach seinem Sturz; schon auf seinem Rußlandfeldzug (oben) hatte ihn das Kriegsglück verlassen. Viele seiner Entscheidungen und Reformen wirken bis heute nach, vor allem der von ihm vertretene und durchgesetzte Gedanke moderner, großräumiger Staatengebilde.

Der Mann, der sich selbst als den größten Franzosen sah, war eigentlich gar kein Franzose

Der 24jährige Brigadegeneral Napoleon nach der Einnahme von Toulon (rechts). Daneben: Napoleon mit Joséphine de Beauharnais in der seltenen Rolle des Liebhabers. Beide heirateten im März des Jahres 1796.

Am Ende der Avenue des Champs-Elysées in Paris steht der gewaltige Triumphbogen, dessen Bau der Kaiser 1806 zu Ehren seiner Siege und seiner Soldaten anordnete. Er enthält an der Innenseite die Namen der 172 Schlachten Napoleons und seiner 600 Generale.

Als Napoleons sterbliche Überreste 1840 von St. Helena nach Paris überführt wurden, nahm der Sarkophag durch den Triumphbogen seinen Einzug in die Hauptstadt. Er fand seine endgültige Aufstellung unter der schönen Barockkuppel des Invalidendoms in einer vom Kirchenschiff sichtbaren, prachtvoll ausgestatteten Krypta. Noch heute ist der Invalidendom eine der am stärksten besuchten Sehenswürdigkeiten von Paris, Erinnerungsstätte an eine der vielschichtigsten und außergewöhnlichsten Persönlichkeiten der Weltgeschichte.

Der Mann, der sich selbst als den größten Franzosen sah, war eigentlich gar kein Franzose und sprach das Französische zeit seines Lebens mit fremdem Akzent. Er wurde am 15. August 1769 als Napoléon Buonaparte in Ajaccio auf der Mittelmeerinsel Korsika geboren, die Genua gerade ein Jahr vorher an Frankreich verkauft hatte. Sein Vater Carlo kämpfte auf der Seite der aufständischen Korsen, die sich gegen Frankreich erhoben hatten und ein Vierteljahr vor der Geburt Napoleons geschlagen wurden. Er unterwarf sich aber dann sehr schnell der neuen Herrschaft, nannte sich jetzt Charles, wurde königlicher Rat und erwirkte für den zehnjährigen Napoleon eine Freistelle an der Militärschule in Brienne. Fünf Jahre später wurde der junge Mann an die Pariser Militärschule versetzt, wo er 1785 seine Abschlußprüfung ablegte und das Leutnantspatent erhielt. Damit begann die militärische Laufbahn des »häßlichen kleinen Korsen«, der nur 1,66 Meter maß und damals oft ein kränkliches Aussehen hatte.

Als im August 1789, einen Monat nach dem Bastillesturm, sein Regiment meuterte, ergriff Napoleon Partei für die Revolution. Vier Jahre später brachte ihm die Kanonade und Rückeroberung von Toulon, das von den verbündeten Engländern und Spaniern gehalten wurde, die Beförderung zum Brigadegeneral. Robespierres Sturz konnte ihn nicht mitreißen. Sein neuer Gönner Barras, Mitglied des Direktoriums, verschaffte ihm den Oberbefehl über die französische Italienarmee. Doch bevor er diesen übernahm, heiratete er die attraktive Witwe Joséphine de Beauharnais. Jetzt hatte die kometenhafte Karriere Napoleons einen Punkt erreicht, von dem an ihn niemand mehr zu protegieren brauchte.

Er eroberte die Lombardei und besiegte Österreich. Die Regierung in Paris versorgte er mit Geld aus seiner Beute, und er selbst kam auch nicht zu kurz dabei. In der Hauptstadt empfing man ihn, der sich als ein neuer Cäsar fühlte, wie einen Triumphator. Als Mitglied der Regierung übernahm er das Kommando über die Expedition nach Ägypten mit dem Ziel, England entscheidend zu treffen. Doch die militärischen Erfolge dieses Feldzuges, den er mit recht brutalen Mitteln führte, wurden bei Abukir durch ein englisches Geschwader unter Admiral Nelson zunichte gemacht, das die französische Flotte zerstörte. Damit war die Armee vom Mutterland abgeschnitten.

Ein Jahr später, als Napoleon von Rückschlägen in Italien und in Deutschland und der Handlungsunfähigkeit des Direktoriums erfuhr, verließ er sein Heer in Ägypten und kehrte bei Nacht und Nebel nach Paris zurück. Im Handstreich machte er sich im November 1799 zum Ersten Konsul und erklärte: »Den Roman der Revolution haben wir beendet. Wir müssen sehen, was in der Anwendung der Grundsätze wesentlich und möglich ist.« In einem Plebiszit stimmten

Der italienische Feldzug (1796/97) wurde zu einem Triumph für Napoleon. Der Sieger ließ unermeßliche Kunstschätze nach Paris bringen (links). Am 1. Juli 1798 landete Napoleon mit 32 000 Mann in Alexandria und besiegte vier Wochen später ein großes türkisches Heer in der Schlacht bei den Pyramiden (unten). Seine Truppen feuerte er an: »Soldaten! Drei Jahrtausende blicken auf euch herab!« Bald darauf zogen die Franzosen in Kairo ein. Sie ahnten nicht, daß ihnen die Engländer unterdessen die Verbindung mit der Heimat abgeschnitten hatten.

Zu einer entscheidenden Machtprobe zwischen Napoleon und Österreich kam es im Feldzug von 1800. Vom 14. bis 23. Mai gelang es ihm mit seiner Armee, den Sankt Bernhard zu übersteigen, um den Österreichern in den Rükken zu fallen. Diese Alpenexpedition (rechts) war eine besondere organisatorische Leistung und stellte ungeheure Anforderungen an Truppe und Material. Zahlreiche Bauern mußten mit Pferden, Maulesseln und Leiterwagen helfen. In der Schlacht von Marengo in Piemont wurde die österreichische Armee am 14. Juni geschlagen.

Nach dem Staatsstreich vom 10. November 1799 hatte Napoleon als Erster Konsul praktisch allein die Macht. Mit den beiden anderen Konsuln Cambacérès (links) und Lebrun (rechts) wurde er auf 10 Jahre ernannt. 1802 ließ er sich zum Konsul auf Lebenszeit wählen.

von drei Millionen nur 1562 gegen die neue Verfassung, die er in wesentlichen Teilen selbst formuliert hatte. Er setzte auf das Vertrauen der Massen und die Armee und ließ sich drei Jahre später durch eine zweite Volksabstimmung zum Konsul auf Lebenszeit und zwei Jahre darauf zum Kaiser der Franzosen wählen.

Napoleons dauerhafteste Leistungen fielen in die Zeit des Konsulats. Hier schuf er das zentralisierte Verwaltungsgefüge, das ihn bis heute überdauerte. Dazu gehörte die Neueinteilung des stark zergliederten Landes in Départements mit Präfekten an der Spitze, die ihm direkt unterstanden. Er organisierte ein einheitliches Steuer- und Finanzwesen und beeinflußte das Staats- und Gesellschaftsleben nachhaltig durch ein bürgerliches Gesetzbuch, den »Code civil«, der in seinen Grundzügen noch immer in Frankreich Gültigkeit hat und für große Teile Europas zum Vorbild wurde. Er schloß mit dem Papst ein Konkordat, ohne aber die Enteignung der Kirchengüter durch die Revolution rückgängig zu machen. Das neu aufgebaute Schulwesen wurde weitgehend der Kontrolle durch den Klerus entzogen. Gymnasien und Universitäten behielten bis in die Gegenwart ihre napoleonische Struktur.

Beethoven

Sein Werk erschloß der Musik neue Dimensionen

Kaiser und Könige feierten Ludwig van Beethoven (1770 bis 1827) auf der Höhe seines Ruhms als den Größten unter Großen. Was Beethoven geschaffen hat, ist mehr als nur ein neuer Stil. Sein Werk ist die Einführung der menschlichen Existenz in das Reich der Töne. Er veränderte das Jahrhundert, und nach ihm konnte nichts mehr sein wie vordem. Sein Porträt von Levy Dhurmer steht hier neben einer Partiturseite aus dem 2. Satz seiner berühmten Sechsten Sinfonie in F, der »Pastorale«.

Goethe über Beethoven: »Zusammengefaßter, energischer, inniger habe ich noch keinen Künstler gesehen«

Eins der frühen Porträts Ludwig van Beethovens aus der Wiener Zeit: 1792 wurde er Schüler von Joseph Haydn.

Die Szene ist bekannt: Beethoven hat 1804 die Arbeit an seiner Dritten Sinfonie beendet und auf das Titelblatt geschrieben: »Sinfonia grande intitolata Bonaparte del Sigre. Louis van Beethoven«. Er will die Sinfonie also Napoleon widmen. Wie viele Deutsche jener Tage – Klopstock etwa, Schiller, Hölderlin – hat er die Französische Revolution aus der Ferne bewundernd verfolgt und schließlich den Konsul Napoleon Bonaparte als Begründer einer neuen Republik begrüßt. Er ist enttäuscht, entsetzt, als Freunde kommen und ihm berichten, Napoleon habe sich zum Kaiser der Franzosen ausrufen lassen. Zornig radiert er den Namen des nun Verhaßten aus und poltert: »Nun wird auch er alle Menschenrechte mit Füßen treten, nur seinem Ehrgeiz frönen; er wird sich nun höher als alle andern stellen, ein Tyrann werden!«

Welch ein Auftritt! Kein Theaterdichter hätte ihn besser, dramatischer erfinden können. Und er ist wahr. Beethoven dachte, sprach, handelte immer so. Er lebte in der adligen Wiener Gesellschaft, seine Freunde waren Grafen, Fürsten, Erzherzöge, er lebte auch finanziell von ihrer Großzügigkeit: dennoch dünkte er sich ihnen jederzeit ebenbürtig, ja, er sagte ihnen ins Gesicht: Fürsten gebe es viele, aber Beethoven gebe es nur einen!

Er versuchte keineswegs sich ihnen anzugleichen. Er lief zumeist in schmutzigen Kleidern umher, er frisierte sich nicht, er lebte in Wohnungen, in denen er eigentlich nie jemanden empfangen konnte. Dennoch kamen die höchsten Herren des österreichischen Adels zu ihm, gab er den feinsten Komtessen und Gräfinnen neben unabgewaschenen Tellern und Tassen Klavierunterricht. Fast könnte man meinen, ein erster Hippie hätte sich in das Wien des beginnenden 19. Jahrhunderts verirrt und die vornehme Gesellschaft mit extravagantem Benehmen schockiert: diese Gesellschaft aber hätte ihn geduldet und gar gefeiert als jemanden, den man – nicht ganz ernst nahm.

In Wahrheit wurde Beethoven sehr ernst genommen, und manche seiner Zeitgenossen ahnten, daß sie es bei diesem Mann und seiner Musik mit etwas Neuem zu tun hatten. Dies war nicht mehr Haydn, nicht mehr Mozart. Und daß er auch so anders auftrat: rücksichtslos, maßlos von sich überzeugt, immer beleidigend wahrhaftig – das unterstrich nur das Andersartige und Neue.

Es war auch in seiner Musik zu hören, dieses Andersartige und Neue. Am 19. Dezember 1770 in Bonn geboren, vom Vater, einem Tenorsänger in der Hofkapelle des Erzbischofs von Köln, zum Wunderknaben ausgebildet, war er bereits mit 13 Jahren als Organist und Violinspieler angestellt. 1787 schickte ihn sein Erzbischof nach Wien, um bei Mozart Unterricht zu nehmen, 1792 übersiedelte er für immer nach Wien. Er war hier sehr bald berühmt und überall gesucht. In allen großen Häusern ging er ein und aus. Reiche Freunde honorierten ihm seine Kompositionen fürstlich, schöne Frauen huldigten seinem Genius.

Er nannte sich dennoch unglücklich. Er war erst 26 Jahre alt und begann – und dies als Musiker – taub zu werden. Es war schrecklich. Mit 32 Jahren schrieb er in seinem Testament, das erhalten geblieben ist: »Oh, ihr Menschen, die ihr mich für feindselig, störrisch oder misanthropisch haltet oder erkläret, wie unrecht tut ihr mir. Ihr wißt nicht die geheime Ursache von dem, was euch so scheinet. Mein Herz und mein Sinn waren von Kindheit an für das zarte Gefühl des Wohlwollens; selbst große Handlungen zu verrichten, dazu war ich immer aufgelegt. Aber bedenket nur, daß seit sechs Jahren ein heilloser Zustand mich befallen hat . . .«

Dieses Taubsein erklärt vieles in Beethoven: zumindest das Bizarre, Überspannte, Übertriebene seines Wesens. So klagte er oft über finanzielle Not, obgleich er, genaugenommen, durchaus wohlhabend war. Er stieß die besten Freunde vor den Kopf, um sie wenig später zerknirscht um Verzeihung zu bitten. Er beleidigte Menschen, die ihm halfen.

Das Taubsein zerstörte jedoch nicht seine Schaffenskraft. Fast scheint das Gegenteil eingetreten zu sein. Je mehr sich das äußere Gehör verschloß, desto mehr öffnete sich ihm das innere, und die Musik, die er in seinen ekstatischen Zuständen niederschrieb, wurde von Jahr zu Jahr großartiger. Er dachte immer wieder auch an Selbstmord oder erwartete, wenn ihn Krankheiten plagten – ein Leberleiden, Koliken, Rheumatismus, Wassersucht –, den Tod. Aber die Melodien, wie sie im Andante der Fünften Sinfonie oder im Violinkonzert aufklingen, wurden immer wunderbarer, und die Harmonien, die in den Streichquartetten die einzelnen Stimmen zusammenhalten, kamen aus unirdischen Regionen.

Als er, damals 17 Jahre alt, Mozart vorspielte, sagte dieser: »Auf den gebt acht, der wird einmal in der Welt von sich reden machen!« Er machte wirklich von sich reden. Sicherlich hatte er nicht immer und nicht nur Erfolg. Seine Oper »Fidelio« etwa wurde anfangs keineswegs anerkannt und setzte sich nur langsam durch. Dabei spielten äußerliche Gründe mit. Die erste Aufführung der Oper hatte am 20. November 1805 stattgefunden, Beethoven selbst hatte sie dirigiert. Aber nur eine Woche vorher war Wien von den Franzosen besetzt worden, kein glücklicher Umstand also. Als der »Fidelio« neun Jahre später anläßlich des Wiener Kongresses erneut aufgeführt wurde – jetzt saßen der Kaiser, der Zar von Rußland, der preußische König in den Logen –, war der Beifall so stürmisch, daß ihn auch der fast taube Beethoven wahrnahm.

In diesen Jahren traf Beethoven mit

Amalie Seebald (links Mitte). Ob sie Beethoven näherstand als andere Frauen, ist nicht gewiß. Es gibt einige warmherzige Briefe an sie; ob aber auch der leidenschaftliche Brief an die »Unsterbliche Geliebte« an sie gerichtet war, weiß niemand zu sagen. Auf seiner Reise nach Wien im Jahre 1787 durfte der damals 16jährige Beethoven dem großen Vorbild Mozart vorspielen (links). Der Meister sagte schließlich: »Auf den gebt acht, der wird einmal in der Welt von sich reden machen.« Unten: Beethovens Geburtshaus in der Bonngasse 20 zu Bonn am Rhein.

Der Schreibtisch Beethovens (oben): Neben Partituren und der Brille liegen Seiten aus den Konversationsheften und zwei der vielen Hörrohre, Zeugnisse der schrecklichen Schattenseiten dieses schweren Lebens. Mit 26 Jahren begann Beethoven taub zu werden. Nur mit Hilfe des Hörrohrs und später nur noch über schriftliche Mitteilungen konnte er mit den Mitmenschen verkehren und vereinsamte immer mehr. Rechts: Blick in einen der Räume des Beethoven-Museums in Bonn mit Erinnerungsstükken des Meisters und Instrumenten, auf denen er spielte.

Goethe zusammen, den er seit langem überschwenglich verehrte. Goethe notierte seinen Eindruck: »Zusammengefaßter, energischer, inniger habe ich noch keinen Künstler gesehen. Ich begreife recht gut, wie er gegen die Welt wunderlich stehen muß.«
Beethoven stand gegen die Welt auf seine Weise. Als ihnen im Park von Teplitz die Kaiserin mit ihrem Hofgefolge entgegenkam, sagte Beethoven zu Goethe: »Bleibt nur in meinem Arm hängen, sie müssen Platz machen, nicht wir.« Goethe aber dachte anders, er machte sich los und stellte sich mit gezogenem Hut an die Seite, indes Beethoven mit untergeschlagenen Armen mitten durch das kaiserliche Gefolge hindurchschritt. Er rückte kaum seinen Hut und freute sich, wie ihn die Herzöge freundlich und ehrerbietig grüßten. Als Goethe wieder zu ihm stieß, sagte Beethoven: »Auf Euch hab ich gewartet, weil ich Euch ehre und achte, wie Ihr es verdient, aber jenen habt Ihr zuviel Ehre angetan.«
Das ist Beethoven. Immer wieder wird dieser Zug sichtbar. Natürlich wäre es falsch, darin eine Art klassenkämpferischer Gesinnung zu sehen (auch hat Beethoven keine sehr hohe Meinung vom »Volk« gehabt), aber an der Bewahrung der eigenen Persönlichkeit lag ihm alles. Die Entdeckung des Sturm und Drang und danach der deutschen Klassik: daß der einzelne Mensch die Mitte des Universums sei, fand in Beethoven den glühendsten Bekenner, und seine Musik wurde der immer neue Ausdruck dieses Bekennens.
Die »Bagatelle«, op.33, Nr. 6, hat Beethoven mit der Bemerkung versehen: *con una certa espressione parlante,* zu deutsch: mit einem gewissen sprechenden Ausdruck. Das ist eine genaue Charakterisierung der Beethovenschen Musik: sie will sprechen. Dann und wann auch nur erzählen – wie in den pastoralen Land-

Zwei Zeichnungen von Joseph Daniel Böhm (um 1823), die Ludwig van Beethoven in seiner typischen Spaziergangshaltung zeigen. Rechts: Ein typisch Altwiener Hof in der Probusgasse in Döbling. Hier wohnte Beethoven, als er das »Heiligenstädter Testament« niederschrieb, dieses Dokument tiefster Verzweiflung des tauben Meisters, der an eine Heilung nicht mehr glauben konnte: »Oh, ihr Menschen, die ihr mich für feindselig, störrisch oder misanthropisch haltet, wie unrecht tut ihr mir. Ihr wißt nicht die geheime Ursache von dem, was euch so scheinet . . .«

schaftsbildern der Sechsten Sinfonie –, zumeist aber leidenschaftlich sprechen vom Leiden und Vergehen des Menschen oder vom Aufbegehren, vom Sichwehren, von diesem »Dem-Schicksal-in-den-Rachen-Greifen« (wie Beethoven in einem Brief sein eigenes Leben beschrieb). Gewiß, Beethoven überschreitet deswegen nicht die formalen Grenzen der Sonate, die sich die Musiker seiner Zeit geschaffen hatten, aber was dann in diesen und durch diese Formen geschieht, ist mehr als vorher gewagt worden war. Es geht nicht mehr – wie bei Bach – um ein Thema und seine Ausgestaltung im Gang der Fuge, es geht um das ganz andere Ereignis der Spiegelung: die Musik also als das Medium, in dem das menschliche Leben, auf seine verkürzte Formel gebracht, abläuft, aufwärts, abwärts – und oft genug kann man den Herzschlag hören oder, wie im Trauermarsch der »Eroica«, den fahlen Ausgang.

Seit diesen Tagen ist alle Musik anders geworden. Was Beethoven geschaffen hatte, war mehr als nur ein neuer Stil: es war die Einführung der menschlichen Existenz in das Tonreich. Er veränderte das Jahrhundert, und nach ihm konnte nichts mehr sein wie vordem.

Als er am 26. März 1827 starb, ging über Wien ein Gewitter nieder, was für diese Zeit ungewöhnlich war. Gegen 5 Uhr zuckte ein heftiger Blitz auf, dem ein betäubender Donnerschlag folgte. Noch einmal öffnete Beethoven die Augen und ballte die Faust. Dann war er tot.

Über 20000 Menschen folgten dem Sarg. Grillparzer hatte die Grabrede verfaßt: »Ein Künstler war er, aber auch ein Mensch, ein Mensch in jedem, im höchsten Sinne des Wortes...«

»Nur wer sich ein unverstelltes Verhältnis zur Musik selbst bewahrt hat, vermag zu ermessen, welche lösende, läuternde und befreiende Kraft von Beethoven ausgeht«, schrieb Klaus Mathias.

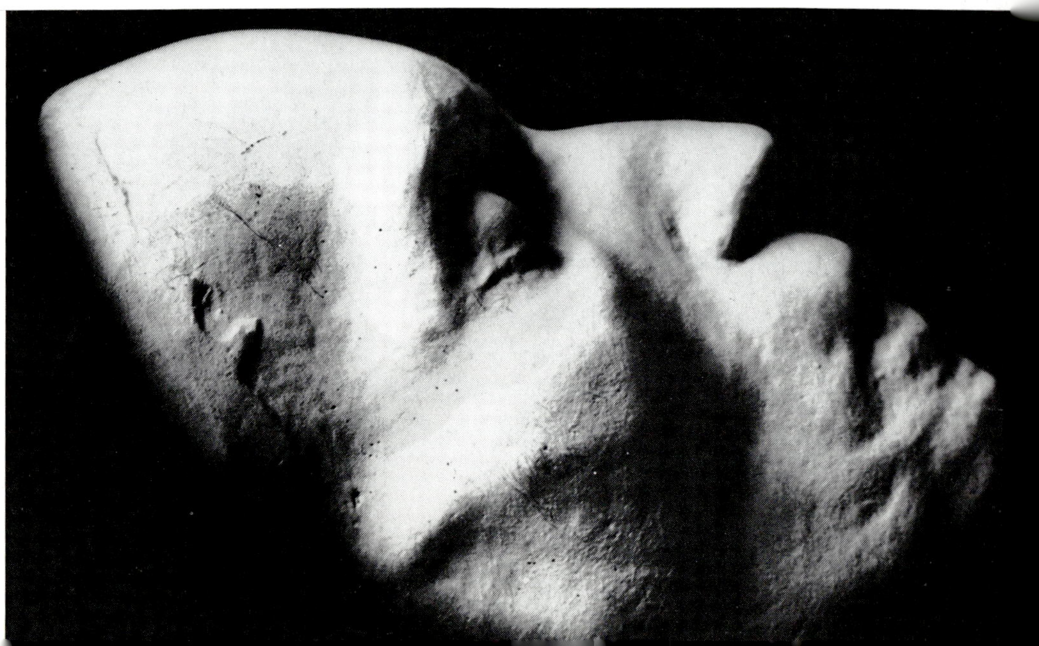

Am zweiten Tag nach dem Tode nahm der Bildhauer Josef Danhauser Beethovens Totenmaske ab (rechts). Das Gesicht war abgemagert, gezeichnet von den Schmerzen. Ganz rechts: Die letzten von Beethoven niedergeschriebenen Noten: prägnante Themen für eine nicht mehr realisierte Komposition.

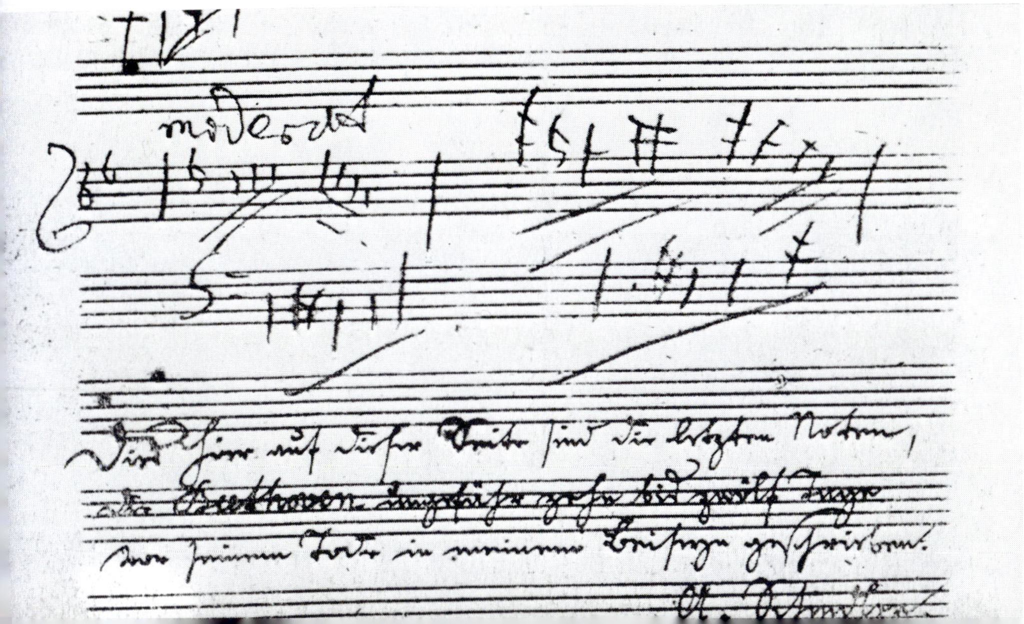

Mehr als 20000 Menschen folgten am 29. März 1827 dem Sarg Beethovens (oben), unter ihnen Schubert und Lachner, Raimund, Lenau und Grillparzer, das ganze musikalische und geistige Wien. Am Ende des unübersehbaren Zuges, den das Militär ordnen mußte, folgten mehr als hundert Equipagen, darunter mehrere des kaiserlichen Hofs. In Grillparzers Grabrede heißt es: »Kein niederdrückendes, ein erhebendes Gefühl ist es, zu stehen am Sarge des Mannes, von dem man sagen darf wie von keinem: Er hat Großes geleistet, und kein Tadel war an ihm.«

Faraday

Seine Großtat war die Entdeckung der Induktion

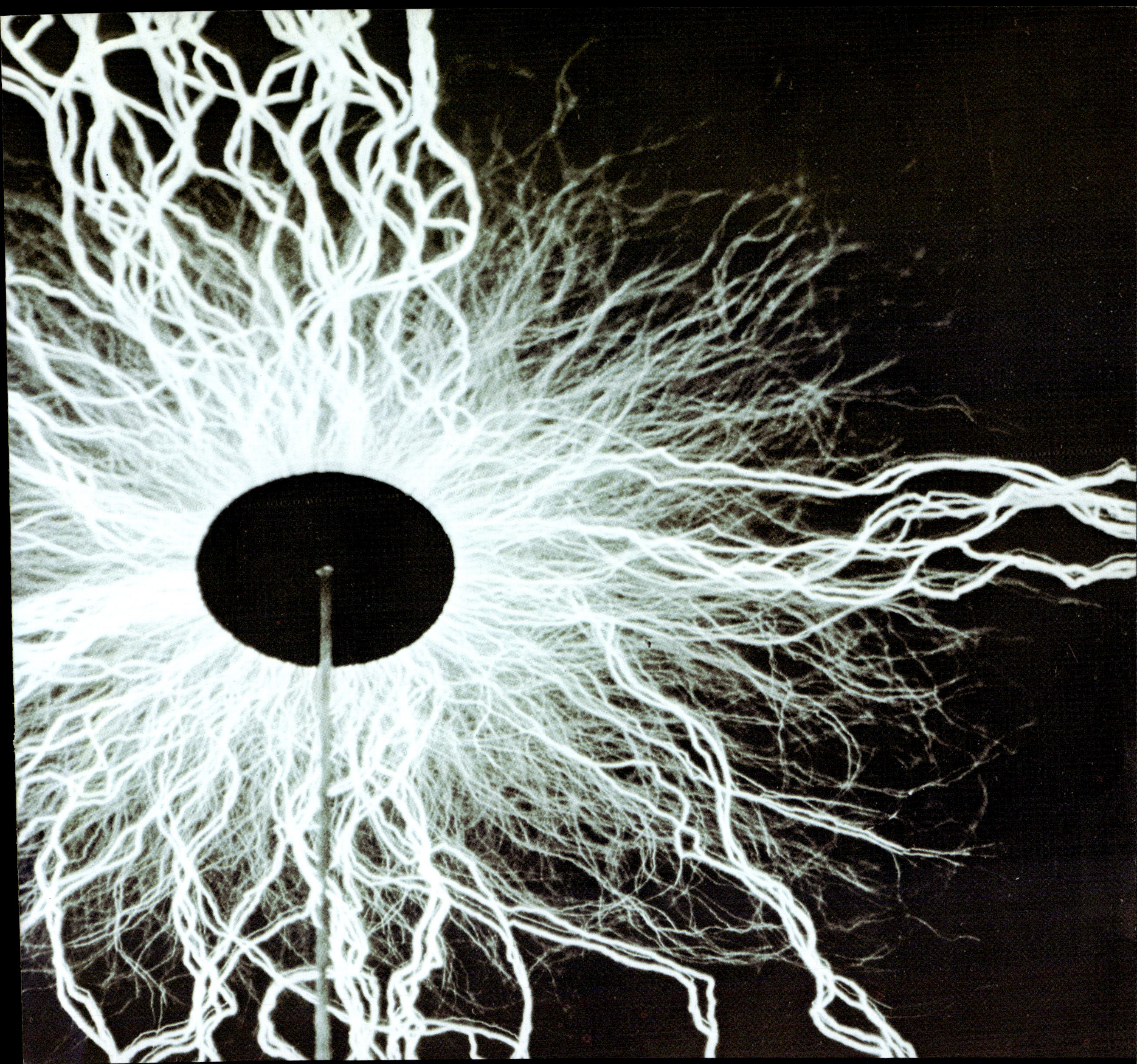

Der größte Tag des Michael Faraday (1791 bis 1867) war der 29. August 1831. An diesem Tag gelang ihm nach zehnjähriger Arbeit endlich der Nachweis, daß mit Hilfe von Magnetismus Elektrizität erzeugt werden kann. »Induktion« nannte er diesen Effekt, ohne den es keinen Elektromotor und keinen Generator geben würde. Neben dieser genialen Entdeckung werden Faradays sonstige Arbeiten leicht vergessen. Ihre Spannweite reicht von der Gasverflüssigung bis zu Blitzversuchen (oben).

Seine Versuche erstreckten sich auf alle Gebiete der Elektrizitätslehre

»The Royal Institution of Great Britain«, Englands berühmtes wissenschaftliches Institut, war zeitlebens Faradays Wirkungsstätte. Hier begann er 1813 als Davys Laboratoriumsgehilfe.

Dreizehn Jahre alt war er, als er sich in einem kleinen Buch- und Papierladen als Laufbursche und Zeitungsausträger verdingte. Er mußte mit seinem bescheidenen Verdienst zum Lebensunterhalt seiner Familie beitragen, die in bitterer Armut lebte. Sie gehörte der streng religiösen Gemeinde der Sandemanianer an. Sein Vater arbeitete in einer Schmiede.

Michael, am 22. September 1791 als drittes von vier Kindern in Newington Butts, einem kleinen Dorf bei London, geboren, hatte zwar die Dorfschule besucht, konnte dort aber nur lückenhafte Kenntnisse in Lesen, Schreiben und Rechnen erwerben. Dafür arbeitete er nun um so eifriger und unverdrossener bei seinem Buchhändler, der ihn ein Jahr später, im Oktober 1805, eine Lehrzeit als Buchbinder und Buchhändler beginnen ließ.

In dieser Umgebung entwickelte sich bei Faraday bald ein wahrer Lesehunger und ein noch größerer Wissensdurst. Besonders interessierten ihn naturwissenschaftliche Werke. So eignete er sich auf diesem Gebiet ein beachtliches Wissen an, das er noch zu erweitern trachtete, indem er 1812 vier populärwissenschaftliche Vorträge des Professors Sir Humphry Davy in der »Royal Institution« besuchte. Während der Vorträge von Sir Humphry hatte sich Faraday Notizen gemacht. Davon fertigte er nun eine Niederschrift, band die Blätter sorgfältig in Leder und schickte den kleinen Band an Davy mit der Bitte, ihm eine Anstellung bei der »Royal Institution« zu besorgen.

Viele Wochen vergingen, ohne daß etwas geschah; Davy war auf Reisen. Als er zurückkam, sprach er mit dem Verwalter der Institution, der meinte: »Laß ihn die Gläser waschen; taugt er, so wird er das gerne tun; lehnt er ab, so taugt er nicht.«

Michael Faraday wusch Gläser mit der Hingabe, mit der er sein Leben lang alles tat, und am 1. März 1813 wurde er als Laboratoriumsassistent der Royal Society für 25 Shilling im Monat angestellt.

Es blieb nicht lang beim Gläserwaschen und bei der Pflege der Apparate. Bald half er Davy bei seinen Experimenten und begann mit eigenen Versuchen. So wollte er Schwefel aus Kohle absondern, aber dabei wurde die ganze Umgebung derart verpestet, daß er den Versuch aufgeben mußte. Dann aber begann die Reihe seiner epochemachenden Erfolge. Als er 1825 Laboratoriumsdirektor wurde, hatte er bereits das Benzol entdeckt, den Ausgangsstoff zahlloser Anilinfarben, heute einer der wichtigsten Treibstoffe. 1823 gelang ihm die Verflüssigung des Chlorgases. Er machte grundlegende Versuche zur Verflüssigung von Kohlensäure, Ammoniak und anderen Gasen unter Kälte und Druck. Er formulierte das elektrolytische Grundgesetz, entdeckte das Butylen und verbesserte Stähle durch Legierung. Auch die Verbesserung optischer Gläser ist ihm zu danken.

Diese Entdeckungen wären genug, um Faraday einen ehrenvollen Platz unter den großen Naturforschern zu sichern. Aber sie werden – zu Unrecht – überschattet von seiner spektakulärsten Leistung: der Entdeckung der elektromagnetischen Induktion.

Die Experimente von Oersted (1777 bis 1851) und Ampère (1775 bis 1836) hatten gezeigt, daß Elektrizität Magnetismus erzeugt: die Magnetnadel schlägt im Bereich elektrischer Ströme aus. Faraday ahnte, daß auch die Umkehrung dieses Experiments möglich sein müßte, daß also durch Magnetismus Elektrizität erzeugt werden könne. Aber der Nachweis wollte ihm trotz zahlloser gewissenhafter Experimente nicht gelingen, zumal die ihm zur Verfügung stehenden Meßgeräte noch nicht sehr empfindlich reagierten.

Zehn Jahre hatte er ohne wesentlichen Erfolg an dem Problem gearbeitet, bis ihm am 29. August 1831 das entschei-

Faraday in seinem Laboratorium (links), in dem ihm neben vielen anderen, nicht minder wichtigen Forschungsergebnissen am 29. August 1831 das entscheidende Experiment gelang, durch das er die Existenz des Elektromagnetismus beweisen konnte. Auf seiner Entdeckung beruht die spätere Erfindung von Generator und Elektromotor. Bild unten: In einem Museum besichtigen englische Schüler einen der Elektromagneten, die Michael Faraday bei Versuchen zum Nachweis des Elektromagnetismus und bei seiner Erforschung der Induktion verwendet hat.

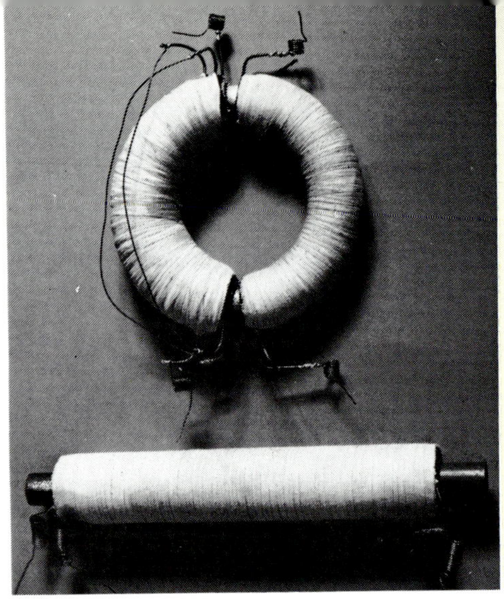

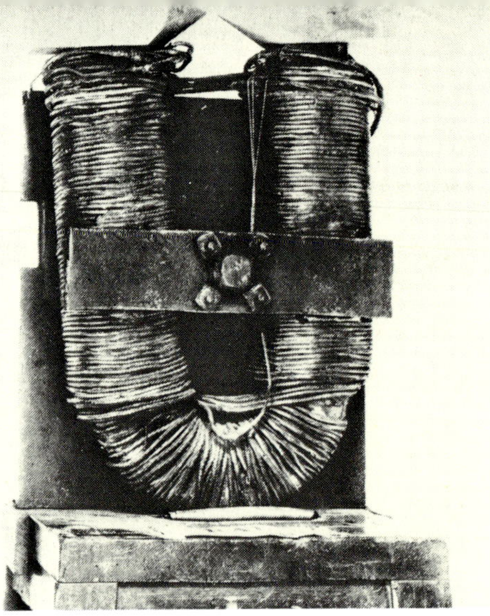

Auf einem Weicheisenring mit 15 Zentimeter Durchmesser hatte Faraday zwei getrennte Drahtwicklungen angebracht (ganz links). Wenn durch die eine Spule Strom floß, wurde der Eisenring magnetisiert und erzeugte seinerseits einen Stromfluß in der zweiten Spule: Das Prinzip der elektromagnetischen Induktion war gefunden und zugleich die Urform des Transformators. Das linke Foto zeigt eine größere Versuchsanordnung Faradays zum Nachweis der Induktion.

dende Experiment gelang: Er hatte auf einem Weicheisenring – 15 Zentimeter im Durchmesser und 2 Zentimeter dick – zwei voneinander isolierte Drahtwicklungen angebracht; die eine verband er mit einer Volta-Batterie, die andere mit seinem Galvanometer. Als er den Stromkreis schloß, schlug die Magnetnadel aus und blieb ruhig stehen, solange der Strom floß. Schaltete er den Strom ab, schlug die Nadel in der andern Richtung aus. Der Strom hatte also den Eisenring magnetisiert, und dessen Magnetfeld hatte in dem stromlosen Leiter Elektrizität erzeugt, das heißt: induziert. Aber warum nur im Augenblick des An- und Abschaltens? Eine veränderte Versuchsanordnung brachte ihn schließlich weiter: um ein Eisenrohr wickelte er spulenartig einen langen Draht und verband dessen Enden mit seinem Stromanzeiger. Als er nun einen Stabmagneten in das Rohr schob, schlug die Nadel aus, allerdings nur beim Hin- und Herschieben des Magneten, nicht, wenn er still im Rohr steckte. Damit wurde ihm klar: Strom entsteht in der Spule nur, wenn sie magnetische Kraftlinien schneidet; nicht das ruhende Magnetfeld erzeugt Strom, sondern das bewegte. Den letzten Beweis lieferte er, als er eine Kupferscheibe zwischen den Polen eines Kupfermagneten rotieren ließ: das zwischen zwei über die Scheibe streichende Kollektorbürsten geschaltete Galvanometer zeigte Stromfluß an. Das Urmodell des Generators war gefunden. Und ein gerader Weg führte vom ersten Ausschlag des Faradayschen Stromanzeigers zu dem 1866 von Siemens erfundenen Dynamo und zum Elektromotor. Hochgeehrt von seiner Mitwelt starb der geniale Denker und Forscher Michael Faraday am 25. August 1867 in seinem ihm von Königin Viktoria zur Verfügung gestellten Haus in Hampton. Ohne sein Wirken wäre die moderne Energiewirtschaft nicht vorstellbar.

In eine allseitig geschlossene Hülle aus Blech oder Eisendraht kann kein äußeres elektrisches Feld eindringen; es wird lediglich auf der Hülle eine Ladung induziert. Wer in einer solchen Hülle, dem »Faradayschen Käfig«, sitzt, ist z.B. vor einem Blitzeinschlag sicher. Auf der linken Seite unten das Modell eines Faradayschen Käfigs im Deutschen Museum in München. Auch ein Flugzeug oder ein Automobil (links) wirkt wie ein Faradayscher Käfig. Unten: Auch dieser riesige Turbogenerator stammt in direkter Linie von Michael Faradays Experimenten ab.

Liebig

Seine Ideen waren bahnbrechend für die Ernährung

Der größte Chemiker seiner Zeit, Justus von Liebig (1803 bis 1873), begründete die organische und die Agrikulturchemie. Schon mit 21 Jahren wurde er Professor. Seine Laboratorien in Gießen machte er zum Mekka der Chemiker aus aller Welt. Unter seinen Schülern waren allein 30 Nobelpreisträger. Der von ihm erforschten und erprobten Mineraldüngung ist es zu verdanken, daß heute mehr Menschen auf der Welt ernährt werden können als vor hundert Jahren – ein Erfolg der Liebigschen Chemie.

Nur der Mineraldünger Liebigs macht es möglich, die Menschheit zu ernähren

Erst 21 Jahre war Liebig alt (rechts), als er an der Universität von Gießen Professor der Chemie wurde. Alexander von Humboldt hatte ihn in Paris kennengelernt und dem Großherzog von Hessen in einem Brief mit den prophetischen Worten empfohlen: »Er wird dem Vaterland Ehre machen!« In Gießen war Liebig bis 1852 tätig.

Selten hat ein Mensch eine so große und nicht mehr meßbare Wirkung auf die Welt gehabt wie Justus von Liebig. Er hat sie größer gemacht, fruchtbarer, erntenreicher. Ohne seine Erkenntnisse über die chemische Düngung könnte heute mehr als die Hälfte der Menschheit nicht existieren.

Er hatte schon als Knabe mit den Drogen und Chemikalien experimentiert, die der Vater in seiner Materialienhandlung verkaufte. Als er dann eines Tages einem fahrenden Wundermann auf dem Jahrmarkt die Herstellung des Knallsilbers absah und versuchte, das explodierende Zeug selbst herzustellen, hätte er um ein Haar die Schule, in der er den Versuch zum Gaudium der Mitschüler veranstaltete, in die Luft gesprengt. Statt dessen flog *er* von der Schule, worüber er allerdings nicht unglücklich war. Er konnte dem langweiligen Latein nichts abgewinnen. Die gleiche Explosion ereignete sich auch, als er danach zu einem Apotheker in die Lehre kam: wieder knallte es und flog der Lehrling Liebig an die Luft.

Zum Glück hatte er einen einsichtigen Vater, der ihn jetzt auf die Universität Bonn schickte (was damals auch ohne Abitur noch möglich war). Er wollte Chemie studieren, eine noch in den Anfängen steckende Wissenschaft. Und da er Gönner fand, die sein Genie erkannten, darunter der Großherzog von Hessen, schickte man ihn drei Jahre später zur Vollendung seiner Studien nach Paris, in das Zentrum der Naturwissenschaften.

Hier knallte das Knallsilber zum dritten Mal, allerdings in geregelten chemischen Experimenten, die der Student Liebig zusammen mit dem berühmten Professor Gay-Lussac durchführte. Als Gay-Lussac die Ergebnisse dieser Arbeiten vor der Akademie der Wissenschaften selbst vortrug, lernte Liebig den nicht weniger berühmten Alexander von Humboldt kennen, der dem Großherzog von Hessen alsbald schrieb, er solle diesen jungen Mann so schnell wie möglich zum Professor ernennen: »Er wird dem Vaterlande Ehre machen!« Mit 21 Jahren wurde Liebig tatsächlich Professor in Gießen.

Damit beginnt eine Tätigkeit, die die großartigsten Folgen hatte. Liebig baute das erste chemische Laboratorium für Studenten auf, also für Lehr- und Ausbildungszwecke, das bald die besten Chemiker aus der ganzen Welt nach Gießen zog. Nach und nach trat dieses kleine Gießen an die Stelle von Paris und wurde der Mittelpunkt des chemischen Fortschritts. Dreißig Nobelpreisträger haben bei Liebig studiert und seinen Ruhm begründet, der erste Chemiker der Zeit zu sein. Wenig später besaß Deutschland die größten und bedeutendsten Chemiewerke der Welt.

Es ist unmöglich, alles aufzuzählen, was Liebig entdeckt, geschaffen, aufgebaut hat. So wurde in seinem Laboratorium das Chloroform entwickelt, das als Narkosemittel der Chirurgie ganz neue Wege eröffnete. Etwas gänzlich anderes war der schnell weltberühmt gewordene Fleischextrakt, der andeutet, wie sehr Liebig auch an die praktische Anwendung der neuen chemischen Erkenntnisse dachte. Der Namenszug auf den kleinen gelb-roten Fleischextrakt-Dosen wurde weltbekannt.

Die wichtigste und folgenreichste Entdeckung Liebigs war jedoch in folgendem Satz enthalten, den er 1840 niederschrieb: »Den Menschen und Tieren bieten pflanzliche Organismen, also organische Verbindungen, die Mittel zu ihrer Ernährung und Erhaltung. Die Quellen der Nahrung der Pflanzen liefert dagegen ausschließlich die anorganische Natur.«

Uns heute ist selbstverständlich, daß man dem Ackerboden die Stoffe zurückgeben muß, die ihm die Pflanzen entziehen. Zu Zeiten Liebigs glaubte man jedoch noch, daß lediglich Humus und Stalldung die

Justus von Liebig im Kreis seiner Freunde (links); unter ihnen, links stehend, Friedrich Wöhler, der große Göttinger Chemiker, der u.a. das Aluminium, das Silicium und die Harnstoffsynthese entdeckte. Liebig sitzt rechts am Tisch. Unten: Liebigs chemisches Laboratorium in Gießen (um 1845), das erste seiner Art und bald so berühmt, daß es die Chemiker aus der ganzen Welt anzog. Im Verlauf der Jahre wurden dreißig Schüler Liebigs – nicht nur deutsche – mit dem Nobelpreis geehrt. Auch die Form des Chemiestudiums geht auf Liebigs Anregungen zurück.

Liebig mit seiner Frau Jettchen und den Söhnen Hermann und Georg, den Töchtern Agnes und Nanny (links). Unten: Modernes Düngemittelsilo bei der BASF in Ludwigshafen. Die Weltproduktion allein bei Stickstoffdünger stieg auf über 30 Millionen Tonnen, eine Menge, die, obgleich schon riesig, sich noch wird vervielfachen müssen, um das zu erreichen, was etwa in Deutschland erreicht wurde: eine Vervierfachung der Ernteerträge im Verlauf von hundert Jahren. Nur so kann die immer noch wachsende Bevölkerung auch in Zukunft ernährt werden.

Nahrungsquellen der Pflanzen seien. Die Bauern lachten über den chemischen Dünger des Professors, der sich in Sachen mischen wollte, von denen er nichts verstand.

Es kam zu einem jahrelangen Krieg zwischen Anhängern der Mineraldüngung und den »Humisten«. Auch Rückschläge gab es. Den schlimmsten hatte Liebig selbst verursacht. Er war des Glaubens gewesen, Regen wüsche im Boden Kalisalze aus. Daher hatte er für seinen »Patentdünger« besondere Verbindungen entwickelt, die unlöslich waren. Gerade das aber war falsch. Die Pflanzen vermochten unlösliche Verbindungen nicht aufzunehmen, Liebigs Vorschläge waren also offensichtlich unbrauchbar.

Als er allerdings nach einigen Jahren diesen Irrtum erkannte – er fand heraus, daß die Ackerkrume die zur Ernährung der Pflanze nötigen Stoffe anzuziehen und festzuhalten vermag –, konnte nichts mehr den Siegeszug der künstlichen Düngung aufhalten. Liebig hatte gegen Ende seines Lebens viele Ehrungen erfahren. 1845 wurde er geadelt, 1851 verlieh ihm Preußen den Orden »Pour le Mérite«, 1852 wurde er vom König von Bayern nach München berufen. Auch das Ausland, besonders England, überhäufte ihn mit Ehrenbürgerschaften und Orden. Seine schönste Ehrung widerfuhr ihm jedoch von der »Versammlung der deutschen Land- und Forstleute«, die ihm 1869, vier Jahre vor seinem Tod, durch die Stiftung der Liebig-Medaille die endliche Anerkennung seiner wissenschaftlichen Arbeit zollte: Nämlich daß er die Basis dafür geschaffen hatte, die Ernteerträge des Bodens zu verdoppeln, zu verdrei-, zu vervielfachen. Eine sehr nüchterne Angelegenheit! Aber ein Professor der Chemie hatte damit mehr vollbracht als hundert Generale und Staatsmänner seiner Zeit: Er hatte nichts zerstört, aber Millionen von Menschen Brot gebracht.

Französisches Plakat (links) aus dem vorigen Jahrhundert für Liebigs Fleischextrakt, das schnell weltberühmt gewordene Produkt, das Liebig bei seinem Streben, die menschliche Ernährung auf Grund chemischer Erkenntnisse zu verbessern, in seinem Labor entwickelte. Rechts die Totenmaske Justus von Liebigs (1873).

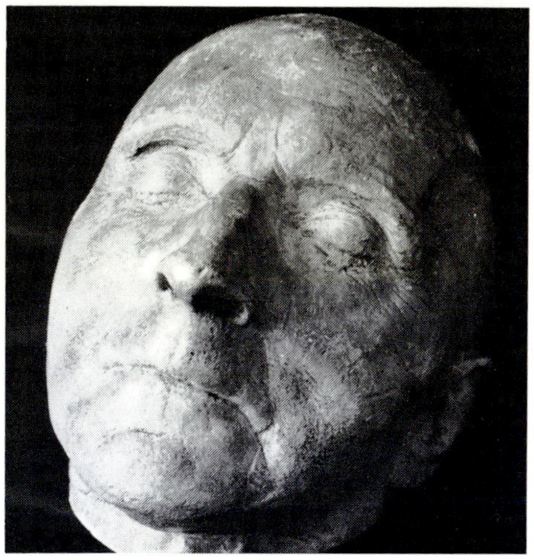

Darwin

Der Schöpfer der modernen Evolutionstheorie

Mit 22 Jahren startete Charles Darwin (1809 bis 1882) zu seiner ersten Forschungsreise. Sie führte ihn auf die Galapagos-Inseln, in jenes berühmte »Laboratorium der Stammesgeschichte«, wo sich viele Tierarten, darunter Leguane (Bild), unbeeinflußt entwickelt haben. Hier sammelte er erste Eindrücke, die sich später zu seiner berühmten »Evolutionstheorie« verdichteten: Alle Lebewesen haben sich aus einfachen Urformen entwickelt. Dabei gilt der Kampf ums Dasein als hartes Auswahlprinzip.

Erst Zierde des Faches, dann Stein des Anstoßes und öffentliches Ärgernis

Mit seinem Buch »Über die Entstehung der Arten« brachte Darwin (rechts ein Bild aus jungen Jahren) Dogmen und Lehrgebäude zum Einsturz.

Eine englische Idylle aus dem 19. Jahrhundert in Down bei Beckenham, Grafschaft Kent, nahe London: In einem anmutigen Landhaus, erworben 1842, mit reizvoller Umgebung, lebt die angesehene und begüterte Familie Dr. Charles Darwin in glücklicher Harmonie. Der Hausherr, liebenswürdig und allseits geachtet, ist Privatgelehrter, Biologe, Gärtner und Landwirt.

Schon sein Großvater Erasmus war Naturforscher, Arzt und wegen seiner Gedichte, in denen er Wissenschaft und Poesie verband, bei einem breiten Publikum geschätzt. Mit seinen progressiven Ideen allerdings, z. B. von der Entwicklung aller Warmblüter aus einem lebenden Keim, mochte man ihn – 1794 – nicht ganz ernst nehmen. Ein bekannter Arzt war auch der Vater, dem der Sohn Charles, geboren am 12. Februar 1809, allerdings zu einiger Sorge Anlaß gab: intelligent zwar, aber recht lustlos in der Schule und später auch zum Studium der Medizin.

Dann also, so verfügte der Vater, möge er es mit Theologie versuchen – in Gottes Namen gewissermaßen und weil er jedenfalls an die Dogmen der anglikanischen Kirche glaubte. Schließlich widmete sich Charles dann doch stärker den Naturwissenschaften und beschloß seine Studien 1831 in Cambridge. Sodann nahm er an einer wissenschaftlichen Forschungsreise nach Südamerika teil. Mit dem Segelschiff »Beagle« war er von 1831 bis 1836 unterwegs. Von überall her brachte er wissenschaftliche Beobachtungen, vor allem aber reiche Fossiliensammlungen mit.

Dies alles wurde nun in der ländlichen Stille von Down aufgearbeitet und fleißig publiziert. Darwin befaßte sich mit der Befruchtung von Orchideen durch Insekten, er wies den Einfluß nach, den die Erdwürmer auf die Fruchtbarkeit des Bodens haben, berichtete über die Bildung von Atollen.

Der milde Schein dieser beschaulichen Gelehrten-Idylle trügt indes. Immer wieder kehrte Darwin zu einer Frage zurück, die sein biologisches Weltbild beunruhigte. Die Antwort, die er vorbereitete, sollte bald eine Detonation der wissenschaftlichen und der gesamten öffentlichen Meinung auslösen, die bis in unsere Tage nachhallt.

Nach herrschender wissenschaftlicher, vor allem aber kirchlicher Lehre waren alle Formen des Lebens, Pflanzen, Tiere, der Mensch, unabhängig voneinander entstanden, individuelle, unveränderliche Schöpfungen von Anfang an. Waren aber zum Beispiel Käfer voll ausgewachsen oder als Larven geschaffen worden? Wie sollte man sich Züchtungsergebnisse bei Pflanzen und Tieren erklären? Wie verhielt es sich mit den Ähnlichkeiten zwischen den heute noch lebenden kleinen Ameisenbären und einer ausgestorbenen Tierart in der Größe eines Pferdes, von der Darwin bei seiner Reise einen fossilen Schädel gefunden hatte? Warum starben überhaupt ganze Tierarten aus?

Darwin war nicht der erste, den die Frage beschäftigte, ob nicht Entwicklung und Veränderlichkeit die wesentlichen Kennzeichen des Lebendigen seien.

Aber alle bisher zum Teil nur vage vorgebrachten Thesen hatten bei den Zeitgenossen keinen Widerhall gefunden. Bei Darwin selbst sprang der auslösende Funke über, als er, mehr zufällig, eine Publikation des englischen Nationalökonomen Thomas Malthus (1766 bis 1834) las. Malthus vertrat darin die Meinung, die Menschen würden irgendwann die Erde überfluten, wenn ihrem Zuwachs nicht durch Hunger, Krankheit und Krieg Einhalt geboten werde. Das war es, was der Biologe Darwin nun erkannte: der Daseinskampf selbst hatte als Auswahlprinzip zu gelten. »Auf einmal«, so notierte er, »wurde mir klar, daß unter diesen Umständen bevorzugte Arten alle

Nach bestandenem Examen nahm Darwin von 1831 bis 1836 an einer Forschungsreise teil. Mit dem Segelschiff »Beagle« (links) gelangte er über Brasilien und Feuerland bis zu den Galapagos-Inseln. Dieses von Menschen unberührte Tierparadies (rechts ein Fregattvogel, unten eine Seelöwenkolonie) mit seinen zum Teil seltenen oder andernorts gar nicht vorhandenen Arten ist bis heute ein Anziehungspunkt für Naturforscher aus aller Welt geblieben. Darwin brachte von seiner Reise zahlreiche Funde mit, die seine wissenschaftlichen Vermutungen nährten und bestätigten.

Voraussetzungen mitbringen, erhalten zu werden, benachteiligte Arten dagegen ausgerottet werden.« Überleben, heißt es dazu bei dem englischen Naturphilosophen Spencer, wird der, der am besten in seine Umwelt paßt.
Darwin hatte Grundgesetze der biologischen Entwicklung, der »Evolution«, gefunden. Danach haben sich alle Lebewesen im Laufe von Millionen von Jahren aus einfachsten Urformen entwickelt, ihre Organe immer weiter verfeinert, wobei es – wie man später entdeckte – immer wieder »Mutationen«, zufällige, sprunghafte und richtungslose Änderungen der Erbmerkmale, gab, so daß immer neue, eigenständige Arten entstanden – bis hin zum Menschen, der, auf eine ferne Zukunft gesehen, keineswegs den Höhe- und Schlußpunkt der Entwicklung bilden muß.
Darwin war sich der Tragweite seiner Erkenntnisse bewußt. Aber er war kein Aufrührer, behielt wie Kopernikus seine Beobachtungen lange für sich. Zu einer Veröffentlichung entschloß er sich erst, als ihm ein Fachkollege, Alfred Wallace, sein Manuskript vorlegte, in dem er ganz ähnliche Auffassungen vertrat.
Aber immer noch war er vorsichtig. Der Schlußsatz seines 1859 erschienenen Werkes »Über die Entstehung der Arten« lautet: »Viel Licht wird auf den Ursprung des Menschen und seine Geschichte geworfen werden.« Das war schon deutlich genug. Höchste kirchliche und wissenschaftliche Autoritäten empörten sich. Der Schimpanse als Urahn des Menschen: das mußte die »Krone der Schöpfung« als Provokation ihres Selbstbewußtseins empfinden. Aber die Darwinsche Lehre verbreitete sich rasch. Sie fand noch zu seinen Lebzeiten – er starb am 19. April 1882 – zunehmend Befürworter, und bis heute werden in der Biologie Stück um Stück weitere Nachweise für die Richtigkeit seiner Theorien geführt.

Im Londoner Naturgeschichtlichen Museum wurde Darwin ein mächtig wirkendes Marmordenkmal errichtet (oben). Es zeigt den großen Sohn des Landes inmitten der zahlreichen Ausstellungsstücke aus Tier- und Pflanzenwelt. Seine Grabstätte befindet sich in der Westminster-Abtei, wo auch Newton, Watt und Lord Kelvin beigesetzt wurden. Vor den Ruhm als großer Neuerer hatten die Götter der konventionellen Wissenschaft und Theologie bei Darwin zunächst heftigen Widerspruch, Kritik und Spott gesetzt.

Die Galapagos-Inseln (links), ein vulkanischer Archipel im Pazifischen Ozean auf der Höhe des Äquators, machten auf Darwin zunächst einen trostlosen Eindruck. Die »erbärmlich aussehenden Kräuter« erschienen ihm wie ein englischer Eichenhain im Winter. Aber gerade hier machte er Entdeckungen, die für seine Studien von größter Bedeutung wurden: Zahlreiche Arten von Meeresfischen, Landmuscheln und Vögeln waren bis dahin völlig unbekannt und nirgendwo sonst verbreitet. Für ihn wurden sie zu Bausteinen der Evolutionstheorie.

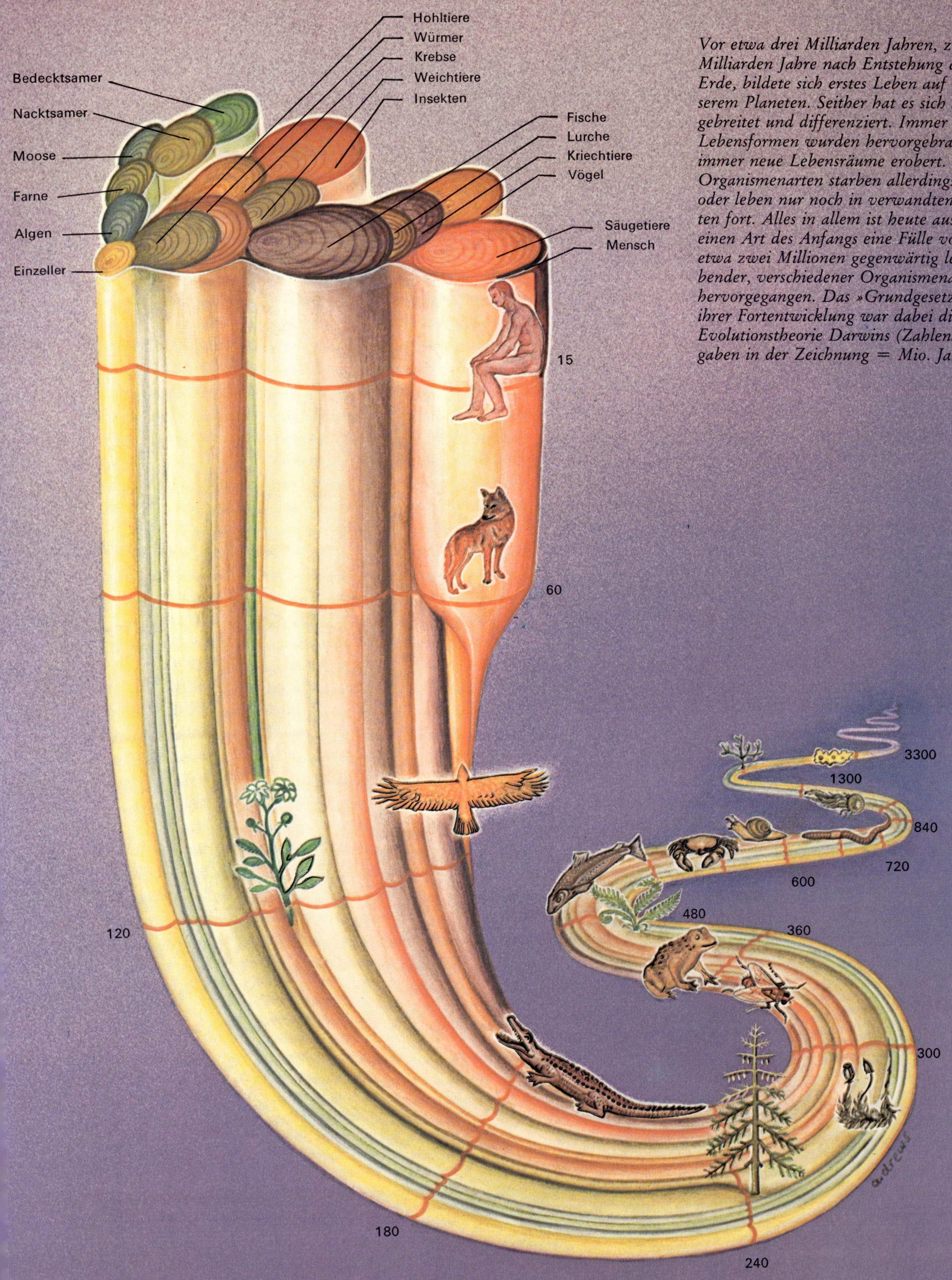

Vor etwa drei Milliarden Jahren, zwei Milliarden Jahre nach Entstehung der Erde, bildete sich erstes Leben auf unserem Planeten. Seither hat es sich ausgebreitet und differenziert. Immer neue Lebensformen wurden hervorgebracht, immer neue Lebensräume erobert. Viele Organismenarten starben allerdings aus oder leben nur noch in verwandten Arten fort. Alles in allem ist heute aus der einen Art des Anfangs eine Fülle von etwa zwei Millionen gegenwärtig lebender, verschiedener Organismenarten hervorgegangen. Das »Grundgesetz« ihrer Fortentwicklung war dabei die Evolutionstheorie Darwins (Zahlenangaben in der Zeichnung = Mio. Jahre).

Bismarck

Der Kanzler formte das zweite Deutsche Reich

Otto von Bismarck (1815 bis 1898), aus märkischem Uradel stammend, gilt als der ritterliche Vasall seines Königs, der mit brutaler Gewalt und junkerhafter Selbstherrlichkeit, aber auch mit weitsichtiger Klarheit und kristallklarem Verstand sein Ziel erreichte, Preußen zum machtvollsten deutschen Staat und Deutschland zur beherrschenden Einheit in Europa zu machen. Einer der Höhepunkte seiner Laufbahn war die Ausrufung König Wilhelms von Preußen zum deutschen Kaiser in Versailles (oben).

»Sein« Reich überlebte als Republik den Ersten Weltkrieg; am Nationalsozialismus zerbrach es

Das Wirken Bismarcks hat in der Geschichte, und nicht nur in der deutschen, tiefe Spuren hinterlassen. Die Diskussion darüber ist nach hundert Jahren nicht verstummt. Vom verhaßten Gewaltpolitiker über den Realpolitiker und »Ehrlichen Makler« zum Nationalhelden, »Eisernen Kanzler« und »Schmied des Reiches« spannt sich der Bogen seiner Bewertungen. Weit über sechstausend Publikationen zählt die Bismarck-Literatur, und sie ist keinesfalls abgeschlossen.

Am 1. April 1815 wurde Otto von Bismarck in Schönhausen in der Altmark geboren. Er entstammte einem urmärkischen Adelsgeschlecht; seine Mutter kam aus einer bürgerlichen Gelehrtenfamilie. Nach dem Jurastudium war er kurze Zeit im Staatsdienst tätig, bewirtschaftete aber dann über ein Jahrzehnt sein pommersches Rittergut, weil ihn die »trockene Aktenarbeit« nicht ausfüllte. Seine politische Laufbahn begann er 1847 als streng konservativer Abgeordneter im Vereinigten Landtag. Schon hier setzte er sich gegen alle liberalen Tendenzen heftig zur Wehr. Er verleugnete niemals seine preußisch-monarchische Denkweise. Vom Paulskirchenparlament von 1848/49 hielt er nichts.

Als er 1851 als Gesandter Preußens nach Frankfurt am Main an den Deutschen Bundestag ging, spottete die satirische Zeitschrift »Kladderadatsch«: »Der Herr von Bismarck-Schönhausen werde dort schön hausen.« Doch erwies sich dieser »Krautjunker« aus der Mark in den zehn Jahren seiner Diplomatenlaufbahn in Frankfurt, Petersburg und Paris bald als ein Meister der diplomatischen Kunst. Seine Berufung zum preußischen Ministerpräsidenten durch den König erfolgte 1862 zu einem Zeitpunkt, in dem der Konflikt um die Heeresreform zwischen Wilhelm I. und den Abgeordneten seinem Höhepunkt zustrebte. Bismarck regierte diktatorisch gegen den Landtag, die

Als Gesandter beim Deutschen Bundestag in Frankfurt am Main bemühte sich Otto von Bismarck (oben) um eine realistische, bewegliche preußische Politik, wofür er nicht immer die Zustimmung des Berliner Hofes fand. Nach Ansicht seiner Frau, der pommerschen Gutsbesitzerstochter Johanna von Puttkamer, mit der er seit 1847 verheiratet war (oben Mitte), verlebte das Ehepaar in der Mainmetropole die glücklichste Zeit seiner Ehe – nicht in Berlin.

In dem rechten Bild »Nach der Schlacht von Sedan« hat der Maler C. Steffeck Bismarck als die zentrale Figur des Geschehens herausgestellt. Was sich in diesem Augenblick vor ihm abspielt, ist das Ergebnis seiner Politik. Der französische General Reille übergibt als Parlamentär König Wilhelm ein Handschreiben Napoleons III.: »Nachdem es mir nicht vergönnt war, in der Mitte meiner Truppen zu sterben, bleibt mir nichts mehr übrig, als meinen Degen in die Hände Ew. Majestät niederzulegen. Ich bin Ew. Majestät guter Bruder Napoleon. Vor Sedan am 1. September 1870.« – Hinter Bismarck stehen die beiden führenden preußischen Militärs Moltke und Roon und (links mit Mütze) Kronprinz Friedrich.

Am 7. Mai 1866, fünf Wochen vor Beginn des preußisch-österreichischen Machtkampfes, verübte ein junger Mann namens J. F. Cohen Unter den Linden in Berlin auf den preußischen Ministerpräsidenten ein Attentat (links), bei dem dieser nur leicht verletzt wurde. Die Politik Bismarcks stieß damals in der Bevölkerung weitgehend auf Unverständnis und Ablehnung.

Presse und die öffentliche Meinung, aber auch gegen den liberal denkenden Kronprinzen Friedrich. Erst 1867 machte er seinen Frieden mit dem Parlament, indem er sich zum Verfassungsstaat bekannte und die Abgeordneten nachträglich den vorher geleisteten Staatsausgaben zustimmten.

Bismarcks außenpolitisches Ziel, dessen Verwirklichung er nach seiner Amtsübernahme konsequent anstrebte, war die Beendigung des österreichisch-preußischen Dualismus durch Herausdrängen der Habsburger aus Deutschland und die Schaffung eines deutschen Bundesstaates unter der Führung Preußens. Die drei Kriege, für die er die Verantwortung trug, dienten allein diesem Ziel: 1864 der Österreichisch-Preußische Krieg gegen Dänemark um Schleswig-Holstein; 1866 der »deutsche Bruderkrieg«; 1870/71 der Deutsch-Französische Krieg. Nach Österreichs Niederlage von Königgrätz setzte Bismarck durch, daß es von Gebietsabtretungen verschont blieb und in seiner Ehre nicht verletzt wurde. Er sah in ihm bereits den Bundesgenossen der Zukunft.

Diese glückliche Hand hatte er gegenüber Frankreich nicht. Zwar gelang es ihm durch geschicktes Lavieren, daß die Kriegserklärung durch Napoleon III. ausgesprochen wurde, doch die Annexion Elsaß-Lothringens stand einem Ausgleich mit dem großen westlichen Nachbarn immer im Wege. Die Gründung des deutschen Bundesstaates mit dem Preußenkönig als deutschem Kaiser am 18. Januar 1871 in Versailles war ein Meisterstück Bismarckscher Verhandlungskunst, die Proklamation auf französischem Boden gewiß ein Kunstfehler.

Dem Mißbehagen Europas über die neue Großmacht Deutschland versuchte der Reichskanzler durch eine sehr vorsichtige und betont friedliche Außenpolitik zu begegnen. Er setzte alles daran, den Be-

Am Morgen des 2. September 1870 kam es auf Wunsch Napoleons III. zu einer Begegnung mit Bismarck, bei der der Kaiser vergeblich um mildere Kapitulationsbedingungen für seine Armee bat.

Knapp zwei Jahre nach dem Regierungsantritt Kaiser Wilhelms II. kam es zu der spektakulären Entlassung Bismarcks. Auf dem Lehrter Bahnhof in Berlin wurde er am 29. März 1890 mit großem Zeremoniell verabschiedet. Nach den Worten Bismarcks war das »ein Begräbnis erster Klasse«.

Noch 1886 hatte Kronprinz Friedrich an Bismarck geschrieben: »Angesichts der mangelnden Reife, sowie der Unerfahrenheit meines ältesten Sohnes, verbunden mit dem Hang zur Überheblichkeit, wie zur Überschätzung, muß ich es geradezu für gefährlich bezeichnen, ihn jetzt schon mit auswärtigen Fragen in Berührung zu bringen.« Im »Dreikaiserjahr« von 1888 wurde dieser Sohn des Kronprinzen nach dem Tode seines Großvaters und seines Vaters als Wilhelm II. Deutscher Kaiser. Das linke Bild zeigt ihn als Gast Bismarcks im Herbst 1888 in Friedrichsruh.

Die letzten acht Jahre seines Lebens verbrachte der »Ruheständler« Bismarck auf seinem Herrensitz Friedrichsruh im Sachsenwald bei Hamburg, den ihm Kaiser Wilhelm I. geschenkt hatte. Hier gewann der »Alte aus dem Sachsenwald« (links) zunehmend an Popularität, vor allem bei der Jugend. Mit tiefer Sorge erfüllte ihn die Entwicklung der deutschen Politik. Das heutige Schloß Friedrichsruh (unten) wurde als Museum eingerichtet.

stand des Reiches durch ein umfassendes Bündnissystem zu sichern. Dabei stellte er den französischen Revanchegedanken in Rechnung und bemühte sich vor allem um eine Rückendeckung gegenüber Rußland. Es gelang ihm, den Zaren und den Wiener Kaiser in ein »Dreikaiserbündnis« einzubeziehen. Immer bedacht auf das europäische Gleichgewicht, vermittelte er nach dem Russisch-Türkischen Krieg 1878 auf dem Berliner Kongreß zwischen Rußland, Österreich und England mit dem Ziel einer neuen Balkanordnung.

Während er außenpolitisch zum ersten »Faktor des europäischen Friedens« geworden war, zeigte er innenpolitisch weniger Geschick. Im »Kulturkampf« gegen den politischen Katholizismus mußte er schließlich zurückstecken. Obwohl er mit den drei Versicherungsgesetzen für Unfall, Krankheit, Alter und Invalidität die vorbildlichsten Sozialmaßnahmen seiner Zeit durchsetzte, erlebte er im Kampf gegen die »gemeingefährlichen Bestrebungen der Sozialdemokratie« seinen zweiten großen Fehlschlag. Das führte zu den schwersten Spannungen zwischen der selbstbewußt gewordenen Arbeiterschaft und den Organen des Staates und zog ihm den Haß weiter Bevölkerungsteile zu.

Die weltpolitische Bedeutung, die seiner abrupten Entlassung durch den geltungsbedürftigen jungen Kaiser Wilhelm II. zukam (1890), beurteilte die Londoner Zeitschrift »Punch« kurz und prophetisch: »Der Lotse geht von Bord.« Als der »Alte vom Sachsenwald« am 30. Juli 1898 starb, hinterließ er eine düstere Zukunftsprognose. »Sein« Reich überlebte als Republik den Ersten Weltkrieg, wenn auch unter Gebietsverlusten; am Größenwahn des Nationalsozialismus zerbrach es. Vom Odium, ein Vorläufer Hitlers gewesen zu sein, haben Bismarck u. a. englische, französische und amerikanische Historiker befreit.

Marx

Der Begründer des wissenschaftlichen Sozialismus

Über ein Drittel der Menschheit lebt heute in Staaten, die mehr oder weniger konsequent marxistisch regiert werden. Kein anderer Denker der Neuzeit hat mit seinen Vorstellungen die Welt so offensichtlich verändert wie Karl Marx (1818 bis 1883). Seine Geschichtsphilosophie behauptet, daß nicht Ideen das gesellschaftliche Dasein bestimmen, sondern ökonomische Bedingungen die geistige Verfassung des Menschen und der Gesellschaft prägen. Hat sich diese Theorie bewahrheitet?

»Die Geschichte aller bisherigen Gesellschaft ist die Geschichte von Klassenkämpfen«

Jenny von Westphalen als Braut von Karl Marx. Als Student verlobte er sich mit ihr, der »Ballkönigin von Trier«; 1843 heiratete er sie. Sie kam aus einer angesehenen Familie; ihr Bruder Otto Wilhelm wurde preußischer Minister.

Über ein Drittel der Menschheit lebt heute in Staaten, die mehr oder weniger konsequent marxistisch regiert werden. Kein anderer Denker der Neuzeit hat mit seinen Vorstellungen die Welt so offensichtlich verändert wie Karl Marx. Er wurde am 5. Mai 1818 in Trier geboren. Die Vorfahren der Eltern sind Generationen hindurch Rabbiner gewesen. Der Vater, Rechtsanwalt, brachte es zum Justizrat und zu einem gewissen Wohlstand.

Marx besuchte das Jesuitengymnasium in Trier. Danach studierte er von 1835 bis 1841 in Bonn und Berlin die Rechte, Philosophie und Geschichte. Dem Vater mißfiel sein zu sorgloser Umgang mit Geld. Auch verwandte Marx zunächst viel Zeit auf dichterische Versuche. 1836 verlobte er sich mit der vier Jahre älteren Jenny von Westphalen, Tochter eines Geheimen Regierungsrats.

Karl Marx löste sich von der Familie. Er intensivierte vor allem seine philosophischen Studien; 1841 schloß er sie in Jena mit der Promotion zum Dr. phil. ab. Eine Zeitlang leitete er die »Rheinische Zeitung«. Erst nachdem er der Zensurverhältnisse wegen aus ihr ausgetreten war, vollzog er die Hinwendung zu kommunistischen Vorstellungen. Sie mußten sich, seiner Ansicht nach, aus der konsequenten Weiterentwicklung der Philosophie ergeben. 1843 heiratete er Jenny und ging im Herbst des Jahres als Mitarbeiter an den »Deutsch-französischen Jahrbüchern« nach Paris. Die bedeutendste Leistung jener Zeit waren die »Ökonomisch-Philosophischen Manuskripte«. Er lernte Heinrich Heine kennen, vor allem aber Friedrich Engels, den Freund für das weitere Leben.

1845 wurde er aus Paris ausgewiesen, ging nach Brüssel, blieb dort bis 1848. In diesem Revolutionsjahr lud ihn die neue französische Regierung wieder nach Paris ein. Schon im April aber war er mit Engels in Köln, gründete die »Neue Rheinische Zeitung«. Im Mai 1849 wurde er ausgewiesen und ging wieder nach Paris. Als er auch dort nicht mehr willkommen war, man ihn in die Bretagne abschieben wollte, zog er nach London.

Äußerlich war jene Zeit durch seinen Rückzug von der politischen Agitation bestimmt. Er arbeitete für mehrere Zeitungen, vor allem aber an ökonomischen Werken, so dem »Kapital«. Ungemein bedrückend waren die finanziellen Nöte, in denen die Familie viele Jahre leben mußte. In der Dean Street, wo sie sechs Jahre wohnte, hatte sie zwei Zimmer für sechs Personen. An Engels gingen die bittersten Klagebriefe; oft war kein Geld für Medizin, kaum für Kartoffeln und Brot da. Das Erbteil nach dem Tod der Mutter war nicht groß und bald aufgebraucht. Eine ausreichende Versorgung erhielt die Familie erst, als Engels ihr 1869 eine Jahresrente aussetzen konnte.

Zur finanziellen Misere kam die gesundheitliche. Schon um 1850 brach bei Marx ein Leber- und Gallenleiden aus, das sich nicht heilen ließ. Dazu traten Störungen wohl nervöser Ursache: Kopfschmerzen, Schlaflosigkeit, rheumatische Beschwerden; für die letzten Lebensjahre ist Nervenzerrüttung festgestellt worden.

So ist Marx vorzeitig gealtert. Nach Beendigung des letzten Kongresses der Internationale 1872 war er noch keine fünfundfünfzig, doch seit jener Zeit lebte er immer zurückgezogener. Seine theoretischen Arbeiten wurden allmählich bekannter, doch zu seinen Lebzeiten kaum populär. 1881 starb Jenny Marx, es nahm ihn sehr mit. Im folgenden Jahr unternahm er die letzten Reisen: nach Algier, der Schweiz, Frankreich. Am 14. März 1883 ist er gestorben, noch nicht 65 Jahre alt. In London liegt er begraben.

Welches nun sind die wesentlichen Thesen des Marxismus, den Marx, z. T. unter Mitarbeit von Engels, entwickelte?

Zwei Jahre nach Beendigung des Studiums, 1843, ging Marx nach Paris und arbeitete an den »Deutsch-Französischen Jahrbüchern« mit. Dort erst vollzog er die Hinwendung zum Kommunismus, der sich für ihn »aus der konsequenten Weiterentwicklung der Philosophie« ergeben mußte. Das junge Ehepaar Marx nahm damals Wohnung in der Rue Vaneau – heute gehört dieses Marx-Zimmer zu einer Pension, man kann in ihm übernachten (Bild unten). Der Dichter Heinrich Heine war oft Gast des Ehepaares Marx (Bild rechts) in der Pariser Wohnung.

Seine Geschichtsphilosophie behauptet, daß nicht Ideen das gesellschaftliche Dasein bestimmen, sondern ökonomische Bedingungen die geistige Verfassung des Menschen und der Gesellschaft prägen. Die Lebensweise der Menschen formt ihre Denkweise.

Welche Grundlage hat das gesellschaftliche Leben? Die Produktionsweise der materiellen Güter. Bei dieser Produktion spielen Rohstoffe, Werkzeuge und Maschinen sowie die Fähigkeiten der Arbeiter ihre Rolle; sie nennt Marx die Produktivkräfte. Beim Produktionsprozeß treten die Menschen in bestimmte Verhältnisse zueinander ein, Produktionsverhältnisse genannt. Wer Rohstoffe, Maschinen, Arbeiter beherrscht, der beherrscht auch die Gesellschaft.

Die Produktionsweise als Ganzes ist ständig Veränderungen unterworfen. Sie gehen von den Produktivkräften aus und machen stets Veränderungen der Produktionsverhältnisse nötig. Wird diese Anpassung nicht vorgenommen, so kommt es zwangsläufig zu Krisen.

Alle Geschichte ist nach Marx eine Geschichte von Klassenkämpfen gewesen. Einer herrschenden Klasse stand stets eine von ihr abhängige gegenüber. Die bürgerliche Gesellschaft sah er gekennzeichnet durch den Gegensatz von Bourgeoisie und industriellem Proletariat. Die Herrschenden seien im Besitz der Produktionsmittel; sie beuteten die Besitzlosen aus. Der Kommunismus werde zur klassenlosen Gesellschaft hinführen, in der es Besitzunterschiede nicht gibt.

Die Anthropologie des Marxismus arbeitet mit den Begriffen Selbstentfremdung und Selbstverwirklichung. Der Mensch des Kapitalismus sei »seinem Gattungswesen entfremdet«, was heiße, »daß ein Mensch dem anderen, wie jeder von ihnen dem menschlichen Wesen entfremdet ist«. Schuld daran sei die Trennung von Arbeit und Eigentum am Produkt dieser

Friedrich Engels (oben links), Sohn eines Spinnereibesitzers in Barmen und zwei Jahre jünger als Marx, galt als der Liebenswürdigste unter den frühen Marxisten. Als man ihn in das väterliche Zweiggeschäft nach Manchester entsandte, studierte er die dortigen sozialen Verhältnisse. Gemeinsam verfaßten Marx und Engels (oben) das »Kommunistische Manifest« (1847). Nach seinem Erscheinen wurde Karl Marx in Brüssel festgenommen und ausgewiesen (unten).

1871 brach im von deutschen Truppen belagerten Paris der Aufstand der Kommune aus. Marx jubelte: »Das ist die glorreichste Tat unserer Partei.« In Wirklichkeit war es vor allem ein Hungeraufstand – Marx hat das gewußt. Doch seine Kampfschrift »Der Bürgerkrieg in Frankreich« schilderte eine heroische Erhebung des Sozialismus ... (Bild links). Sozialdemokratische Abgeordnete des Deutschen Reichstags unter Führung von Liebknecht und Bebel (unten). Marx diffamierte sie als »Philister« und »Esel« – der gemäßigte Kurs der Sozialdemokratie mißfiel ihm sehr.

Über dreißig Jahre, bis zu seinem Tod, hat Marx zuletzt in London gelebt, meist in den größten finanziellen Nöten. In der Dean Street, wo die Familie sechs Jahre wohnte, gab es nur zwei Zimmer für sechs Personen. Erst 1869 wurde es besser, als Engels dem Freund eine Jahresrente aussetzen konnte. Im Leseraum des Britischen Museums (Bild ganz links) hat Marx Studien für »Das Kapital« betrieben. Er arbeitete etwa zwanzig Jahre an dem Werk (unten links). Ein Foto von 1865 zeigt Marx und Engels mit Marx' Töchtern Jenny, Eleanor und Laura (Bild links).

Arbeit. Das zu gezwungener Arbeit, also Zwangsarbeit genötigte Proletariat zeige den »völligen Verlust des Menschen«. In der klassenlosen Gesellschaft werde auch diese Selbstentfremdung aufgehoben sein: durch die Zusammenführung von Werk und Werkschöpfer. Dann werde es wieder Selbstverwirklichung des Menschen geben.

Die marxistische Wirtschaftstheorie geht ebenfalls vom Gegensatz Kapitalist–Proletarier aus. Der Kapitalist besitzt die Produktionsmittel, der Proletarier nur seine Arbeitskraft. Es kommt zu Ausbeutung. Wie? Indem der Kapitalist dem Proletarier nur einen Teil des Lohnes auszahlt, den das von dem Arbeiter geschaffene Produkt wert ist. Den andern Teil, den »Mehrwert«, steckt der Kapitalist als Profit ein.

Die Aneignung des Mehrwerts ermöglicht dem Kapitalisten die Vergrößerung seines Produktionsapparates; er kann Arbeitskräfte entlassen. Das führt zur Verelendung eines immer größeren Teils der Massen. Die sich bildenden Großbetriebe vernichten allmählich Mittelbetriebe und Mittelstand; das Kapital ballt sich in immer weniger Händen zusammen. Doch all das wird schließlich auch dem Kapitalismus zum Verhängnis. Denn es kommt zu einem sich steigernden Mißverhältnis: Zunahme der Produktion auf der einen Seite, Elend und schwindende Konsumkraft auf der anderen. Dadurch bricht das kapitalistische System zusammen. Dies ist, nach Marx, die Stunde des Proletariats: es übernimmt die kapitalistischen Betriebe.

Der Staat wird als Machtwerkzeug der herrschenden Klasse angesehen. Das Proletariat soll daher in der Revolution die staatliche Macht ergreifen. In der Übergangsphase soll die Diktatur des Proletariats herrschen. Endzustand aber ist die klassenlose Gesellschaft.

Zwei Werke von Marx sind von besonderer Bedeutung. Das »Manifest der Kommunistischen Partei« von 1841 (zusammen mit Engels verfaßt), das sich in allgemein verständlicher Form an die »Proletarier aller Länder« wendet und sie zur Vereinigung gegen den Klassenfeind aufruft, und das betont wissenschaftliche Werk »Das Kapital«. Neben dem Theoretiker Marx darf aber der Praktiker nicht übersehen werden, der aktiv auf Veränderung der Welt hindrängte und in der 1864 gegründeten »Ersten Internationale« maßgeblich mitarbeitete.

Etwa einhundert Jahre nach Marx' Tod wenden zahlreiche Kritiker gegen ihn ein, daß viele seiner Prognosen nicht eingetroffen seien. Seine Revolutionserwartungen z.B. wurden durchweg enttäuscht; ausgerechnet in Rußland aber, wo er sich eine soziale Revolution nicht vorstellen konnte, ist sie eingetroffen. Der von ihm prophezeite Zusammenbruch in den Industriestaaten ist trotz aller Kriege und Krisen nicht erfolgt; die Gesellschaftsstrukturen haben sich kaum im Sinne seiner Thesen weiterentwickelt. Die Verelendungstheorie hat schon der bedeutende Sozialdemokrat Eduard Bernstein als unzutreffend bezeichnet. Marx' Ansicht vom Staat als Unterdrükkungsinstrument wird entgegengehalten, daß moderne demokratische Staaten Wahrer der Rechte aller sind.

Am bedeutsamsten aber erscheint der Einwand, daß die ökonomischen Motive doch nicht die einzigen sind, die das Verhalten der Menschen in der Gesellschaft bestimmen. Freud z.B. äußerte sein Erstaunen darüber, daß Marx psychologische Faktoren übergangen habe, »wo es sich um die Reaktion lebendiger Menschenwesen handelt«. Egoismus, Macht- und Gewinnstreben gehören offenbar zum Wesen der meisten Menschen – viele der Schwierigkeiten, die Vorstellungen von Marx in die Praxis umzusetzen, haben wohl darin die Ursache.

Marx ist früh gealtert. Das letzte Foto (Bild oben) zeigt einen noch nicht Fünfundsechzigjährigen. Am 14. März 1883 ist er in London gestorben – niemand war bei ihm, als er im Sessel entschlief ... Zu seinen Lebzeiten war sein Werk kaum irgendwo populär. Das hat sich seither geändert. In London, wo er begraben liegt, steht dieses Denkmal. Es wurde am 14. März 1956 eingeweiht.

Pasteur

Er entwickelte die Grundlagen der Mikrobiologie

Der französische Chemiker und Bakteriologe Louis Pasteur (1822 bis 1895) begründete durch die Entdeckung der Kleinstlebewesen und ihrer Mitwirkung bei Gärungs- und Krankheitsprozessen die Lehre von der Mikrobiologie und damit die Grundlagen für Asepsis und Antisepsis in der Chirurgie. Zu unvergänglichem Ruhm verhalf ihm sein Sieg über die Tollwut. Seine Methode, Lebensmittel durch kurzzeitiges Erhitzen zu »pasteurisieren« (Bild), blieb bis heute hochaktuell.

Begründer der Mikrobiologie, Sieger über Gärung und Fäulnis, Herr über die Tollwut

Pasteur impft ein Kind gegen die Tollwut (rechts), die auch heute noch nichts von ihrem Schrecken eingebüßt hat. Bild Mitte: Tierversuch an einem Affen im Pariser Pasteur-Institut.

Er sah aus wie ein Kleinbürger. Sein Alltag war ohne Glanz und Vergnügen. Er aß bescheiden und war immer bestrebt, sein kleines Vermögen zusammenzuhalten und nichts unnütz zu verprassen. Er grüßte respektvoll die Leute, die er hochstehend wähnte. Er ging selten spazieren, und wenn, dann tat er es mit Frau und Kindern. Der Kleinbürger hieß Louis Pasteur, geboren 1822 in Dôle/Frankreich, Professor in Dijon, Straßburg, Lille und Paris.

Dieser hinkende, halbgelähmte Chemiker in seinem Bratenrock von bemerkenswert unelegantem Schnitt hatte sich den Kampf gegen Krankheit und Tod zur Lebensaufgabe gemacht, und er konnte in maßlosen Zorn geraten, wenn Kollegen von den »grotesken Theorien dieses kleinen, bakterientollen Chemikers« sprachen. »Die Mikrobe ist klein und Pasteur ist ihr Prophet«, so sagte man etwa. Als man Pasteur dieses Wort hinterbrachte, bekam er einen seiner berüchtigten Zornanfälle.

Was wir Pasteur verdanken, klingt sehr einfach: Fäulnis und Gärung werden von Mikroben erzeugt, die selbst wieder von Mikroben »geboren« werden. Mit dieser Erkenntnis setzte er sich in Gegensatz zu der damals herrschenden Meinung, daß unter bestimmten Bedingungen Lebendes aus Unbelebtem hervorgehen könne. Indem Pasteur in gärendem und faulendem Stoff mikroskopisch kleine Lebewesen als Ursache für das Gären und Faulen erkannte, hat er die Streitfrage um die »Urzeugung« entschieden. Wenn also aus Schmutz Lebewesen hervorgehen, so sind sie keinesfalls »urgezeugt«, sondern stammen von den im Schmutz verborgenen Lebewesen ab. Im Verlauf seiner Experimente entdeckte er dann noch etwas anderes, daß nämlich die gärungserzeugenden Bakterien nicht hitzebeständig sind und daß man daher Flüssigkeiten durch Erhitzen fast keimfrei machen und vor dem Verderb retten kann. Der Begriff der »pasteurisierten Milch« hat bis heute nichts von seiner Aktualität verloren. Unsere gesamte Vorratswirtschaft unterliegt dieser Erkenntnis in riesigem Ausmaß. Pasteur aber erhielt ab 1874 für seine Arbeiten eine Staatspension.

Es geschah noch mehr. Pasteur erkannte als erster, daß Eiter und Wundbrand durch Mikroben hervorgerufen werden. Seine Entdeckung bildete die Grundlage für alle weiteren Forschungen in der antiseptischen Wundbehandlung.

Er kam weiter zu der Überzeugung, daß eine lange Reihe von Krankheiten durch Bakterien hervorgerufen wird. Der Gedanke ließ ihn nicht los, daß es ein Verfahren geben müsse, den tierischen und menschlichen Körper vor der unheilvollen Wirkung der Bakterien zu schützen. Wie so oft, kam ihm der Zufall zu Hilfe. Bei seinen Versuchen über die Hühnerpest war eine Bakterienkultur durch Versehen längere Zeit stehengeblieben. Als dennoch ein Huhn mit den Bakterien geimpft wurde, erwies es sich, daß sie nicht mehr wirksam waren. Das Huhn zeigte nur leichte Krankheitserscheinungen und erholte sich schnell. Als später dasselbe Huhn und eine Reihe weiterer mit frischen Bakterienstämmen geimpft wurden, blieb das erste Tier frisch und munter, während alle anderen an der Krankheit zugrunde gingen. Pasteur begriff sofort, um was es sich handelte; er hatte es mit dem gleichen Phänomen zu tun, das der Jennerschen Schutzimpfung zugrunde lag: eine Immunisierung mit abgeschwächten Krankheitskeimen.

Wie nicht anders zu erwarten, riefen seine Erkenntnisse bei seinen Kollegen nur Spott und Hohn hervor. Sie beschlossen, ihn in eine Falle zu locken. Man stellte ihm 50 Schafe zur Verfügung, von denen zuerst die Hälfte mit abgeschwächten Krankheitskeimen geimpft und damit immun gemacht werden sollte. Danach

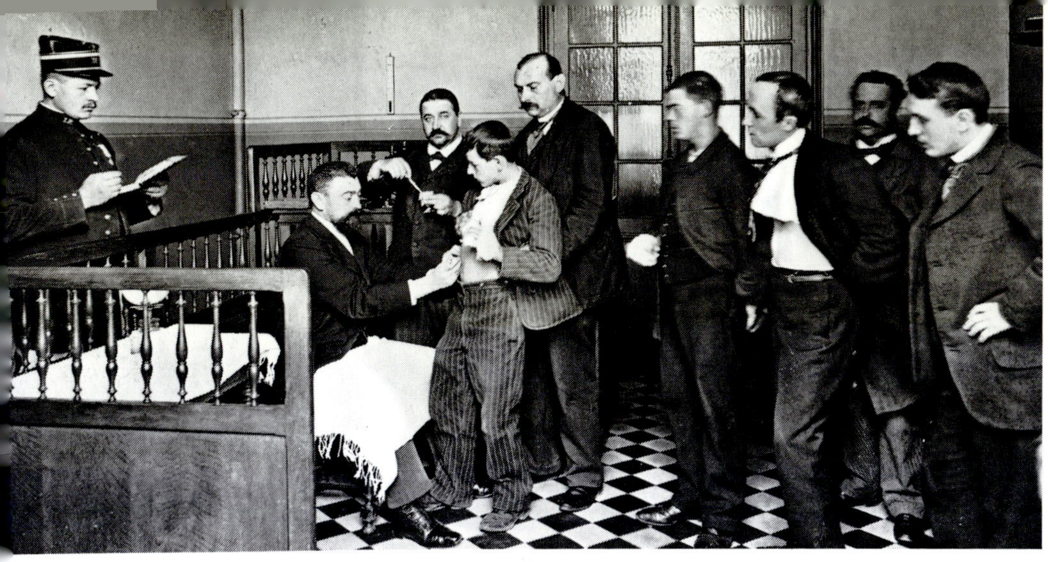

Impfraum des Pasteur-Institutes bei der Tollwut-Impfung. Sie ist noch immer das einzig wirksame Mittel gegen eine Krankheit, die unweigerlich zum Tode führt (links). – Pasteur in seinem Labor (unten). Er führte Untersuchungen über die Gärung und Fäulnis durch und entwickelte Impfstoffe gegen Tollwut, Rotlauf, Milzbrand und die Hühnercholera. Er schuf die Lehre von der Mikrobiologie und damit die Grundlage für die Asepsis und Antisepsis in der Chirurgie. Nicht zuletzt verdankt ihm die Welt auch die Methode zum Abtöten der Mikroben durch Hitze.

Das Pasteur-Institut in Paris wurde im Jahre 1888 zur Erforschung der Mikrobiologie gegründet; es hatte die erste Abteilung zur Tollwutbekämpfung. Vor seinem Portal steht Pasteurs Denkmal.

Pasteur am Ende seines Lebens (Bild unten). Mit 46 Jahren hatte ihn ein erster Schlaganfall halb gelähmt. Ein zweiter machte ihn arbeitsunfähig.

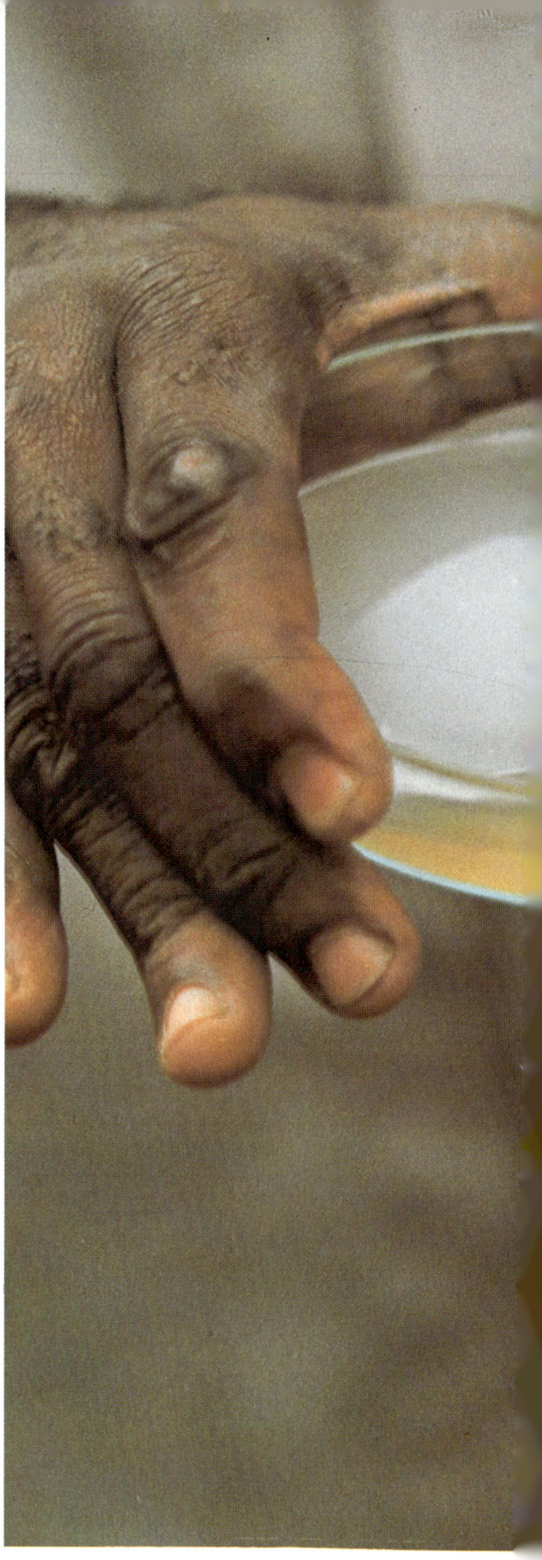

erhielten alle 50 eine Dosis der todbringenden Schafpestbazillen. Zahlreiche Ärzte, Politiker und Journalisten waren zusammengeströmt, um sich voller Schadenfreude an dem Schauspiel zu weiden. Als der Tag gekommen war, an dem es sich zeigen mußte, ob die geimpften Tiere krank oder gesund sein würden, erlagen prompt 22 Schafe der Krankheit und drei weitere waren in einem Zustand, daß nicht mehr an ihrem baldigen Ende zu zweifeln war. 25 Tiere aber sprangen gesund und lebhaft auf der Weide umher. Es waren die vorher mit den geschwächten Keimen geschützten Schafe.

Was ihm aber zu unvergänglichem Ruhm verhalf, war sein Sieg über die Tollwut. Jene schrecklichste aller Krankheiten, die fast immer zu einem qualvollen Tod führt, war bis dahin nicht zu heilen. Ein Mensch, der von einem tollwütigen Tier gebissen wird, vor allem von Füchsen, aber auch allen anderen Wildtieren, ist fast ausnahmslos verloren und geht elend zugrunde. Tierversuche hatten Pasteur gezeigt, daß Schutzimpfungen, wie bei Pocken, nicht in Frage kamen, da der Schutz viel zu kurz andauerte und die Tollwut beim Menschen glücklicherweise relativ selten ist. Also war er bemüht, die Inkubationszeit zu nutzen, das heißt jene Zeit, die von dem Biß eines wutkranken Tieres bis zum Ausbruch der Krankheit verstreicht.

Nach endlosen Versuchen fand er im getrockneten Mark eines tollwütigen Kaninchens den geeigneten Stoff. Er probierte ihn an Hunden aus. Sie erkrankten nicht. Unter dramatischen Umständen impfte er wenig später zum ersten Mal einen Menschen. Auch dieses Experiment gelang, das Kind wurde gerettet.

Er starb 1895 an den Folgen eines zweiten Schlaganfalls, ein Schatten seiner selbst, unfähig, zu gehen, zu denken und zu sprechen. Der Geist des genialen Louis Pasteur war erloschen.

Pasteur war nicht mehr in der Lage, selbst zu schreiben. Hier diktiert er seiner Frau in der Villa Pont-Gisquet einen Brief an die Akademie der Wissenschaften über die Krankheiten der Seidenraupen (ganz links). Als er seinen 70. Geburtstag feierte, empfing er mit Tränen in den Augen die Ehrungen, die ihm von allen Seiten dargebracht wurden. Er starb 1895; seine Beisetzung fand in Anwesenheit des Zaren von Rußland statt (links). – Pasteur-Institut heute: Einer Schlange wird Gift abgenommen (oben). Man läßt sie dazu in eine flache Glasschale beißen.

Dunant

Die Gründung des Roten Kreuzes war sein Werk

Als der 31jährige Genfer Kaufmann Henri Dunant (1828 bis 1910) im Juni 1859 in die Lombardei reiste, wollte er mit Kaiser Napoleon III. über Geschäfte reden. Er geriet in die Schrecken der Schlacht von Solferino (Bild). Das Elend der Verwundeten rührte ihn so an, daß er sofort Hilfsmaßnahmen einleitete. Aus diesem Erlebnis erwuchs die Gründung des Roten Kreuzes, die Internationalisierung der Hilfsdienste, der völkerrechtliche Schutz für Verwundete und Gefangene, die Opfer des Krieges.

Heuss: »Er hat ein Symbol geschaffen, das Rote Kreuz, und mit ihm eine Trostkraft für Millionen«

Henri Dunant setzte sich schon als junger Mann (rechts) für Randgruppen der Gesellschaft ein. So bemühte er sich um Häftlinge in den Gefängnissen und gründete die Genfer Ortsgruppe der Young Men's Christian Association, des Christlichen Vereins Junger Männer, die er auch auf der ersten internationalen Konferenz in Paris vertrat.

Als der erste Friedens-Nobelpreis im Jahre 1901 an Henri Dunant verliehen wurde, lebte dieser – so gut wie von der Welt vergessen – schon vierzehn Jahre unter bescheidensten Verhältnissen in dem Bezirkshospital in Heiden im schweizerischen Kanton Appenzell-Außerrhoden. Selbst seine Mitinsassen kannten den großen hageren Greis mit dem langen weißen Prophetenbart kaum näher. Und doch hatte das Lebenswerk des »Einsiedlers von Heiden« inzwischen weltweite Ausmaße gewonnen.

Ein einziger Tag war es gewesen, der dem Leben dieses Mannes eine neue Richtung gegeben hatte, der ihn zu einem der großen Barmherzigen Samariter machte und ihn auf einen Weg wies, den er nicht gesucht hatte. Dieser Tag war der 24. Juni 1859.

Henri Dunant, Geschäftsmann aus Genf, damals einunddreißig Jahre alt, Nachkomme einer hochangesehenen und vermögenden Patrizierfamilie, war am Vorabend in das lombardische Städtchen Castiglione gekommen. Er war dem französischen Kaiser Napoleon III. nachgereist und wollte die erste sich bietende Gelegenheit nutzen, um diesem eine Denkschrift zu überreichen und ihn um Konzessionen für seine geschäftlichen Unternehmungen in Algier zu bitten.

Statt eine Audienz beim Kaiser zu erhalten, wurde er unfreiwilliger Zeuge der furchtbaren Schlacht, die im Morgengrauen anbrach. Napoleon III. hatte sich im Kampf gegen Österreich auf die Seite der italienischen Einigungsbewegung gestellt. Die verbündeten Franzosen, Sarden und Piemontesen waren bereits am 4. Juni bei Magenta siegreich gewesen, und nun sollte die Entscheidung um den Besitz der Lombardei fallen. »Fünfzehn Stunden lang kannten 300000 Menschen kein höheres Ziel, als mit Kugel, Bajonett, Gewehrkolben oder würgenden Händen andere Menschen zu töten« (B. Steinitz).

Als am Spätnachmittag die Verbündeten die Höhen von Solferino gestürmt hatten und der österreichische Kaiser den Rückzugsbefehl geben mußte, fand das Gemetzel endlich ein Ende. Mehr als 30000 Tote und Verwundete deckten das Schlachtfeld.

Für den Mann aus Genf, der eigentlich nach hier gekommen war, um Geschäfte zu machen, trat jetzt alles hinter der einen Aufgabe zurück, den leidenden Opfern des Sieges zu helfen. Obwohl ihn zuerst der Ekel vor all dem Entsetzlichen, das sich seinen Augen bot, schüttelte, griff er beherzt zu, spendete Trost, schrieb letzte Grüße auf. Und bald wurde aus dem Einzelhelfer der Organisator. Wie ein Wunder war es, daß er immer mehr helfende Hände fand, die sich freiwillig seiner Autorität unterordneten: lombardische Frauen, Mädchen, Kinder, Priester, englische Touristen, ein Belgier, ein Schwede, ein Deutscher – die erste internationale Hilfstruppe.

Es gelang Dunant, von den Franzosen gefangene österreichische Ärzte freigestellt zu bekommen. Er richtete Behelfsspitäler ein, ließ auf seine Kosten Verbandsmaterial, Obst und Tabak herbeischaffen und Freund und Feind gemeinsam pflegen. Ein Ausspruch wurde zur Losung dieser Tage: »Tutti fratelli« (»Alle sind Brüder«). Und dennoch starben noch unendlich viele Verwundete, weil nicht genügend Hilfskräfte zur rechten Zeit verfügbar waren. Das Gefühl der großen Hilflosigkeit vor diesem Massenelend ließ Dunant nicht mehr los. In seinem Buch »Eine Erinnerung an Solferino« schrieb er sich später das Erlebte vom Herzen. Und hier stellte er auch die Frage: »Wäre es nicht möglich, schon im Frieden in allen Nationen Hilfsvereine für die Verwundeten des Krieges zu gründen?« Er dachte bereits an ein gemeinsames Abzeichen der Helfer und den Status der Unverletzlichkeit für diese und

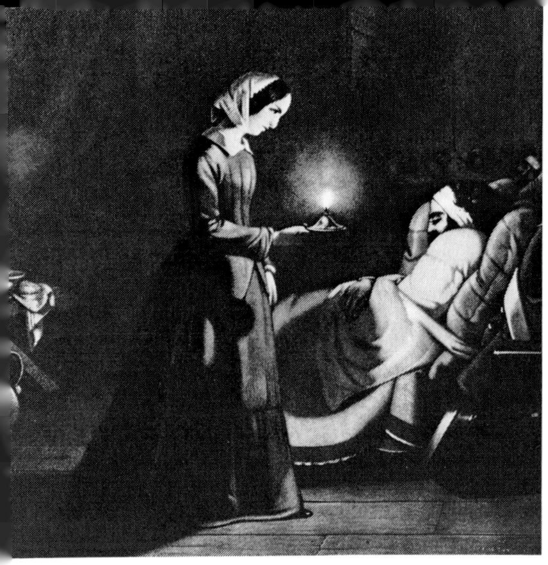

Etwa zur gleichen Zeit wie Dunant wirkte Florence Nightingale als Pionierin der Nächstenliebe. Ihr Lebenswerk galt der Verwundeten- und Krankenpflege. Berühmt wurde sie als »Dame mit der Lampe« (links), die Nacht für Nacht ihre Rundgänge durch die Lazarette machte, um zu helfen und Trost zu spenden. Das rechte Bild zeigt eine der ersten Rotkreuz-Schwestern mit dem seit 1863 bestehenden Symbol. Mit der Unterzeichnung der ersten Genfer Konvention 1864 (unten) begann die weltweite Arbeit des Internationalen Komitees vom Roten Kreuz (IKRK).

Dunants Hoffnung, daß aus dem Roten Kreuz des Krieges ein Rotes Kreuz des Friedens werden sollte, ist nur bedingt in Erfüllung gegangen. Die weltweite humanitäre Organisation konnte die Weltkriege und die lokal begrenzten Kriege in unserem Jahrhundert nicht verhindern, aber unzähligen Opfern dieser von Menschen herbeigeführten Katastrophen helfen. Dazu gehörte die Betreuung der Kriegsgefangenen. Das rechte Bild zeigt die Zentralauskunftsstelle über Kriegsgefangene (1944).

schlug einen internationalen Kongreß vor, der verbindliche Übereinkünfte treffen sollte.

Der Appell Dunants fand Gehör. Der Gedanke, in der militärischen wie in der zivilen Krankenpflege freiwillige Helfer einzusetzen, war zwar schon vor ihm aufgekommen, und besonders die Engländerin Florence Nightingale (1820 bis 1910) hatte sich hier als leuchtendes Vorbild gezeigt, aber der Plan der Internationalisierung der Hilfsdienste und des völkerrechtlichen Schutzes der Verwundeten und ihrer Helfer sowie der Gefangenen war das Werk Dunants. In dem Genfer Juristen Gustave Moynier und dem schweizerischen General Guillaume-Henri Dufour fand er dabei besonders aktive Mitstreiter. Unermüdlich reiste er in Europa von Regierung zu Regierung und konnte im Oktober 1863 das Zustandekommen der ersten Genfer Konferenz als seinen Erfolg verbuchen. Hier einigte man sich auch auf das gemeinsame Symbol: das Rote Kreuz im weißen Feld.

Ein Jahr später unterzeichneten zwölf europäische Staaten die erste Genfer Konvention. Damit hatte die Bewegung, die von Solferino ausgegangen war, ihre völkerrechtliche Verbindlichkeit erhalten und Genf war zum Sitz des Internationalen Komitees vom Roten Kreuz geworden. Weitere Vereinbarungen folgten.

Heute sind die Genfer Abkommen von nahezu sämtlichen Staaten der Welt ratifiziert. Das Rote Kreuz wurde zum größten Hilfswerk in Krieg und Frieden. Eine gewisse menschliche Tragik für Henri Dunant lag darin, daß ihm sein Werk lange vor seinem Tode »davonlief«, sich ohne ihn weiterentwickelte – sein Werk, von dem Theodor Heuss sagte: »Henri Dunant hat Geschichte gewirkt, wenn nicht Menschheitsgeschichte, so doch Geschichte der Menschlichkeit. Er hat ein Symbol geschaffen, das Rote Kreuz, und mit ihm eine Trostkraft für Millionen.«

Auf großen Sammelplätzen in Genf stapelten sich Hilfsgüter für Kriegsgefangene (links), die von hier den Weg in die Lager fanden. Neben dem Hilfswerk im Kriege wurde aber das Rote Kreuz auch zu dem weltweiten Hilfswerk im Frieden. Erstmals kam es 1908 nach dem Erdbeben von Messina zu einer Aktion internationaler Solidarität, der viele ähnliche Katastropheneinsätze folgten. Wo immer das Symbol des Roten Kreuzes in Notzeiten erscheint (unteres Bild), ist es in Krieg und Frieden für leidende Menschen aller Völker und Rassen ein Zeichen der Hoffnung.

Otto

Sein »Viertaktmotor« revolutionierte die Technik

»Antriebsart: Otto« steht im Fahrzeugschein für einen fremdgezündeten Motor im Gegensatz zum selbstzündenden Dieselmotor.
Wer weiß schon, daß diese Bezeichnung auf Nikolaus August Otto (1832 bis 1891), den Erfinder des »Viertakters«, hinweist (im Bild sein erster Motor dieser Art von 1876)? Erst diese Erfindung machte die Motorisierung der ganzen Welt möglich.
An ihrem Prinzip hat sich bis heute nichts geändert

Auf der Pariser Weltausstellung erlebte Ottos Motor seine glänzende Rechtfertigung

1867 gründete Nikolaus August Otto mit Eugen Langen eine Motorenfabrik, die erste der Welt. Otto war damals 35 Jahre alt (rechts). Daneben eine Gedenkmedaille für Otto und Langen.

Wer macht sich schon, wenn er mit 130 oder mehr Stundenkilometern über die Autobahn fährt, Gedanken darüber, was sich unter seiner Motorhaube abspielt? Für uns ist selbstverständlich geworden, was einst vielen Erfindern Kopfzerbrechen machte: eine Verbrennungskraftmaschine zu bauen. Schon Leonardo da Vinci hielt es für möglich, eine Maschine durch viele aufeinanderfolgende Explosionen geringer Mengen von Schießpulver zum Laufen zu bringen. Aber mehr als 300 Jahre mußten noch vergehen, bis die physikalischen Erkenntnisse und die technischen Möglichkeiten so weit fortgeschritten waren, daß der Gedanke zu verwirklichen war.

In den fünfziger Jahren des 19. Jahrhunderts erfindet der Münchner Uhrmacher Christian Reithmann einen Verbrennungsmotor, dem jedoch kein Erfolg beschieden war. Der Franzose Alphonse Beau de Rochas entwickelte sogar die Theorie eines Viertaktmotors, versuchte jedoch nie, eine solche Maschine zu bauen. Erst dem französischen Mechaniker Jean Lenoir gelingt es 1860, einen Gasmotor zu bauen, der funktionierte. Die Maschine war konstruktiv einer Dampfmaschine nachempfunden, machte viel Lärm und verbrauchte eine Unmenge Betriebsstoff. Aber sie erregte ungeheures Aufsehen, man prophezeite ihr eine große Zukunft, und die Zeitungen in aller Welt brachten ausführliche Artikel über Lenoirs Kraftmaschine.

Eine solche Zeitung fiel im Sommer des Jahres 1861 in Köln einem jungen Kaufmannsgehilfen in die Hände. Er las – und von Stund an ließ den 29jährigen der Gedanke, selbst einen solchen Motor zu bauen, nicht mehr los. Der junge Mann hieß Nikolaus August Otto, war am 14. Juni 1832 in dem kleinen Städtchen Holzhausen im Nassauischen zur Welt gekommen und wuchs in einfachen Verhältnissen – sein Vater war Landwirt und Posthalter – heran. Mit 10 Jahren verließ er die Schule und sollte Kaufmann werden. Nach dreijähriger Lehrzeit in Nastätten findet er eine Stellung als Handlungsgehilfe, zuerst in Frankfurt, dann in Köln. Und hier geschah es, daß er seinen folgenschweren Entschluß faßte, einen gasgetriebenen Verbrennungsmotor zu bauen.

Er las, was er zu diesem Thema nur finden konnte, und grübelte über technische Konstruktionen nach. Schließlich war er so weit, daß er ein kleines Modellmaschinchen bauen konnte, das leider nicht funktionieren wollte. Aber er ließ sich nicht entmutigen und überredete einen geschickten Mechaniker, nach seinen Plänen ein zweites, größeres Modell zu bauen. Es wurde der erste funktionierende Viertaktmotor: im ersten Takt saugte der niedergehende Kolben Gas und Luft in den Zylinder, im zweiten verdichtete er das Gemisch, im Totpunkt erfolgte die Zündung, die Explosion trieb den Kolben wieder nach unten – der eigentliche Arbeitstakt – und im vierten drückte der Kolben die verbrannten Gase wieder aus dem Zylinder.

Es ist der gleiche Vorgang, wie er sich heute in vielen Millionen von Verbrennungsmotoren abspielt – freilich damals noch in recht holpriger Gangart. Die Stöße waren zu stark und trotz aller Bemühungen nicht abzumildern, so daß Otto nun versuchte, sein Ziel auf anderem Weg zu erreichen: mit einer atmosphärischen Gasmaschine, bei der nach der Explosion unter dem Kolben ein luftverdünnter Raum entsteht, in den der Kolben durch den äußeren Luftdruck hineingepreßt wird. Die Versuchsmaschine lief zufriedenstellend, aber zu einer wirtschaftlich verwendbaren Kraftmaschine war es noch ein weiter Weg.

Zu dieser Zeit begegnete er Eugen Langen, einem Ingenieur, der am Polytechnikum in Karlsruhe eine hervorragende

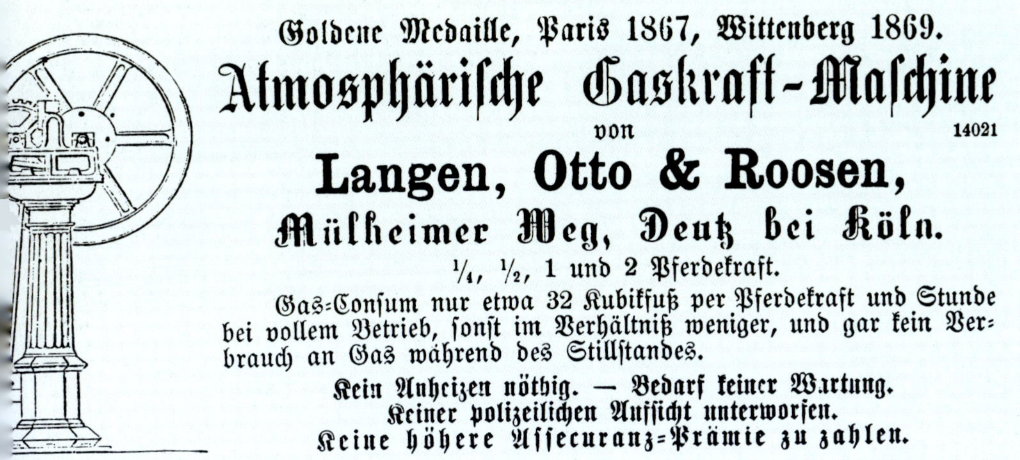

Diese 1870 erschienene Anzeige dokumentiert einen Meilenstein des technischen Fortschritts: Der Ottomotor hat seinen unaufhaltsamen Siegeszug begonnen. Schon ist er so weit entwickelt, daß er der energiehungrigen Welt öffentlich für seine Betriebssicherheit garantieren kann. Noch ist seine Leistung, gemessen am heutigen Standard, bescheiden, aber mit berechtigtem Stolz weisen seine Produzenten auf die technischen Daten hin, auf denen seine Überlegenheit gegenüber der Dampfmaschine beruht. Unten: »Oldtimer« aus dem Daimler-Benz-Museum.

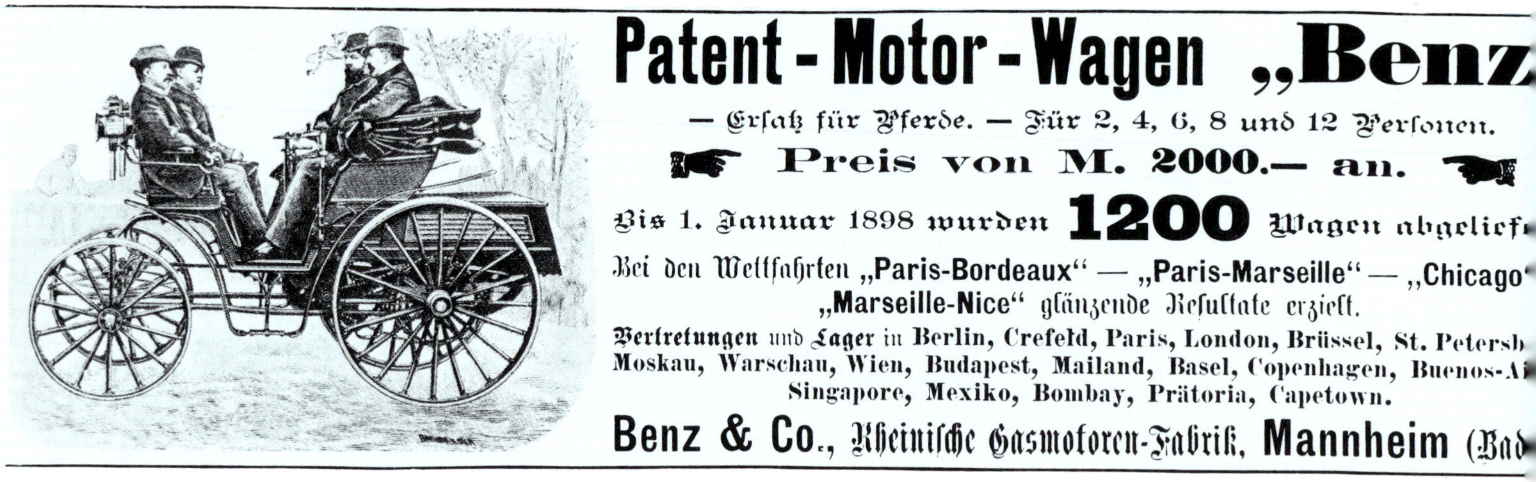

Ausbildung in Physik und Technik genossen hatte. Der 1833 geborene Kölner begriff die Tragweite von Ottos Erfindung sofort und gründete mit ihm zusammen die »Gasmotorenfabrik N. A. Otto u. Comp.«. Die Firma ersetzte Otto die Auslagen in Höhe von 3500 Talern, die er in seine Versuche investiert hatte; dafür brachte er seine Patente ein. Für seinen Lebensunterhalt durfte er monatlich 70 Taler aus der Firmenkasse entnehmen. Langen brachte alsbald mehrere beachtliche Verbesserungen an der Maschine an.

Aber der Verkauf wollte und wollte nicht richtig anlaufen, und die finanziellen Mittel wurden knapp. Da faßten die beiden im festen Glauben an ihren Motor einen kühnen Entschluß: Sie meldeten ihre Kraftmaschine für die große Weltausstellung 1867 in Paris an. Und da ratterte dann der kleine Apparat neben der Konkurrenz von französischen Gasmaschinen, die viel größer waren und viel Ähnlichkeit hatten mit den altvertrauten Dampfmaschinen. Das Preisgericht hätte kaum Notiz von der ungewöhnlichen Konstruktion genommen, wenn nicht der deutsche Preisrichter, Professor Reuleaux, darauf bestanden hätte, die konkurrierenden Maschinen auch auf ihre Wirtschaftlichkeit, also auf ihren Gasverbrauch, zu prüfen.

Und da gab es die große Überraschung: Ottos Maschine brauchte kaum ein Drittel des Gases, das die französischen Konkurrenten schluckten. Das war der Sieg: Der Ottomotor wurde mit der Goldenen Medaille ausgezeichnet; Lenoir mußte sich mit der Silbernen zufriedengeben.

Der Erfolg ließ nicht auf sich warten: schon bis Ende August 1867 waren in Deutz 22 Gasmotoren bestellt, und kaum 20 Jahre später rollten die ersten Automobile von Carl Benz und Gottlieb Daimler mit Ottomotoren über Deutschlands Straßen.

Als »Ersatz für Pferde« bietet 1898 die Firma Benz & Co in Mannheim ihren neuen Patent-Motor-Wagen »Benz« der wachsenden Zahl von Interessenten an; selbstbewußt weist sie auf die Tatsache hin, daß schon 1200 ihrer Wagen weltweit laufen. Rechts: Mit einem 24-PS-Ottomotor gelang den Brüdern Wright am 17. Dezember 1903 der erste Motorflug. Unser Bild zeigt einen originalgetreuen Nachbau ihres historischen Doppeldeckers. Unten: Und so wurde der Ottomotor früher gebaut: Motoren-Transferstraße für den »Käfer-Motor« im Volkswagenwerk Wolfsburg.

Koch

Auf ihn geht die moderne Bakteriologie zurück

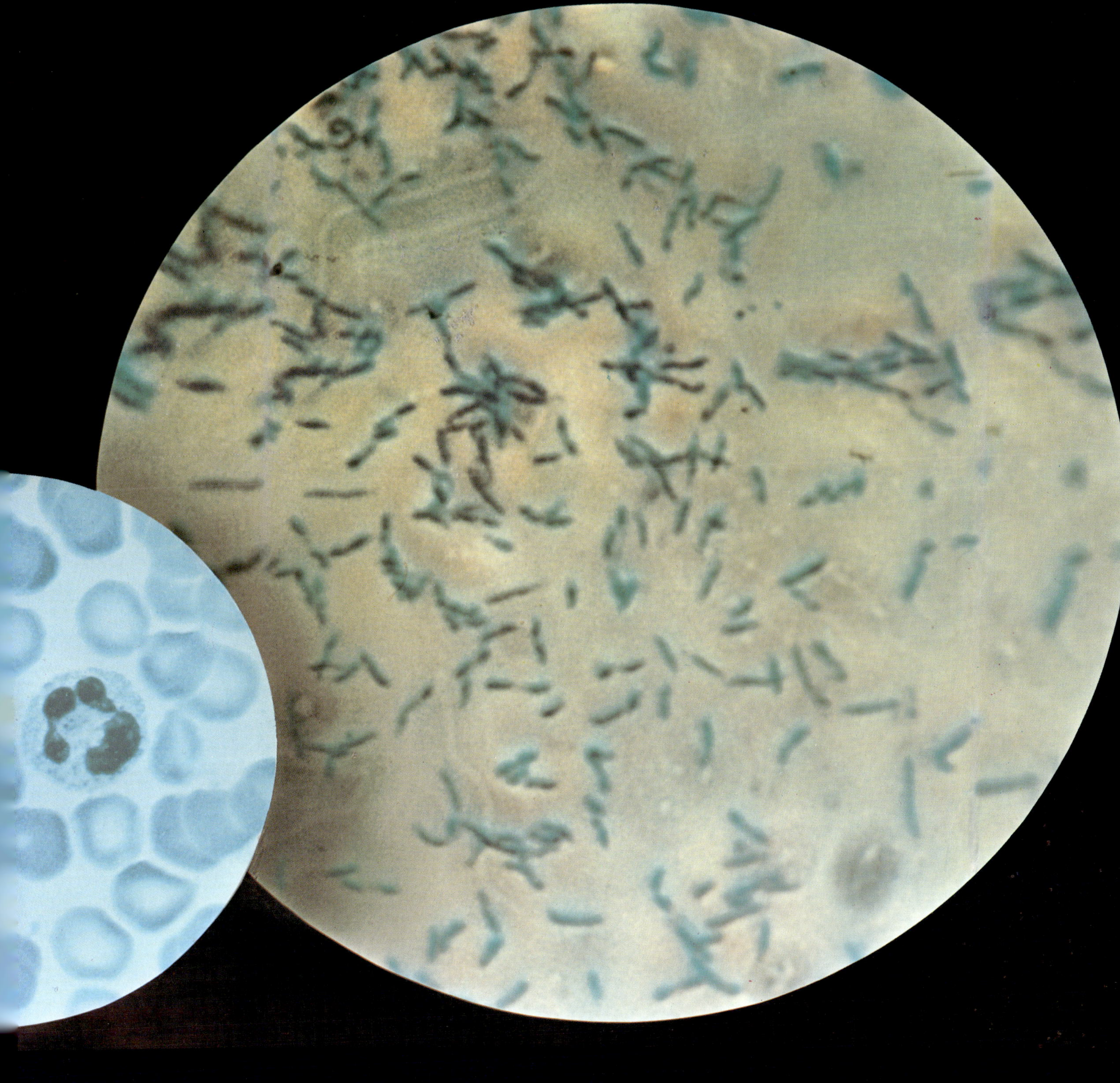

Die Szenerie ist bekannt: Da sitzt im pommerschen Wollstein ein biederer Landarzt, der sich von seinen Ersparnissen ein teures Mikroskop gekauft hat und nun versuchen will, Krankheitserreger zu finden. Das klingt romantisierend – aber es verhielt sich wirklich so. Der Landarzt, Dr. Robert Koch (1843 bis 1910), fand die Erreger von Milzbrand, Tuberkulose und Cholera. Er zeigte, wie man Bakterien züchten, färben (oben), vernichten kann. Die Bakteriologie unserer Tage ist sein Werk.

Der Bezwinger tödlicher Infektionskrankheiten wie Milzbrand, Tuberkulose und Cholera

1880 erhielt Robert Koch die Aufforderung, nach Berlin zu kommen. Man gab ihm ein geräumiges Laboratorium mit einem ungeahnten Reichtum an Apparaten, eine große Geldbeihilfe und zwei Assistenten. Nun konnte er, seinen Neigungen entsprechend, 16 bis 18 Stunden am Tag arbeiten, reichlich versehen mit Röhren, Farben, Mikroskopen und Meerschweinchen. Damit kam die große Wende in der Wissenschaft von den Mikroben.

In jenen denkwürdigen Jahren zwischen 1860 und 1870, als Louis Pasteur seine aufsehenerregenden Entdeckungen von Fäulnis und Gärung machte, studierte an der Universität Göttingen ein kurzsichtiger junger Mensch. Er hieß Robert Koch. Als er 1866 die Doktorwürde erlangt hatte, nahm er eine Stellung an einer Hamburger Heilanstalt an. Wenig später, als er geheiratet hatte, übte er seine Praxis in preußischen Dörfern aus, bis er zuletzt in Wollstein/Pommern landete. Dort kaufte er sich von seinen Ersparnissen ein Mikroskop in der Absicht, den Erreger des Milzbrandes finden zu wollen.

Fortan saß Koch allabendlich vor seinem Mikroskop. Scheinbar willkürlich sprang draußen die Seuche hin und her. Abends noch gesund, lagen am nächsten Morgen die Tiere kalt und steif da mit schwarzem geronnenem Blut und prall geschwollener Milz. Legte er Tropfen von dem Blut unter sein Mikroskop, so sah er zwischen den kleinen grünlichen Blutkörperchen sonderbare Dinger, die sich wie Stäbchen ausnahmen. Im Blut gesunder Tiere waren sie nicht zu finden. Lebten die Stäbchen überhaupt? Und wie vermehrten sie sich? Es war ein genialer Einfall, ein Milzfetzchen eines toten Tieres in einen Hängetropfen mit der Augenflüssigkeit eines Ochsen unterzubringen. Und siehe da, jetzt wuchsen und vermehrten sie sich, sie vermehrten sich ins Ungemessene.

Das geschah im Jahre 1876. Koch war damals 34 Jahre alt. Er machte sich aus seiner Vergessenheit von Wollstein auf und fuhr zur Universität Breslau. Vor einem Gremium ausgewählter Professoren zeigte er, was er im Experiment gefunden hatte. Und zur maßlosen Verblüffung seiner Zuhörer erklärte er auch gleich, wie man die Milzbrandbazillen vernichten könnte. In jenen Tagen wurde Koch zum Begründer der Bakteriologie.

Er lernte die Mikroben zu färben und führte sie in Fotos aller Welt vor Augen. 1880 erhielt er die Aufforderung, nach Berlin zu kommen und in das dortige Reichsgesundheitsamt als außerordentlicher Beirat einzutreten. Man gab ihm ein geräumiges Laboratorium mit unzähligen Apparaten, eine Geldbeihilfe und zwei Assistenten.

Er ging, so ausgerüstet, an seine nächste Aufgabe, nämlich reine Kulturen zu züchten, denn er war der Überzeugung, daß jede Krankheit nur von einer bestimmten Art von Bakterien verursacht wird. Ein Zufall kam ihm zu Hilfe. Eines Tages entdeckte er im Labor die liegengebliebene Hälfte einer gekochten Kartoffel. Ihre Schnittfläche war mit allerhand Tröpfchen in verschiedenen Farben besetzt. Er brachte etwas von der schleimigen Substanz eines großen Tropfens unter sein Mikroskop und sah – eine Reinkultur von Mikroben. Er benutzte Rindsbrühe als Nährboden und wiederum gekochte Kartoffeln, impfte sie mit Mikroben der verschiedensten Art, und immer erhielt er reine Kulturen. Nach diesem Erfolg nahm er den Kampf mit einer der furchtbarsten Krankheiten auf, der Tuberkulose.

Von einem jungen Arbeiter, der der Seuche erlegen war, entnahm er etwas Gewebe und spritzte es gesunden Tieren ein. Ausnahmslos vollzog sich ihr Schicksal. Aber obwohl er den sterbenden Tieren immer aufs neue Tuberkelbazillen entnahm, sie wollten sich nicht in den Brühen verschiedenartigster Zusammensetzung vermehren lassen. Offenbar waren es derartig vollkommene Schmarotzer, daß sie sich nur in Lebewesen entwickelten. So kam es, daß Koch nach endlosen Proben und Versuchen seine revolutionierendste Endeckung machte: er wählte die Serumflüssigkeit frisch geschlachteter Rinder als Nährboden und sah zuerst – nichts. Nachdem er schon alle Hoffnung aufgegeben hatte, bemerkte er am 15. Tag, daß die samtene Fläche mit zahllosen

Auf Rudolf Virchow (1821 bis 1902), »Papst« und höchste Autorität in der medizinischen Forschung, machten die Erkenntnisse Kochs keinen Eindruck. Spöttisch meinte er, es sei nicht so einfach, verschiedene Arten von Keimen getrennt zu halten, und man müßte Herrn Koch am Ende »so viele Laboratorien bauen, daß jede Art in ihrem eigenen Heim leben könne.« Bild unten: Koch während einer Afrikareise bei der Untersuchung eines Krokodils, in dessen Blut sich der Erreger der Schlafkrankheit befand. Zur Bekämpfung wandte er Arsenpräparate an.

Forschungsreise im Jahr 1900 mit dem Gouverneur von Neuguinea, Rudolph v. Benningsen, in der Malariabekämpfung. 1897 erkannte R. Roß die Übertragung von Malaria durch die Anopheles-Mücke; 1902 erhielt er dafür den Nobelpreis. Bereits 1636 hatte Schwenter zur Bekämpfung der gefährlichen Infektionskrankheit die Chinarinde nach Europa eingeführt.

Pünktchen besetzt war. Es waren Tuberkelbazillen. Der Rest ist schnell erzählt. Koch kam auf die Idee, mit den hochgefährlichen Bakterien die Atemluft seiner Tiere in den Käfigen zu vergiften. Sie erkrankten alle und starben eines schrecklichen Todes.

Am 24. März 1882 fand in Berlin eine Sitzung der Physiologischen Gesellschaft statt. Koch stellte die Ergebnisse seiner Forschung der Öffentlichkeit vor. Noch am selben Abend verbreitete sich die Kunde von der Entdeckung der Tuberkelbazillen in ganz Berlin, tags darauf drang die Sensation in alle Welt.

Koch aber spürte schon wieder einem Bazillus nach, dem Erreger der Cholera, der 1883 von Indien nach Europa kam. Er fuhr mit seinem Assistenten Gaffky nach Alexandrien. Doch während er sich rastlos mühte, verschwand die Cholera; niemand wußte, warum. Koch und Gaffky kehrten nach Berlin zurück, in ihrem Gepäck eine große Zahl von Präparaten, die alle eine kuriose Mikrobe in Form eines Kommas enthielten. Koch war der Meinung, daß dieser Bazillus mit der Cholera zusammenhängen mußte. Bald darauf reiste er nach Indien, wo es ihm gelang, den Kommabazillus auf Rindsbrühe in Reinkultur zu züchten. Er empfing vom deutschen Kaiser den Kronenorden mit Stern. Koch hatte unter Einsatz seines eigenen Lebens die Cholera besiegt.

Nicht besiegen konnte er den alten Geheimrat Pettenkofer in München, der durch Kochs Experimente keineswegs überzeugt war. »Schicken Sie mir einige von Ihren sogenannten Cholerabazillen, und ich will Ihnen beweisen, wie harmlos sie sind.« Koch schickte ihm eine Röhre voll der giftigsten Kommabazillen. Pettenkofer aber schluckte, zur aufrichtigen Bestürzung aller, den ganzen Inhalt der Röhre, genug um ein Regiment Soldaten umzubringen. Rätselhafterweise geschah ihm gar nichts.

Robert Koch ist der Begründer der modernen Bakteriologie. Ihm verdankt die Welt grundlegende Erkenntnisse in der Bekämpfung von Seuchen, von denen viele in Europa jetzt so gut wie ausgerottet sind. Nicht so in der Dritten Welt. Unser Foto zeigt einen Arzt bei der Behandlung eines kranken Kindes in Indien, das an einem Trachom, der Ägyptischen Augenkrankheit, leidet. Sie wird durch Infektion ausgelöst und ist eine außerordentlich hartnäckige, akute bis chronische Bindehautentzündung. Der Erreger Chlamydozoon trachomatis wird durch Fliegen übertragen.

Tag für Tag saß Koch über sein Mikroskop gebeugt. Er hatte einst Entdekkungsreisender werden wollen; nun ging er auf Mikrobenjagd (Bild Mitte). Links ein Szenenfoto aus dem Robert-Koch-Film »Bekämpfer des Todes« mit Emil Jannings in der Hauptrolle.

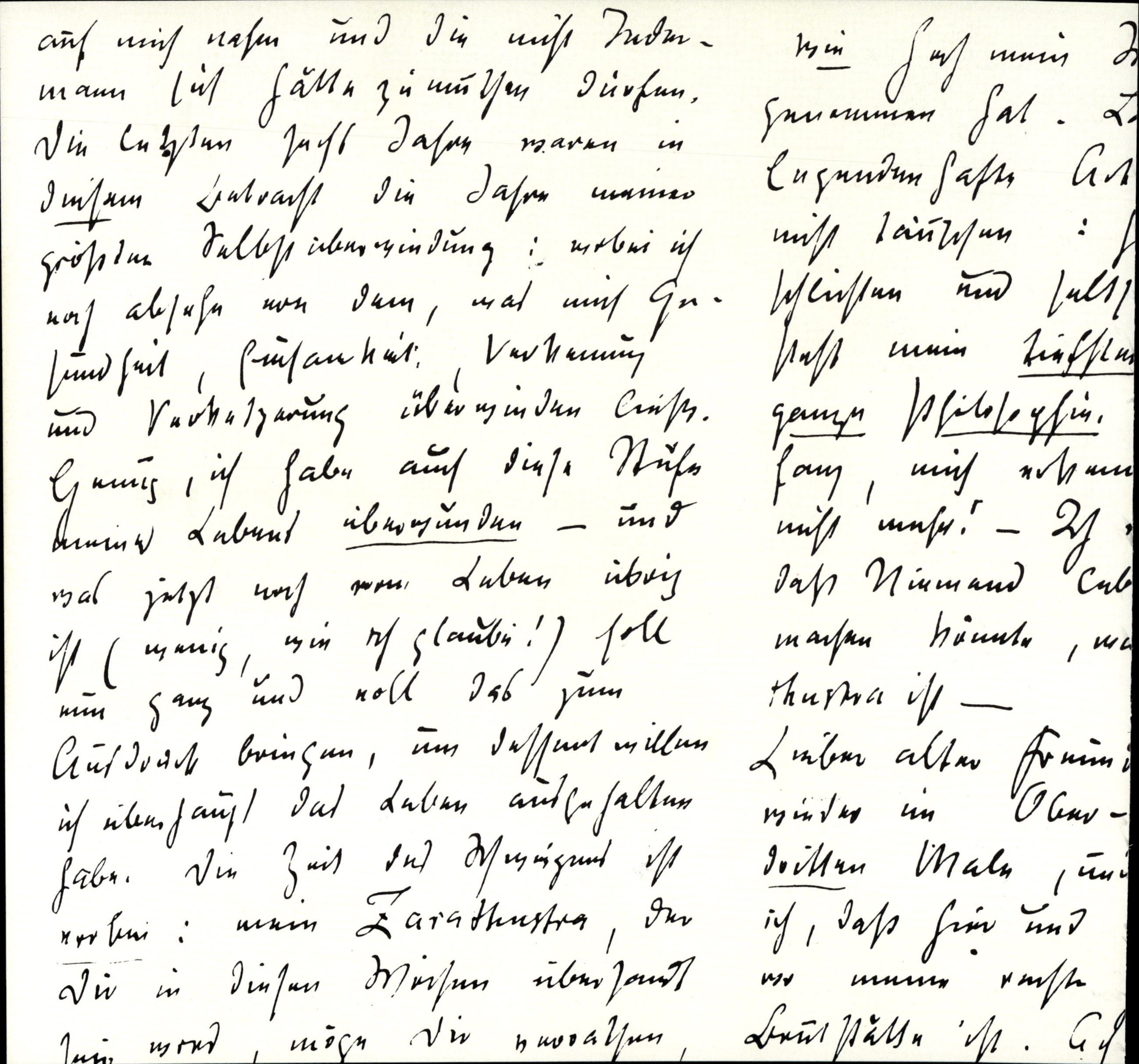

Nietzsche

Der »Umwandler aller Werte« war ein genialer Denker

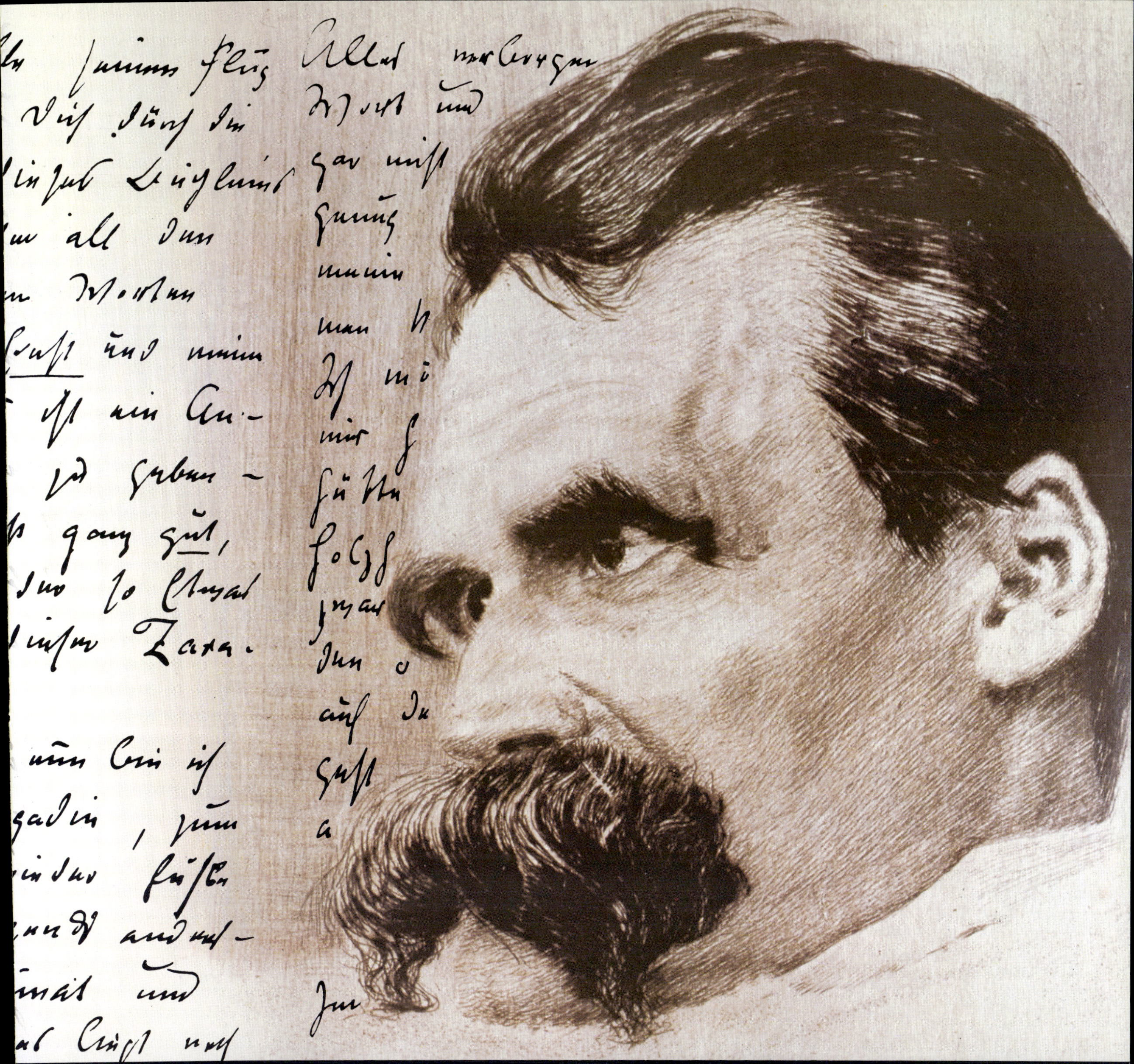

Schon als 26jähriger besaß der zu funkelnden Paradoxen und geschliffenen Formulierungen neigende Verächter aller Tradition die Würde eines ordentlichen Professors der Universität zu Basel. Friedrich Wilhelm Nietzsche (1844 bis 1900) hat kein geschlossenes Gedankengebäude errichtet. Darin und als Zertrümmerer als unrichtig erkannter Werte unterschied er sich von fast allen abendländischen Philosophen. Sein Porträt steht hier vor Teilen eines Briefes an Carl von Gersdorff (1883).

»Und Zarathustra sprach also zum Volk: Ich lehre euch den Übermenschen«

Friedrich Nietzsche im Alter von zwanzig Jahren. Zu jener Zeit verließ der Pfarrerssohn das hochangesehene Gymnasium Schulpforta und begann, an der Universität Bonn Theologie und Klassische Philologie zu studieren (rechts). – Eine Nietzsche-Darstellung aus dem Jahr 1906 von Edvard Munch, dem großen norwegischen Maler (Bild Mitte). Nietzsche hat die skandinavische Geisteswelt stark beeindruckt.

Für meine Generation«, schrieb der Dichter Gottfried Benn, »war Nietzsche das Erdbeben der Epoche und seit Luther das größte deutsche Sprachgenie.« Er habe eigentlich für alles, was diese Generation diskutierte, bereits die endgültigen Formulierungen gefunden.

Nietzsche hat vor allem zahllose Schriftsteller tief beeindruckt. Bekannt ist z.B. sein Einfluß auf den skandinavischen Raum, wo Georg Brandes bereits 1888 Vorlesungen über ihn hielt; der überragende Erzähler Knut Hamsun hat viele Ansichten Nietzsches geteilt. Zu Recht wurde festgestellt, seine Wirkung insgesamt sei nicht geringer als z.B. die von Marx gewesen.

Friedrich Wilhelm Nietzsche wurde am 15. Oktober 1844 in Röcken bei Lützen geboren. Er entstammte einem protestantischen Pfarrhaus. Als er fünf war, verlor er den Vater. Die Familie zog nach Naumburg; er hat die städtische Umgebung als feindlich empfunden. Der empfindsame, kontaktarme, musterknabenhafte Junge wuchs in der Umgebung von lauter (wohl ziemlich frömmelnden) Frauen auf. Schon als Zehnjähriger schrieb er zahlreiche Gedichte, komponierte, und bald begann er ein Tagebuch. Als Vierzehnjähriger kam er in das hochangesehene Internat Schulpforta. Dort lernte er die antiken Autoren kennen; er beschäftigte sich mit Jean Paul und mit dem fast vergessenen Hölderlin.

Als Zwanzigjähriger begann er klassische Philologie zu studieren, in Bonn und dann in Leipzig; sein bedeutendster Lehrer war Ritschl. In die Leipziger Zeit fielen entscheidende Begegnungen: in dem Philologen Erwin Rohde fand er einen bedeutenden Freund, und er begeisterte sich nun für die Philosophie Schopenhauers und die Musik Wagners.

1867 mußte er zum Militär, wurde jedoch nach einem Reitunfall bald wieder entlassen. Im Februar 1869 – er war ganze vierundzwanzig Jahre alt! – erhielt er mit Unterstützung Ritschls eine außerordentliche Professur der klassischen Philologie an der Universität Basel. Er lernte Jacob Burckhardt kennen; zu Richard Wagner entwickelte sich Freundschaft. Am Deutsch-Französischen Krieg nahm er eine Zeitlang freiwillig als Krankenpfleger teil.

1871 erschien sein erstes bedeutendes Werk: »Die Geburt der Tragödie aus dem Geiste der Musik«. In der griechischen Welt sah er zwei Mächte sich gegenüberstehn, das Dionysische (Rauschhafte) und das Apollinische (Harmonische). In den »Unzeitgemäßen Betrachtungen« wandte er sich gegen Bildungsphilisterei und das fatale Anwachsen historischen Wissensstoffs. Schriften über Schopenhauer und Wagner verherrlichten seine Vorbilder. Doch mit Wagner kam es dann zum Bruch. Nietzsche, der Gegner des Christentums, meinte, Wagner sei im »Parsifal« vor dessen lebensverneinenden Idealen zu Kreuze gekrochen.

Körperliche Beschwerden – heftige Kopf- und Augenschmerzen, Erbrechen – nahmen so sehr zu, daß er 1879 das Lehramt in Basel aufgab. Nach einer gewissen Genesung schrieb er »Morgenröte« und »Die fröhliche Wissenschaft«. In der folgenden Zeit lebte er überwiegend in Italien, Südfrankreich, der Schweiz. 1882 begegnete er Lou Salomé. Er begann die Arbeit an seinem Hauptwerk: »Also sprach Zarathustra« (1883–91). »Jenseits von Gut und Böse« erschien und »Zur Genealogie der Moral«. Das geplante Werk »Der Wille zur Macht, Versuch der Umwertung aller Werte«, das seine Ansichten systematisch darstellen sollte, blieb unvollendet.

Den letzten Höhepunkt seines Schaffens erreichte er 1888. Anfang 1889 erfolgte in Turin sein Zusammenbruch. Auf größenwahnsinnige Vorstellungen folgte geistige Umnachtung bis zu seinem Tod.

Das Haus in Sils-Maria, in dem Nietzsche seit 1881 gewohnt hat, und der nahegelegene Silser See, beide unweit St. Moritz im Oberengadin. Die großartige Landschaft machte auf Nietzsche tiefen Eindruck, und sein Gesundheitszustand, der ihn zwei Jahre davor zur Aufgabe der Professur in Basel veranlaßt hatte, besserte sich. An einen Freund schrieb er: »Dies ist keine Schweiz, etwas ganz anderes, jedenfalls etwas viel Südlicheres . . . Nun, dies Sils-Maria will ich mir zu erhalten suchen.« In Sils-Maria schrieb er einen Teil seines bedeutenden Spätwerks.

1882 lernte Nietzsche Lou Salomé kennen und lieben. Sie lehnte es ab, ihn zu heiraten. Später war sie mit Rilke befreundet – über beide hat sie geschrieben (links). 1883 erschien der erste Teil von »Also sprach Zarathustra« (unten). Oben rechts: Nietzsche mit der Mutter nach Ausbruch der Krankheit. Länger als ein Jahrzehnt, von 1889 bis 1900, lebte er in geistiger Umnachtung.

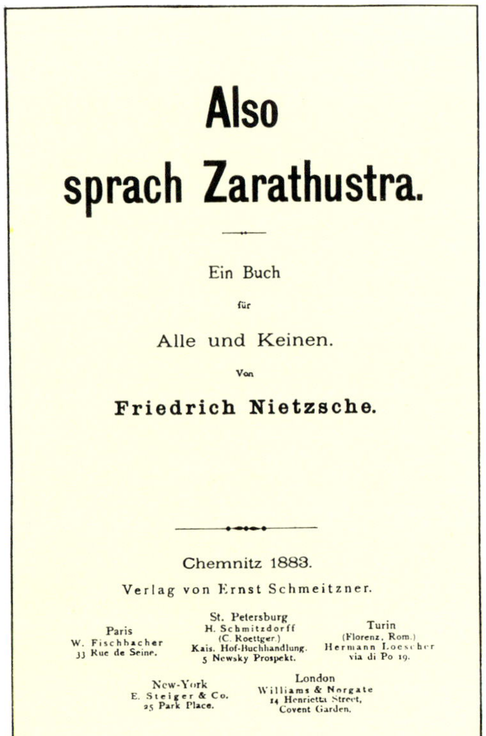

Also sprach Zarathustra.

Ein Buch für Alle und Keinen.

Von

Friedrich Nietzsche.

Chemnitz 1883.

Verlag von Ernst Schmeitzner.

Paris
W. Fischbacher
33 Rue de Seine.

St. Petersburg
H. Schmitzdorff
(C. Roettger.)
Kais. Hof-Buchhandlung.
5 Newsky Prospekt.

Turin
(Florenz, Rom.)
Hermann Loescher
via di Po 19.

New-York
E. Steiger & Co.
25 Park Place.

London
Williams & Norgate
14 Henrietta Street,
Covent Garden.

Man brachte ihn nach Basel, dann nach Jena; zuletzt hat ihn die Mutter, dann die Schwester versorgt. Am 25. August 1900 ist er in Weimar gestorben.

Nietzsche hat kein geschlossenes Gedankengebäude errichtet. Darin, vor allem aber als Zertrümmerer alter, als unrichtig erkannter Werte, ja: als »Umwerter aller Werte« unterscheidet er sich von nahezu allen abendländischen Philosophen. Die Welt gilt ihm als »ein Ungeheuer von Kraft, ohne Anfang, ohne Ende«; sie ist »der Wille zur Macht – und nichts außerdem«. Wille und Vitalität: das sind die höchsten positiven Phänomene. Gut und wahr im Leben sind die Triebe, die starken, gesunden Instinkte; er setzt auf das Gefühl und gegen den Intellekt. Er verachtet alle herkömmliche Moral als Herdentier-Moral, bezieht eine Position der Amoral. Das Christentum mit seiner »Sklavenmoral« ist ihm Gegner schlechthin, denn es habe »aus jedem Wert einen Unwert, aus jeder Wahrheit eine Lüge« gemacht. Was soll an die Stelle von Göttern (die alle tot sind) treten? Der »Übermensch«, wie ihn Zarathustra predigt? Dieser Übermensch glaubt an kein Jenseits, sondern bejaht aus vollem Herzen die Erde, das Leben. Er ist ohne alle Illusion, ein Mensch der »tragischen Weisheit«.

Daneben darf Nietzsches ungemein feinfühlige Psychologie nicht vergessen werden, die viele Erkenntnisse der modernen Tiefenpsychologie vorweggenommen hat. Gegen eins ist er entschieden in Schutz zu nehmen: Gegen die Verwendung einiger seiner Begriffe durch skrupellose Machtpolitiker zur Rechtfertigung ihres Tuns – niemand ist vor solch einem Mißbrauch nach seinem Tod sicher. Er selbst hat etwas von diesem Unheil geahnt: An seine Schwester schrieb er, daß ihm der Gedanke Schrecken mache, was für Unberechtigte und gänzlich Ungeeignete sich einmal auf seine Autorität berufen würden.

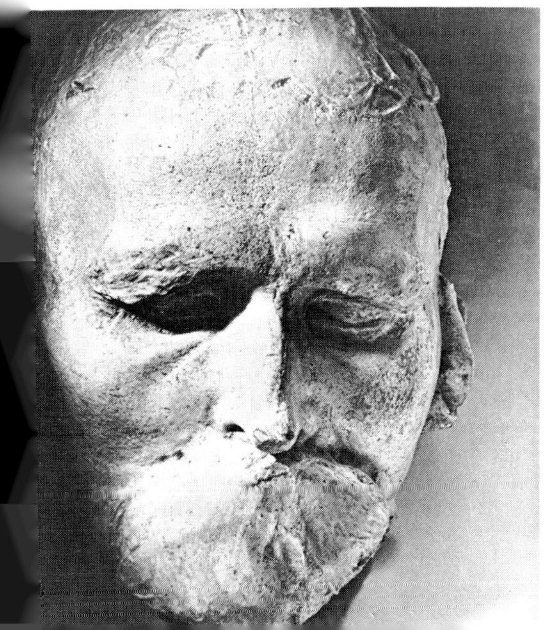

Nietzsches Totenmaske (links) und das Nietzsche-Archiv in Weimar (oben). In Weimar hat er zuletzt gelebt, bei seiner Schwester Elisabeth Förster-Nietzsche. Sie war es auch, die sich schon zu Lebzeiten des Geisteskranken, zu dem das nicht mehr drang, um sein Werk bemühte. Heute wird ihre Herausgebertätigkeit scharf kritisiert, und ihre Schriften über Nietzsches Leben finden nicht bloß Zustimmung. Der große Philosoph starb am 25. August 1900 in Weimar; in Röcken wurde er neben dem Vater begraben. Erst nach seinem Tod begann Nietzsches Weltruhm.

Edison

Der erfolgreichste Erfinder der Technikgeschichte

Die Sprechmaschine und die funktionierende Glühbirne, das Kohlemikrophon und das Kraftwerk, das Fertighaus aus einem Guß und die Filmkamera – das sind nur einige der Erfindungen, mit denen sich Thomas Alva Edison (1847 bis 1931) einen Namen machte. Der Selfmademan betrieb das Erfindergeschäft mit der Gründlichkeit eines Wissenschaftlers und dem Organisationstalent eines Managers. Über 1500 Patente wurden auf seinen Namen eingetragen. Manche davon begründeten ganze Konzerne.

Der »Zauberer von Menlo Park« interessierte sich schlechthin für alles auf der Welt

Edison im Alter von 21 Jahren (rechts); seine ersten Erfindungen hatte er da schon hinter sich. Daneben: Original-Exemplar der Edison-Glühbirne.

Als Edison eines Tages den Pflanzenzüchter Burbank in Kalifornien besuchte, bat ihn dieser, sich ins Gästebuch einzutragen. Es hatte vier Spalten: für den Namen, die Adresse und den Beruf, und über der vierten stand: »Interessiert sich für:«. Kurz und bündig schrieb Edison: »Alles«.

Er hat nicht übertrieben. Über 1500 Patente erhielt er zeitlebens in aller Welt, und sie erstreckten sich von der Eisenerzgewinnung bis zum Sprechapparat und der elektrischen Glühbirne. Angefangen aber hatte der am 11. Februar 1847 in Milan (Ohio) geborene Thomas recht bescheiden. Sein Vater war als Holz- und Getreidehändler zu einigem Wohlstand gekommen. Aber als die Eisenbahn an dem Städtchen Milan vorbeigebaut wurde, verlagerte sich der Verkehr vom Ohio-Eriesee-Kanal auf die Schienen, und Samuel Edisons Geschäft verödete. Er siedelte nach Port Huron in Michigan über und versuchte, seinen Handel wiederaufzubauen.

Thomas, der als letztes von sieben Kindern zur Welt gekommen war, konnte die reguläre Schule nur drei Monate lang besuchen. Zum Glück brachte ihm seine Mutter, eine frühere kanadische Lehrerin, zu Hause das Notwendigste bei. Das Lesen machte ihm den meisten Spaß. Mit neun Jahren vertiefte er sich schon in naturwissenschaftliche Bücher – und begann im Keller des Elternhauses mit chemischen Experimenten.

Mit zwölf Jahren (1859) muß er mithelfen, Geld zu verdienen. Er fährt in einem Güterwagen der Grand-Trunk-Eisenbahn zwischen Port Huron und Detroit hin und her und verkauft den Reisenden Obst, Erfrischungen und Zeitungen. So verdient er in einem Jahr 600 Dollar als Unterstützung für die Familie und für Chemikalien und Bücher. Bald hat er sich im Güterwagen ein Laboratorium eingerichtet. Eines Tages sieht er in Detroit eine gebrauchte Handdruckpresse mit Setzerkasten, billig zu haben. Der Fünfzehnjährige entschließt sich, in seinem Güterwagen eine eigene Zeitung herauszugeben. Die Telegraphisten der Bahn versorgen ihn mit Neuigkeiten. Bald hat das Blättchen 300 Leser.

Nebenher setzt Edison seine chemischen Experimente fort. Das ging so lange gut, bis ihm im August 1862 eine Flasche mit Phosphor umfiel. Sie setzte den Güterwagen in Brand. Der Zugführer warf Druckerei und Chemikalien aus dem Wagen. Für Edison setzte es eine kräftige Tracht Prügel.

Nach diesem Fehlschlag folgte bald der erste Lichtblick. Tom hatte den kleinen Sohn eines Eisenbahnbeamten vor einem rangierenden Güterwagen von den Schienen gezogen, und das vergalt ihm der Vater, indem er ihn in die Geheimnisse des Telegraphierens einweihte. Er sorgte auch dafür, daß Edison von der Grand-Trunk-Eisenbahn als Telegraphist in Stratford angestellt wurde. Und da machte er seine erste Erfindung.

Er mußte nämlich zur Kontrolle seiner Anwesenheit jede halbe Stunde an die Nachbarstationen das Morsezeichen »6« durchgeben. Bald hatte er einen Apparat gebastelt, der, ausgelöst von einer Uhr, das pünktlich für ihn besorgte. Leider nicht lange, denn als er bei einer unvermuteten Kontrolle im tiefsten Schlaf angetroffen wurde, mußte er gehen.

1868 fand er eine Stellung in Boston bei der »Western Union Telegraph Company«. Im folgenden Jahr erhält der Zweiundzwanzigjährige sein erstes Patent auf einen Stimmenzähler für das Parlament, bei dem die Abgeordneten nur auf einen »Ja«- oder »Nein«-Knopf zu drücken brauchten, worauf das Resultat elektrisch angezeigt wurde. Aber das Verfahren gefiel den Parlamentariern gar nicht – es war zu genau.

Zur Hochzeit mit seiner zweiten Frau Mary Miller (1884) lud Edison prominente Gäste ein und zeigte ihnen bei dieser Gelegenheit auch seine mit allen technischen Raffinessen ausgestatteten Laboratorien und Werkstätten (links). Dabei fiel sein Blick auf den Arbeitstisch mit einem unvollendeten Experiment. Edison vergaß Frau und Gäste und setzte seine Arbeit fort – die Hochzeit wurde ohne ihn weitergefeiert. Unten: Dauerversuch mit der Glühbirne. Jahrelang hatte er Mitarbeiter um den Globus gejagt, um sie Glühfadenmaterial suchen zu lassen.

Im selben Jahr noch fährt er, ziemlich entmutigt und abgebrannt, nach New York. Dort hatte er insofern Glück, als der Goldkursanzeiger der Börse, der laufend den Stand der Börsenkurse und des Goldpreises telegraphisch an die angeschlossenen Makler und Geschäftsleute meldete, plötzlich ausfiel. Edison reparierte ihn in zwei Stunden und wurde daraufhin angestellt. Natürlich beschäftigte ihn von da an die Verbesserung dieses Apparats, und er erfand einen neuartigen »Universal-Typendrucktelegraphen«. Die Firma »Gold and Stock Telegraph« wollte ihm sein Patent abkaufen und legte ihm dafür 40000 Dollar auf den Tisch.
Da er überdies von der »Western Union« einen Auftrag für 1200 seiner Börsentikker erhielt, richtete er sich in Newark bei New York eine Fabrik ein und engagierte einen Stab geschickter Mitarbeiter. Von 1871 bis 1873 tüftelt er in seinem Labor einen automatischen Hochgeschwindigkeitstelegraphen aus, der in der Minute 1000 Wörter sendet. 1874 erfindet er das Quadruplex-System, mit dem über einen einzigen Draht gleichzeitig vier Telegramme gesendet werden können. Insgesamt besitzt er jetzt schon über 200 Patente. Allmählich wird die Fabrik in Newark zu klein.
1876 baut er sich deshalb in Menlo Park, südwestlich von New York, auf einem Hügel ein großzügiges Laboratorium, das er mit den präzisesten Geräten ausrüstet; daneben errichtet er eine große Werkstatt, eine Kraftstation mit zwei Dampfmaschinen, eine Glasbläserei und andere Gebäude. Mit einer Schar von Assistenten und einer stattlichen Arbeiterkolonne zieht er dort ein. Er ist jetzt 29 Jahre alt, glücklich verheiratet, hat drei Kinder und steht am Beginn eines Lebensabschnitts, der ihm den Beinamen »Der Zauberer von Menlo Park« eintragen sollte.

Edison in seinem Arbeitsraum in der »Erfinderfabrik« von West Orange. Rund um fünf Laborhallen, Spezialwerkstätten, Materiallager und eine riesige Fachbibliothek lagen die Fabrikgebäude, in denen seine Erfindungen ausgewertet wurden. Rechts: Tonaufnahme mit dem Edison-Phonographen. Mit dem großen Trichter werden die Schallwellen eingefangen und auf die wachsbekleidete Walze übertragen: das erste Tonstudio der Welt. Mit der Tonqualität war es noch nicht weit her.

Edison hatte auch Talent für werbewirksame Effekte. Die Nachricht, daß ein Indianerhäuptling aus Buffalo Bills Wildwest-Truppe eine Phonographen-Walze besprochen habe, ging um die ganze Welt – und die Story dazu. Als der wackere Häuptling nämlich seine eigene Stimme aus dem Trichter erschallen hörte, warf er sich zitternd zu Boden und rief: »Manitu hat gesprochen!« Bild Mitte: Hingegeben hört sich eine Sängerin ihre auf die Walze gebannte Stimme an. Links: Die berühmte Remington-Schreibmaschine, an der Edison Verbesserungen ausführte.

»Schwarze Marie« hieß das geheimnisvolle Gebäude, in dem Edison sein kinematographisches Atelier eingerichtet hatte und in dem er auch seine ersten Filme dem staunenden Publikum zeigte. Rechts: Edison auf dem Wege zum Fertighaus. Er ließ das Bauwerk »in einem Stück« aus flüssigem Beton gießen und entwickelte dafür riesige wiederverwendbare Gußformen aus Eisen. Den Zement stellte er selbst her. Leider wollten seine Zeitgenossen nur ungern in einem Haus aus Beton wohnen.

Als erstes machte er sich an die Verbesserung des Bellschen Telefons, das zwar funktionierte, aber noch keine großen Entfernungen überbrückte, und außerdem mußte man ziemlich laut in die Sprechmuschel schreien, um am andern Ende verstanden zu werden. Also erfindet er das empfindliche Kohlekörnermikrophon und eine Art Verstärkerspule, wodurch die Reichweite um Hunderte von Kilometern gesteigert wird.

1854 hatte der deutsche Uhrmacher Heinrich (Henry) Goebel eine primitive elektrische Glühlampe erfunden. Das Prinzip bestand darin, daß in einer luftleeren Flasche verkohlte Pflanzenfasern durch Strom zum Glühen gebracht wurden. Goebel begnügte sich damit, die kurzlebige Lampe zur Beleuchtung seines New Yorkers Ladens zu benutzen.

Edison griff das Prinzip auf, und ihm gelang es, eine brauchbare elektrische Glühlampe zu schaffen; am 21. Oktober 1879 leuchtete das erste Exemplar auf und brannte 40 Stunden. Mit einer großartigen Illumination von Menlo Park durch 700 Glühbirnen machte er vor 3000 Gästen seine neue Erfindung bekannt. Anschließend arbeitete er das komplette Versorgungssystem von der Stromquelle bis zu den Beleuchtungskörpern aus, und am 4. September 1882 konnte in New York das erste Elektrizitätswerk in Betrieb genommen werden, das nach zwei Monaten bereits 5000 Lampen versorgte.

Schon 1877 hatte er sich mit der Konstruktion einer »Sprechmaschine« befaßt. Heraus kam ein liegender, mit einer Handkurbel drehbarer Metallzylinder, der sich durch ein Schneckengewinde bei jeder Umdrehung um ein kleines Stück seitlich verschob. Der Zylinder wurde mit einer Stanniolfolie umwickelt, über die eine Nadel strich, die unter einer Membran befestigt war. Drehte man den Apparat beim Sprechen, dann geriet die Membran im Rhythmus der Schallwellen ins Schwingen, und die Nadel drückte ihre Bewegungen in die Folie ein. Beim ersten Versuch sang Edison ein kleines Kinderlied gegen die Membran. Und als er nun den Zylinder in die Ausgangsstellung zurückbrachte, die Nadel am Beginn der Spur einsetzte und die Walze drehte, da kam's zur maßlosen Verblüffung seiner Assistenten klar und deutlich: »Mary had a little lamb . . .« Aber zunächst geschah nichts weiter, er hatte noch anderes zu tun. Erst zehn Jahre später, 1888, kommt er auf seinen Sprechapparat zurück. Und als er nun eine Wachswalze als Tonträger benutzt und den Apparat so verbessert, daß er auch Musik – wenn auch noch krächzend – wiedergibt, beginnt der unaufhaltsame Erfolg des Phonographen.

Was das Ohr vernimmt, kann er nun festhalten. Sollte es nicht auch möglich sein, lebende Bilder für das Auge zu reproduzieren? Er löste auch dieses Problem auf seine Weise, indem er den »Kinetographen« erfand, eine Kamera für Serienaufnahmen, und das »Kinetoskop«, einen Vorführapparat in Gestalt eines Guckkastens, in dem allerdings jeweils nur eine Person die laufenden Bilder betrachten konnte. Die Erfindung der Projektion von Filmen auf eine Leinwand mußte er den Brüderpaaren Lumière und Skladanowski überlassen.

Auch Menlo Park war inzwischen längst zu klein geworden; schon 1881 war er mit Sack und Pack nach New York umgezogen. 1887 aber bezog er ein riesiges Gelände in West Orange mit seinen Labors und Fabriken, in denen er mehrere tausend Menschen beschäftigte.

Niemals hat ein Mensch so vieles erfunden wie Edison. Sein Genie war ebenso einzigartig wie seine unermüdliche Schaffenskraft und sein Erfolg. Als er am 18. Oktober 1931 starb, arbeiteten in riesigen Industrieunternehmen Zehntausende von Menschen an Produkten, die aus seinen Erfindungen hervorgegangen sind.

Edison begnügte sich nicht damit, eine verwendbare Glühbirne zu konstruieren – er schuf auch das gesamte dazugehörige System vom Kraftwerk über die Leitungssysteme bis zu Fassung und Steckdose. Links Mitte: Eines der ersten Edison-Kraftwerke, eine Generatorenstation für die New Yorker Straßenbeleuchtung. Seine Straßenbahn (links), mit Edison-Akkumulatoren betrieben, steuerte er bei Versuchsfahrten selbst. Als der Erfinder 1931 als 84jähriger starb, feierte ihn die Welt als den Mann, dem es gelungen war, Licht in die Welt der Dunkelheit zu bringen.

Freud

Der Wiener Arzt begründete die Psychoanalyse

Der Wiener Arzt Sigmund Freud (1856 bis 1939) fand bei den wenigsten seiner Zeitgenossen Zustimmung, als er sich daran machte, ein neues Bild des Menschen zu entwerfen. Der Begründer der Psychoanalyse war zu der Erkenntnis gekommen, daß die menschliche Seele auf zwei Ebenen operiere: auf einer bewußten und einer unbewußten. Und was er über den Raum des Unbewußten herausfand, war schockierend. Das Bild oben zeigt Freuds Behandlungszimmer in Wien mit der berühmten Couch.

Ein Dschungel wird gelichtet: Der Mensch auf dem Wege zu sich selbst

Eine Musterehe, die 53 Jahre dauerte, führten Sigmund Freud und Martha Bernays (rechts, als Verlobte im September 1885). Von den sechs Kindern führte Anna (ganz rechts, mit ihrem Vater) als Psychotherapeutin das Werk ihres Vaters weiter, das auf die kulturelle Entwicklung unserer Zeit einen immer noch wachsenden Einfluß hat.

Auszug aus der Antrittsrede eines jungen Professors: »Ich bin nicht geneigt – pardon, geeignet – die Verdienste meines sehr geschätzten Vorgängers zu würdigen.« – Weiteres Beispiel für ein alltägliches Versprechen: »Der Doktor hat gesagt, mein Mann braucht keine Diät, er kann essen und trinken, was ich will.« – Beide Fehlleistungen werden neben vielen anderen des Versprechens, Verlesens, Verhörens und Vergessens angeführt in dem 1916 erschienenen Buch »Vorlesungen zur Einführung in die Psychoanalyse« von Professor Dr. Sigmund Freud.

Der Professor, damals bereits ein weltweit berühmter und je nach Standort bewunderter, vor allem aber angefeindeter Mann, will seinen Hörern mit diesen Beispielen deutlich machen, daß sich verborgene, unbewußte Regungen und Antriebe auf raffiniert-listige Weise der Verfügungsgewalt des Bewußtseins entziehen und gegen jeden vernünftigen Willen durchsetzen können. Zu diesen vergleichsweise harmlosen ließen sich sehr viel ernstere Beispiele anführen. Unerklärliche, dauerhafte Ängste, unüberwindliche Hemmungen und selbst schwere organische Erkrankungen können ihre Wurzeln in unbewußt gebliebenen oder gewordenen Konflikten haben.

Diese unbewußt im Menschen wirkenden Kräfte entdeckt und ihre Dynamik systematisch erforscht und dargestellt zu haben, ist die große Leistung des Wiener Arztes Sigmund Freud. Auf die Spur war er ihnen bereits in den achtziger Jahren des 19. Jahrhunderts gekommen. Sein Kollege Josef Breuer hatte ihm über Erfolge bei der Behandlung hysterischer Lähmungserscheinungen berichtet. Die Symptome verschwanden zumindest zeitweise, wenn die Patienten in der Hypnose veranlaßt wurden, über deren Entstehung zu berichten, an die sie sich im wachen Zustand gar nicht oder nur sehr unvollkommen erinnern konnten.

Freud fand Schritt für Schritt weitere Zugänge zu dieser in der eigenen Person versunkenen Welt: die Symbolsprache des Traumes, die Fehlleistungen, vor allem aber das Gespräch mit dem Arzt, in dem der Patient frei und ungezwungensprunghaft alle Einfälle, Gedanken und Erinnerungen ausspricht. Dieses »freie Assoziieren« entwickelte er zur Grundlage der psychoanalytischen Behandlung, in der es darum geht, Verdrängtes bewußt zu machen und so den der Krankheit zugrunde liegenden Konflikt zu lösen. Immer wieder führten diese Gespräche zurück, bis zur frühesten Kindheit, zu Erlebnissen und Eindrücken in der Familie und nächsten Umgebung, auf stark gefühlsbetonte Einstellungen zu früheren »Bezugspersonen«.

Es enthüllten sich ihm unterdrückte Wünsche, Verbotenes und Unmoralisches zu tun oder zu begehren. Zug um Zug entschleierte Freud ein Bild vom Menschen, das gar nicht passen wollte zu dem, das der Mensch von sich selbst entworfen hatte: zum Bild des allein von Vernunft, Einsicht und bewußtem Willen geprägten »homo sapiens«. Das neue, gleichsam um die Kehrseite erweiterte Bild des Menschen trug – vereinfacht und verkürzt skizziert – ganz andere, auf die Zeitgenossen schockierend wirkende Züge:

Die von frühester Kindheit an wirksamen Triebe und Strebungen sind auf die Befriedigung und Erfüllung primär egoistischer Bedürfnisse gerichtet – auf einen zunächst noch uneingeschränkten Lustgewinn, so auch, in einer frühkindlichen Form der Sexualität, auf die Liebe und Zuneigung des anderen, sowie auf die Beseitigung des eigenen, konkurrierenden Geschlechts. Diesem Bedürfnis des unbewußten »Es« nach Befriedigung setzt die Gesellschaft, dem Kind zunächst in Gestalt der Eltern begegnend, Gebote und Verbote entgegen, die ihrem Ursprung

Der Patient liegt entspannt auf einer Couch und teilt zwanglos, »frei assoziierend«, seine Gedanken, Einfälle und Erinnerungen mit. Der im Hintergrund sitzende Arzt greift nur behutsam, mit lenkenden Fragen und Aufforderungen ein. Diese »klassische«, von Freud entwickelte und praktizierte, sehr langwierige Technik der Psychoanalyse ist weitgehend aufgegeben worden. Die neueren Verfahren betonen eine aktivere Mitwirkung des Patienten, und »Patient« kann zum Beispiel die Familie selbst sein, die als Gemeinschaft nicht mehr »funktioniert«.

nach der Herstellung eines leidlich stabilen Auskommens der Menschen miteinander dienen. Bei dem nun einsetzenden konfliktreichen Lernprozeß zwischen Trieberfüllung und -versagung bildet sich das »Über-Ich« als Instanz des persönlichen Gewissens und der sozialen Verantwortung. Zwischen beiden entwickelt sich das zunächst noch individuell ungeprägte »Ich«, die sich ihrer selbst bewußte Person.
Dieser Weg in den Grenzen der persönlichen Veranlagung verläuft selten geradlinig und unkompliziert. Die Auflösung der Konflikte gelingt nicht immer, sie können zusammen mit dem auslösenden, von Schuldgefühlen begleiteten Erlebnis verdrängt werden und beginnen dann ein dem Bewußtsein entrücktes Eigenleben in verschleierter, gleichsam »getarnter« Form: als Komplex, als Neurose auch in organischer Form. Andererseits kann die Verarbeitung und Bewältigung des Triebkonflikts auch so vor sich gehen, daß die spannungsgeladenen Energien umgewandelt und auf sozial akzeptable Ziele gerichtet werden. Diese »Sublimierung« – in gewisser Weise das Gegenteil der »Verdrängung« – kann zu besonders hervorragenden Leistungen intellektueller, sozialethischer oder kultureller Art befähigen.
Freud hat seine revolutionierenden Entdeckungen und die daraus abgeleiteten, immer wieder korrigierten Theorien in mehr als hundert Publikationen niedergelegt. Die Öffentlichkeit reagierte mit Entsetzen und Abscheu – nicht verwunderlich zu einer Zeit, die alles Geschlechtliche verpönt, eben verdrängt hatte. Zwar fand er in einer kleinen Minderheit ärztlicher Kollegen bald Anhänger. Seine Bedeutung wurde vor allem von Künstlern, Schriftstellern und Philosophen rasch erkannt. Aber der Masse des Publikums war er im höchsten Maße verdächtig.
Er hatte ein Tabu gebrochen, und wer das

Psychoanalytiker der »Frühzeit« (ganz oben, von links): Otto Rank, Sigmund Freud, Karl Abraham, Max Eitingen, Sandor Ferenczi, Ernest Jones, Hanns Sachs. Von der großen Mehrheit der medizinischen Fachkollegen und der breiten Öffentlichkeit angefeindet, schlossen sich die wenigen ersten Anhänger Freuds in kleinen Zirkeln zusammen. Aber viele der Mitglieder gingen bald eigene Wege, entwickelten eigene Richtungen und Schulen. Freud (oben bei der Korrektur eines seiner Manuskripte) war nicht nur ein ideenreicher, scharf analysierender Forscher, sondern auch ein glänzender, vielseitiger Schriftsteller.

Mit der Spitze eines Eisbergs (rechts, Titelseite der Zeitschrift »Der Spiegel«) wird das Bewußtsein gern verglichen, seitdem Freud die unbewußte, die verdrängte Kehrseite der menschlichen Natur sichtbar und verständlich gemacht hat. In der Bildersprache des Traumes drängt sie sich ins Bewußtsein.

Mit seiner Tochter Anna besuchte Freud 1938, ein Jahr vor seinem Tode, noch einmal Paris (links), wo er 1885 als junger Arzt und Stipendiat wesentliche wissenschaftliche Impulse empfangen hatte. Sein Einfluß auf die moderne Kunst und Literatur ist kaum zu überschätzen (rechts ein surrealistisches Gemälde von Rudolf Hausner: »Arche des Odysseus«). Die Bedeutung Freuds für ihre Arbeit war gerade von Künstlern und Schriftstellern schon zu einem sehr frühen Zeitpunkt erkannt worden.

tut, so Freud in seinen späteren völkerkundlichen Studien, wird selbst tabu, muß gemieden werden. Ihm war der geistesgeschichtliche Zusammenhang deutlich bewußt, in dem die Erschließung einer neuen Dimension der menschlichen Natur zu sehen war: »Das kopernikanische System beraubte die Erde ihrer Sonderstellung als Mittelpunkt der Welt. Die Entwicklungslehre Darwins machte den Menschen zu einem Glied in der Entwicklungskette der Tiere. Aber die dritte und fühlbarste Kränkung wird der Größenwahn des Menschen durch die psychologische Forschung unserer Tage erfahren, die dem Ich zeigt, daß es nicht einmal Herr im eigenen Hause ist, sondern angewiesen auf spärliche Angaben darüber, was unbewußt im Seelenleben vor sich geht.«

Was ihn mehr als jede Kritik persönlich tief verletzte, war der im deutsch-österreichischen Raum sich ausbreitende und formierende Antisemitismus, der immer wieder auch ihn zur Zielscheibe des Hasses machte. Freud entstammte einer alten jüdischen Familie. Seine Vorfahren waren schon im Mittelalter im Rheinland ansässig und flohen vor antisemitischen Verfolgungen in das östliche Europa. Im Laufe des 19. Jahrhunderts zog die Familie über Litauen und Galizien nach Österreich-Ungarn. In der mährischen Kleinstadt Freiberg wurde Sigmund Freud am 6. Mai 1856 geboren. Urgroßvater und Großvater waren Rabbiner, der Vater Wollhändler. 1859 ging die Familie nach Wien.

Unter seinen sieben Geschwistern war Sigmund der Liebling der Mutter. In der Schule blieb er Klassenprimus vom ersten Jahre an bis zur Reifeprüfung. Seine Sprachkenntnisse waren beachtlich. Er beherrschte neben den klassischen Sprachen Hebräisch, Griechisch und Latein auch Englisch, Französisch, Italienisch und Spanisch. Gerühmt wurde seine außerordentliche Merkfähigkeit. Mehrere Textseiten konnte er, einmal gelesen, mühelos auswendig wiedergeben. 1873 begann er sein Medizinstudium an der Universität Wien und habilitierte sich 1885 als Privatdozent für Neuropathologie. Für den nun 29jährigen war die Psychoanalyse allerdings noch kein Thema. Seine wissenschaftlichen Interessen und Verdienste lagen auf anderen Gebieten. Er entdeckte die schmerzbetäubende Wirkung des Kokains und bereitete damit der Lokalanästhesie den Weg. Als grundlegend gelten immer noch seine Arbeiten über Sprachstörungen nach Gehirnerkrankungen. 1902 erhielt er eine Professur an der Universität Wien.

1886 hatte Freud Martha Bernays geheiratet, die ebenfalls einer alten jüdischen Familie entstammte. Aus der vierjährigen Verlobungszeit sind mehr als 900, erst zu einem kleinen Teil veröffentlichte Briefe bekannt, Zeugnisse einer großen Liebe, die unwandelbar und ohne Trübung blieb bis zu seinem Tode am 23. September 1939 in London. »Ein schwacher Trost ist für mich«, schrieb die Witwe, »daß in den 53 Jahren unserer Ehe kein böses Wort zwischen uns gefallen ist.«

Als 82jähriger Greis erfuhr Freud noch an sich selbst das Schicksal seines Volkes. 1938, nach der Besetzung Österreichs durch die Nationalsozialisten, mußte er das Land verlassen, in dessen Sprache er eine Vielzahl wissenschaftlicher Texte von hohem schriftstellerischem Rang geschrieben hatte. Die »Auswanderungssteuer« von fast 5000 Dollar konnte er nicht bezahlen. Freunde brachten sie für ihn auf. Seit 1917 litt Freud an Gaumenkrebs und wußte um die Schwere der Krankheit. 33 Operationen ließ er über sich ergehen, lehnte aber schmerzstillende, die Klarheit des Denkens beeinträchtigende Mittel ab. Eine kleine Dosis Aspirin nahm er erst 1939, und zwei Tage vor seinem Tode bat er um Morphium.

Lumière

Wegbereiter der modernen Foto- und Filmtechnik

Von dem französischen Chemiker Auguste Lumière (1862 bis 1954; Bild oben) stammt das erste praktikable Farbfoto-Verfahren. Vor allem aber konstruierte er mit seinem Bruder Louis Jean (1864 bis 1948) ein Filmaufnahme- und Vorführgerät – das erste, das sich in der Praxis bewährte und dem Kommunikationsmittel Film den Weg bereitete. Die Brüder Lumière stützten sich auf Erfindungen ihrer Vorgänger. Aber der entscheidende Anstoß für die Praxis des »Kinematographen« war ihr Verdienst.

Viele hielten den Film anfangs für ein Spielzeug. Er wurde eine Weltmacht

Der erste kinematographische Aufnahme- und Vorführapparat der Brüder Lumière aus dem Jahre 1895 (rechts). Er war gleichzeitig Aufnahmekamera und, mit einer dahinter angebrachten Lichtquelle, auch Projektor. Das entscheidende Detail war ein Greifer, der den Film ruckfrei transportierte.

In einem großen Garten sieht man einen Mann, der mit einem langen Gartenschlauch Blumen begießt. Unbemerkt tritt ein Junge herzu und stellt sich auf den Schlauch. Der Gärtner, der natürlich nichts Böses ahnt, betrachtet interessiert das Ende seines Schlauchs, um festzustellen, warum das Wasser plötzlich ausbleibt. In diesem Augenblick tritt der Junge von dem Schlauch herunter, das Wasser ist wieder frei und spritzt dem Gärtner ins Gesicht. Schadenfrohes Gelächter der Zuschauer!

Dies ist der Inhalt eines der zehn Kinofilme, die am 28. Dezember 1895 von den Brüdern Lumière im Indischen Salon des Grand Café auf dem Boulevard des Capucines in Paris bei einem Eintrittspreis von einem Franken öffentlich vorgeführt wurden. Jede Vorstellung dauerte 15 Minuten.

Das Datum bezeichnet nicht nur die Geburtsstunde des Films, sondern zugleich den Beginn einer riesigen neuen Industrie, die die Welt verändern sollte. Nicht in erster Linie materiell (wie etwa im Fall der Autoindustrie), wohl aber in den Regionen des Denkens und Fühlens und damit in jenem Bereich, in dem die großen sozialen und politischen Entscheidungen fallen. Im gleichen Jahr war Le Bons berühmte »Psychologie der Massen« erschienen, in der es von der Masse hieß, sie denke in Bildern. Was zugleich bedeutete, daß die Masse, das heißt wir alle in dieser Zeit, durch Bilder gelenkt werden kann. Wer hinfort die Bilder beherrschte, beherrschte folgerichtig das Denken und Fühlen der Menschen, letzten Endes also ihre Handlungen.

Natürlich trat der Film nicht von heute auf morgen in die Welt, auch waren die Brüder Lumière sicherlich nicht die alleinigen Erfinder. Eine der wichtigsten Voraussetzungen etwa war die Photographie. Denn wenn es auch schon vorher Apparaturen gegeben hatte, mit deren Hilfe bewegte Bilder gezeigt werden konnten, so wurde doch für den Film entscheidend, daß erstens eine Abbildung der Wirklichkeit, zweitens unendlich viele einander kontinuierlich folgende Abbildungen möglich wurden.

Indes wurde nicht das erste Verfahren der Photographie, das Daguerre 1837 erfunden hatte, für den Film wichtig, sondern das 1841 von Talbot entdeckte, das Kopien möglich machte. Auch mußte noch der von dem Amerikaner George Eastman um 1880 entwickelte durchsichtige und biegsame *Film* hinzukommen (jetzt taucht also auch das entscheidende Wort auf), um den Lumières das Material zur Verfügung zu stellen, das sie verwenden konnten.

Auguste Lumière, geboren am 19. Oktober 1862 in Besançon, und sein ebenfalls dort am 5. Oktober 1864 geborener Bruder Louis arbeiteten in der photochemischen Fabrik ihres Vaters. Sie waren also Fachleute. Als sie daher 1894 das »Kinetoskop« kennenlernten, das Edison gerade erfunden hatte, erkannten sie schnell, daß hier die Zukunft der Photographie lag. Dem Edisonschen Apparat fehlte allerdings noch etwas Wesentliches: die Projektion. Beim Kinetoskop blickte man als einzelner durch einen Schlitz und sah dann im Innern der Apparatur, kleinformatig, die sich vorbeibewegenden Bilder. Wenn es gelang, dieses Betrachten beweglicher Bilder Hunderten von Zuschauern gleichzeitig zugänglich zu machen, hatte man den entscheidenden Schritt in eine neue Welt getan.

Die Lumières brauchten kein ganzes Jahr, um diesen Schritt mit ihrem »Cinétoscope de projection« zu tun. Ihr Apparat war gleichzeitig Aufnahmekamera und mit einer dahinter angebrachten Lichtquelle Projektor. Sechzehn Bilder wurden in der Sekunde belichtet und danach auf die Leinwand projiziert. Das besondere Verdienst der Lumières war dabei die Kon-

Lumière-Chefmechaniker Moisson bedient den Kinematographen (oben) mit einer Handkurbel. Links im Bild die Projektionslaterne. Der Film fällt unaufgespult in einen Kasten. Bild rechts: Louis Lumière führt seinen Enkeln einen Film vor. Er heißt »Querelle enfantine« und zeigt zwei Lumière-Babys in Naheinstellung. Insgesamt stellten die Lumières rund 1400 Filme her, die allerdings niemals länger als 17 Meter waren, also nur kurze Szenen aus dem Alltagsleben darstellen konnten. Bevor der Film das große Geschäft wurde, verkauften die Lumières ihr Patent.

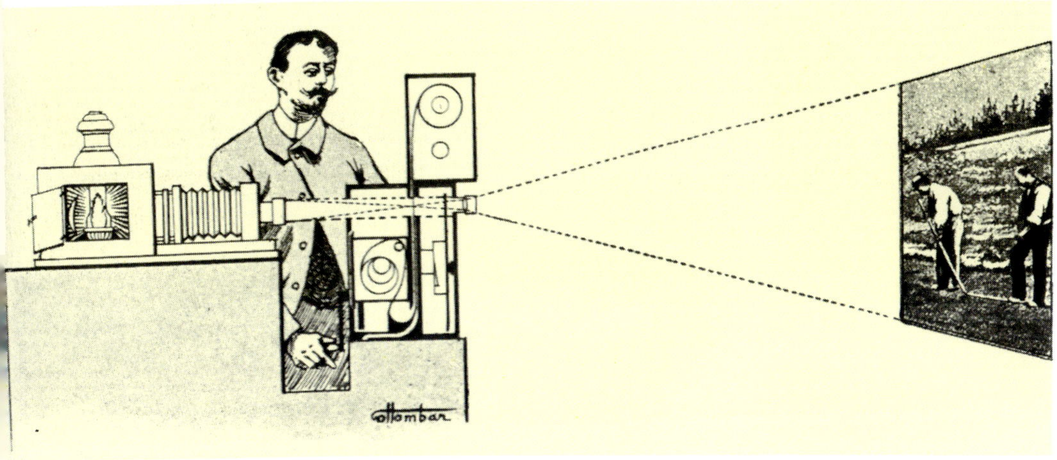

Die schematische Darstellung aus dem Jahre 1895 zeigt das Verfahren der Vorführung eines Films mit dem »Cinétoscope de projection« der Brüder Lumière. Ganz links die Lichtquelle, daneben der Projektor mit der Filmrolle. Der Film sammelt sich nach dem Abspielen im unteren Behälter. Filmstreifen hatte es auch schon vor den Lumières gegeben. Vor allem Thomas Alva Edison hatte mit seinem Kinetoskop von sich reden gemacht. Bei diesem Gerät konnte allerdings immer nur einer sich die Bilder betrachten. Erst die Lumières machten sie vorführbar.

Filmatelier anno 1913 (ganz links): Zwei würdige Herren kurbeln eine hochdramatische Szene herunter. Unten ein moderneres Gegenstück: Dreharbeiten zu dem Großfilm »Kleopatra« in Rom. Elizabeth Taylor spielte die Hauptrolle. Hier wird der riesige Aufwand deutlich, den moderne Filme verlangen. Links: Auguste und Louis Jean Lumière in ihrem Laboratorium in Lyon, wo sie am Kinematographen und an einem Farbfotoverfahren arbeiteten. Bild rechts: Eines der ersten Werbeplakate für den »Cinematographe Lumière« aus dem Jahre 1896.

struktion des Greifers: Er bewegte den Film und hielt ihn zugleich während der Belichtung für den Bruchteil einer Sekunde fest. 1896 wurde der Greifer, weil er die Perforation der Filme zu stark beanspruchte, noch verbessert und durch das »Malteserkreuz« des deutschen Filmtechnikers Oskar Meßter (1866 bis 1943) ersetzt.

Dieser Meßter wurde übrigens der erfolgreichste Filmpionier in Deutschland. Schon 1896 verkaufte er seine ersten Filmprojektoren, produzierte die ersten eigenen Filme und eröffnete in Berlin Unter den Linden das erste deutsche Kino. Auch Atelierfilme stellte er bereits her und entdeckte dabei Henny Porten, die erste große Filmdiva der Stummfilmzeit. Berühmt war seine »Meßter-Woche«, die erste deutsche Wochenschau (ab 1914).

Der große Filmname in Frankreich wurde Charles Pathé, an den die Lumières ihr Patent verkauften. Ihnen war, was da auf sie zukam, rasch zuviel geworden. Wahrscheinlich ahnten sie nicht, reine technische Fachleute, die sie waren, welche ganz neue Welt sich mit dem neuen Medium Film eines Tages auftun würde. Sie sind sehr alt geworden. Louis starb 1948, Auguste 1954: In diesen Jahren gab es bereits den Ton- und Farbfilm.

Auch damit war die Entwicklung noch nicht abgeschlossen. So wie sich Film und Ton zusammengetan hatten, kam es zwischen Film und Fernsehen zu einer Symbiose. Es gelang 1967 schließlich, den farbigen Tonfilm auf Magnetband zu speichern und damit Licht und Ton auf ihre einfachste Form als elektrische Welle zu reduzieren. Diese letzte Entwicklung erlebten die Brüder Lumière nicht mehr. Obgleich ihr Name bezeichnenderweise *Licht* bedeutete, hätten sie ihre Erfindung, so wichtig sie war, als Teil eines Ganzen wahrscheinlich nicht mehr wiedererkannt.

Curie

Mit ihren Entdeckungen begann das Atomzeitalter

Mit der gleichen glühenden Begeisterung, mit der sie sich durch das Studium der Chemie und Physik gehungert hatte, ging Marie Curie geborene Sklodowska (1867 bis 1934) aus Warschau daran, die radioaktiven Elemente zu erforschen. In der Uran-Pechblende entdeckte sie gemeinsam mit ihrem Mann Pierre Curie (1859 bis 1906) das Polonium und das Radium. Als bisher einziger Mensch wurde sie zweimal mit dem Nobelpreis ausgezeichnet. Oben: Sichtbar gemachte Elementarteilchen

Sie war der erste und einzige Mensch, der den Nobelpreis zweimal erhielt

Marie Curie als junge Frau (rechts). Sie konnte ihr Studium erst spät beginnen. Als sie Pierre Curie kennenlernte, war dieser schon ein anerkannter Physiker. Ihr Leben war bis zum Rand voll von Arbeit, aber auch voll des Glücks. Rechts Mitte: Ihr Lehrer in Paris war der Physiker Antoine Henri Becquerel (1852 bis 1908). Er entdeckte die vom Uran ausgesandten radioaktiven Strahlen und erhielt dafür zusammen mit den Curies den Nobelpreis für Physik.

Ihr Vater war Physiklehrer an einem Warschauer Gymnasium. Sein Gehalt reichte gerade aus, um seine vier Kinder zu ernähren. Um sie alle studieren zu lassen, dazu reichte es nicht. Eines seiner Kinder hieß Marie, Marie Sklodowska. Damit ihre Schwester Bronja in Paris studieren konnte, nahm sie in Warschau eine Stellung als Erzieherin an. Erst wenn Bronja Ärztin war, würde sie selbst an die Reihe kommen, mit ihrem Studium der Physik und Chemie in Paris beginnen können. Nach ihrem 25. Geburtstag war es soweit. Andere beginnen mit 18. Also mußte sie sich beeilen. Sie hatte kein Geld und keine Zeit, um zu kochen und zu essen und ihre Mansarde im Universitätsviertel Quartier Latin zu heizen. Sie ernährte sich von Zwieback und Obst und arbeitete bis zur Erschöpfung in eisiger Kälte. Mehr als einmal versagte ihr Körper den Dienst; aber ihr eiserner Wille war stärker. Sie bestand alle ihre Prüfungen mit Auszeichnung. Man begann, auf die hochbegabte Studentin aufmerksam zu werden, und vertraute ihr selbständige Arbeiten an. Jetzt begann ihr Leben, in dem sie sich zum Ziel gesetzt hatte, die radioaktiven Elemente zu erforschen.

Aber zunächst lernte sie Pierre Curie kennen, einen hochbegabten Mann, der trotz seiner Jugend schon anerkannter Physiker in Paris war. Nach einem Jahr entschloß sie sich, in der Stadt zu bleiben, zu heiraten und auf die Rückkehr in ihre geliebte polnische Heimat und zu ihrem alten Vater zu verzichten. Fortan teilte sich ihr Leben zwischen Herd und Bunsenbrenner, Pfanne und Retorte.

Kurz nach der Geburt ihrer ersten Tochter Irène begann Marie Curie ihre Doktorarbeit über die neuentdeckten Uranstrahlen zu schreiben. Sie experimentierte mit verschiedenen Mineralien und gelangte dabei zu der Überzeugung, daß diese Strahlen von neuen, noch nicht bekannten Elementen ausgehen mußten. Das war der Augenblick, in dem die Curies begriffen, daß sie an der Schwelle einer großen wissenschaftlichen Entdekkung standen.

Sie hatten kein richtiges Laboratorium, keine Apparate und kein Geld. Sie arbeiteten in einem reparaturbedürftigen, ungeheizten Schuppen, waren ohne technische Hilfsmittel und hatten eigentlich nur ihre bloßen Hände und den unbeugsamen Willen, dieses Geheimnis der Natur zu lüften. Trotz allem gelang es ihnen bald, ein neues Element zu finden, das Marie Curie zu Ehren ihrer polnischen Heimat »Polonium« nannte.

Das war 1889. Kurz danach gelang es den Curies, ein zweites radioaktives Element nachzuweisen, das Radium. Um nur ein Gramm dieses Elementes zu gewinnen, mußten in schwerer Mühe acht Tonnen Uranerz verarbeitet werden.

Staunend und ergriffen saßen sie abends in ihrem Schuppen, der von nichts anderem erleuchtet war als von den schimmernden Strahlen, die von den radioaktiven Substanzen ausgingen. Nun hatten sie erreicht, was sie wollten. Nun konnten sie der Welt beweisen, daß das Radium existierte. Die zweifelnde Wissenschaft mußte sich überzeugen lassen.

Aber diese ersten winzigen Mengen radioaktiver Substanzen stellten die Curies vor eine ihrer Meinung nach schwere Entscheidung. Sollten sie ihre Verfahren für sich behalten und patentieren lassen? Sollten sie an ihrer Entdeckung endlich reich werden oder sollten sie für immer auf den materiellen Ertrag verzichten? Sie entschieden sich für das zweite, gaben nach kurzer Überlegung ein Riesenvermögen preis, das sich in diesen energiegeladenen Stoffen darbot – und blieben arm.

Im Jahr 1903 wurde den Curies der Nobelpreis für Physik verliehen. Der Geldpreis brachte ihnen finanzielle Erleichterung: Sie konnten Apparate anschaffen,

Das Wunder Marie und Pierre hat sich in der älteren Tochter Irène wiederholt. Irène war mit dem Atomphysiker Joliot-Curie verheiratet (links) und Schülerin und Assistentin ihrer Mutter. 1935 erhielt sie zusammen mit ihrem Mann den Nobelpreis für Chemie. – 1906, nach dem jähen Tode Pierre Curies, wurde Marie Curie seine Nachfolgerin auf dem Lehrstuhl der Pariser Universität. Der Erste Weltkrieg unterbrach ihre Arbeit, aber 1918 kehrte sie an die Sorbonne zurück und nahm ihre Tätigkeit wieder auf. Unser Bild zeigt sie 1925 in einer Vorlesung (unten).

und Marie Curie, Entdeckerin des Radiums, von dem ein Gramm eine Viertelmillion Dollar kostet, konnte sich den ersten »Luxus« ihres Lebens leisten: ein Badezimmer.

An ihren eigenen, mit Brandnarben bedeckten Händen hatten die Curies gesehen, daß Radium Gewebe zerstört. Als die Ärzte begannen, mit Radium gegen den Erbfeind der Menschheit, den Krebs, vorzugehen, ließ Pierre Curie die ersten Versuche an sich selbst ausführen. Die Entdeckung der Heilkraft des Radiums war für die Curies die Krönung ihres Lebens. »Man könnte sich vorstellen«, sagte Pierre Curie in seiner Nobelpreisvorlesung, »daß das Radium aber auch in verbrecherischen Händen sehr gefährlich werden könnte, und man müßte sich fragen, ob es für die Menschheit gut ist, die Geheimnisse der Natur zu kennen, ob sie reif ist, daraus Nutzen zu ziehen, oder ob ihr diese Erkenntnis zum Schaden gereichen könnte.« Ein gütiges Schicksal ersparte es den Curies, den Tag erleben zu müssen, als die erste aus ihrem Lebenswerk entwickelte Atombombe unzählige Menschenleben vernichtete.

1906 wurde Pierre Curie tödlich überfahren, Marie über Nacht zur alten Frau. Sie vergrub sich in ihre Arbeit und schloß sich im Laboratorium ein. Mit tonloser Stimme hielt sie ihre Antrittsvorlesung als Pierres Nachfolgerin auf dem Lehrstuhl der Pariser Universität. 1911 erhielt sie zum zweiten Mal den Nobelpreis, diesmal für Chemie. Ihr war die Reindarstellung des Elementes Radium gelungen. Als erster und einziger Wissenschaftler hatte sie den Nobelpreis in zwei verschiedenen Fächern erhalten.

Eine rätselhafte Blutzersetzung machte dem Leben Marie Curies ein Ende. Das Radium hatte sein Opfer gefunden. Zurück blieb ihr unvergänglicher Ruhm, uns das Tor zum Atomzeitalter geöffnet zu haben.

Marie und Pierre Curie um 1900 in ihrem ersten Laboratorium (ganz links). Jahrelang hatten die Nobelpreisträger in einem alten, ungeheizten Schuppen ohne technische Hilfsmittel arbeiten müssen, und Pierre Curie verzichtete auf die Auszeichnung mit der Ehrenlegion: »Ich brauche keine Orden. Was ich brauche, ist ein Laboratorium.« Schließlich bekam er eins in der Rue Lhomond in Paris (Bild oben).

Auf die Entdeckungen und Forschungen der Curies geht auch die Konstruktion von Teilchenbeschleunigern zurück, zu denen dieses Synchrotron »Saturn« (rechts) gehört. In Hochleistungsgeräten dieser Art werden elektrisch geladene Teilchen auf hohe Geschwindigkeiten beschleunigt und auf ein Ziel (z.B. einen Atomkern) »geschossen«. Die dabei gewonnenen Erkenntnisse lassen Rückschlüsse auf den Aufbau der Materie zu.

Marie Curie während einer Reise durch die USA als »Gesandte der Wissenschaft« (rechts). Es war einer der wenigen Anlässe, die sie als Nobelpreisträgerin wahrnahm, sich der Welt zu zeigen. Sie hatte weder Sinn noch Zeit für alle Ehrungen, Einladungen und Empfänge. Sie verkroch sich vor der Welt, wurde immer menschenscheuer und lehnte jede persönliche Ehrung ab. Sie hatte nur ihre Arbeit, in die sie sich bis zur völligen Erschöpfung vergrub. Albert Einstein: »Madame Curie ist von allen berühmten Lebewesen das einzige, das der Ruhm nicht bestechen konnte.«

Gandhi

Mit »gewaltloser Politik« befreite er Indien

Der indische Staatsmann Mohandas Karamchand Gandhi (1869 bis 1948), genannt Mahatma, kämpfte für Selbstregierung und Befreiung von der britischen Herrschaft nach dem Prinzip der Gewaltlosigkeit durch passiven Widerstand. Nach dem Zweiten Weltkrieg hatte seine Politik Erfolg, als die Engländer das Land verließen – allerdings um den Preis der Einheit Indiens. Gandhi fiel 1948 dem Mordanschlag eines fanatischen Hindu zum Opfer. Seine sterblichen Überreste wurden verbrannt (oben).

Ohne Waffen erkämpfte Gandhi gegen eine Weltmacht die Unabhängigkeit Indiens

Die Bilder rechts zeigen Gandhi in drei Lebensabschnitten. Das Jugendbildnis (rechts) stammt aus der Zeit seiner Ankunft in Südafrika. Vor seinem Büro in Johannesburg (Mitte) ließ er sich mit Sekretärin und Mitarbeitern fotografieren. Ganz rechts der alte Mahatma mit seiner »Waffe der Unabhängigkeit«, dem berühmten Spinnrad – dieses Bild ging um die ganze Welt.

Der junge indische Rechtsanwalt Mohandas Karamchand Gandhi aus Bombay, der 1893 in der südafrikanischen Hafenstadt Durban eintraf, wollte im Auftrag eines seiner vermögenden Mandanten einen Rechtsstreit erfolgreich zu Ende führen. Er war europäisch gekleidet, hatte in London studiert und dort auch seine Examen abgelegt.

Gandhi, der eigentlich sofort nach Erledigung seines Vorhabens in die Heimat zurückkehren wollte, verschrieb sich bald einer anderen Mission: er wurde zu einem Anwalt des Rechtes der Unterdrückten und Diskriminierten. Einundzwanzig Jahre kämpfte er mit Mitteln der Gewaltlosigkeit für dieses Ziel in Südafrika und vierunddreißig Jahre in Indien. Sein Volk gab ihm den Ehrennamen »Mahatma«, das bedeutet »große Seele«.

Gandhi stammte aus einer angesehenen Hindufamilie und wurde am 2. Oktober 1869 in der Hafenstadt Porbandar an der Westküste Indiens geboren, die zu dem gleichnamigen Fürstentum gehörte, das – wie über 500 andere indische Fürstenstaaten – der englischen Kolonialverwaltung unterstand. Sieben Jahre nach Gandhis Geburt war die indische Kolonie zum Kaiserreich unter der britischen Krone proklamiert worden und zählte mehr Menschen als der gesamte europäische Kontinent. Unter einer dünnen und oft sagenhaft reichen Oberschicht lebte die Masse des Volkes in unsäglicher Armut. Über vier Millionen Inder versuchten in anderen Teilen der Welt ihr Leben zu fristen; in Südafrika waren es allein an die 500000.

Unablässig bemühte sich Gandhi um Rechtsgleichheit für seine Landsleute. Dabei wurde aus dem vornehmen Rechtsanwalt bald ein unerbittlicher Volksführer. Er entwickelte neue und ungewöhnliche Kampfmethoden, die in dem gewaltlosen Widerstand der Unterdrückten gipfelten. Dem Mahatma, wie er schon damals genannt wurde, gelang es, viele seiner Forderungen im Interesse der diskriminierten Landsleute durchzusetzen. 1915 kehrte er endgültig in seine Heimat zurück.

Gandhi betrachtete sich niemals als ein Feind Englands. Im Ersten Weltkrieg war es deshalb für ihn selbstverständlich, sich für die Sache des Britischen Empire einzusetzen. Andererseits erwartete er aber auch, daß England dies honorieren und Indien nach dem Kriege als gleichberechtigten Partner anerkennen würde. Als die englische Regierung 1919 die versprochene Selbstregierung nicht verwirklichte und weitgehend zur alten Kolonialpolitik zurückkehrte, erklärte der enttäuschte Gandhi die Unabhängigkeit seines Landes zum unabdingbaren Ziel des indischen Freiheitskampfes.

Der Weg zu diesem Ziel war weit und dornig. Mitunter kam es gegen Gandhis Willen zu Unruhen und als Reaktion darauf zu blutigen Zusammenstößen mit dem Militär. Obwohl in den eigenen Reihen Stimmen laut wurden, die radikale Gegenmaßnahmen forderten, setzte sich der Mahatma mit seiner Taktik durch. Zu den Kampfmethoden, die er mit Erfolg propagierte, gehörten die »Verweigerung der Mitarbeit«, der »zivile Ungehorsam« und die »Arbeit mit dem Spinnrad«. Inder, die bisher in der britischen Verwaltung tätig waren, legten ihre Arbeit nieder. Immer stärker wurde der Boykott englischer Waren. Das Handspinnen und -weben wurde zur Waffe der Unabhängigkeit. Vielerorts verbrannte man demonstrativ die europäische Kleidung und trug selbstgefertigte Gewänder.

In allem ging der Mahatma mit seinem Beispiel voran. Der asketische Mann mit dem weißleinenen Überwurf, der barfuß in einfachen Riemensandalen durch die Lande zog, wurde zum Symbol des Kampfes. Man verhaftete den »halbnackten Fakir«, wie ihn Churchill einmal

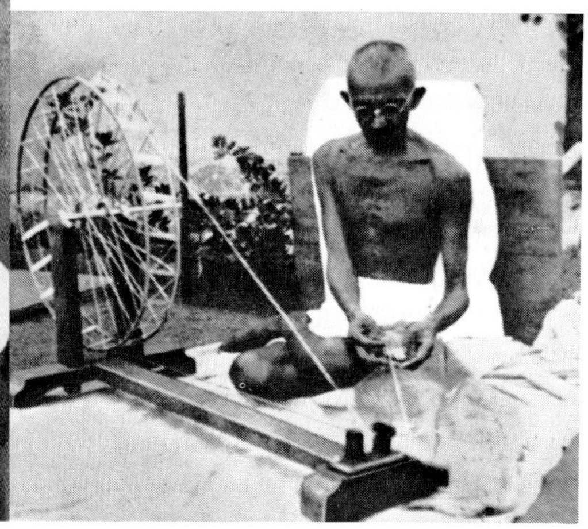

Der zähe Widerstandskampf Gandhis und seiner Anhänger zwang England Anfang der dreißiger Jahre, sich auf zwei Round-Table-Konferenzen in London mit dem Problem Indien zu befassen. An der zweiten Round-Table-Konferenz (1931) nahm auch eine indische Delegation unter Führung des Mahatma teil. Das Bild unten zeigt ihn bei der Eröffnung der Konferenz (Ausschnitt). Die Verhandlungen führten zu keinem Ergebnis, doch ahnten einige englische Politiker schon damals, daß der asketische indische Volksmann ihnen überlegen sein mochte.

nannte, allein achtmal. Mehr als sechs Jahre brachte er in Gefängnissen zu. Dort wandte er das äußerste Mittel des gewaltlosen Widerstandes an, den Hungerstreik. Tausende seiner Anhänger wurden ebenfalls inhaftiert.

Die aufsehenerregendste Aktion des zivilen Ungehorsams war 1930 der »Marsch zum Meer«, um dort Salz zu gewinnen. Überall an den Küsten folgte man diesem Beispiel und protestierte damit gegen die Salzsteuer.

Gandhis Kampf galt aber nicht allein der Unabhängigkeit seines Volkes, sondern auch dessen innerem Frieden. Hindus und Moslems waren bitter verfeindet und die Hindus dazu in zahlreiche Kasten zersplittert. Fast ein Fünftel aller Inder gehörte zu den Parias, den »Unberührbaren« und Ausgestoßenen. Es gelang dem Mahatma, die Kastengegensätze zu mildern und später durchzusetzen, daß in der neuen indischen Verfassung die Kastenbestimmungen aufgehoben wurden.

Tief bedrückte es ihn aber, daß alle seine Bemühungen um die Einheit des Landes an den Gegensätzen zwischen Hindus und Moslems scheiterten und am 3. Juni 1947 durch Großbritannien die Gründung der beiden Staaten Indien und Pakistan proklamiert wurde. Der Tag der Unabhängigkeit am 15. August 1947 war deshalb für ihn kein Tag der Freude. »Ich sehe Ströme von Blut«, sagte er. Er nahm kein Amt in dem neuen Staat an und mußte es noch erleben, wie sich Inder und Pakistani in den Grenzprovinzen bekriegten. Noch einmal hungerte er für den Frieden und brachte die feindlichen Brüder an den Verhandlungstisch. Am 30. Januar 1948 wurde er von einem fanatischen Hindu erschossen. Noch im Sterben vergab der Gewaltlose seinem Mörder. Über sich hatte er einmal gesagt: »Ich begehre nichts anderes zu sein als ein einfacher Arbeiter, ein schlichter Diener Indiens und der Menschheit.«

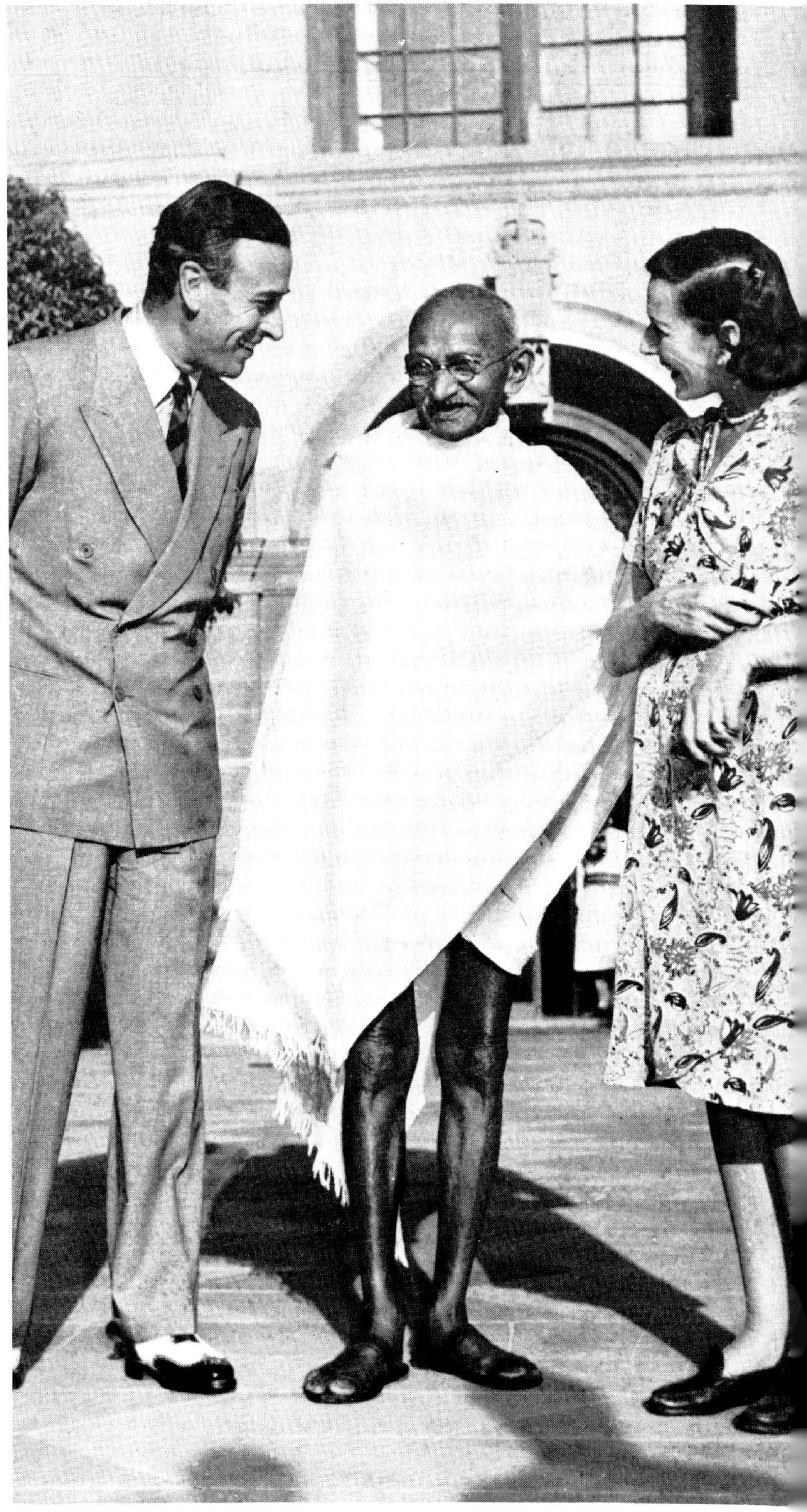

Gandhi mit Lord Mountbatten, dem letzten Vizekönig Indiens, und dessen Frau im Frühjahr 1947. Mountbatten hatte sein Amt erst im März dieses Jahres angetreten und war überzeugt, daß eine Teilung Indiens unumgänglich sei. Der indische Kongreß und die Moslemliga stimmten dem Plan zu. Gandhi widersetzte sich der Aufspaltung leidenschaftlich. Mountbatten, noch bis Juni 1948 Generalgouverneur Indiens, konnte bald feststellen, daß Gandhi die Lage richtig beurteilt hatte.

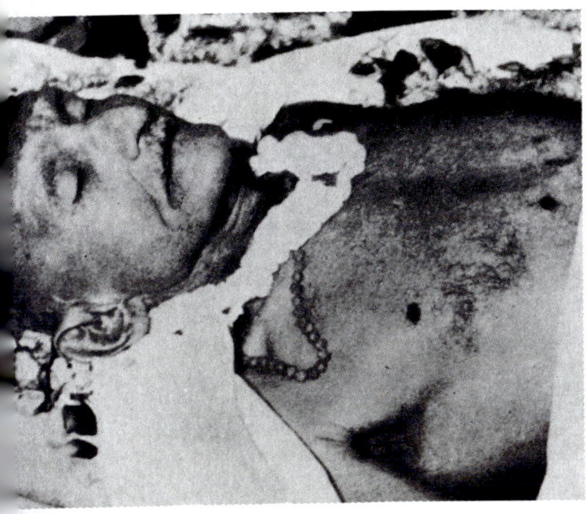

Gandhi mit einem seiner treuesten Gefolgsleute, Pandit Nehru (Bild oben), der bereits ein Jahr vor der Proklamierung der Unabhängigkeit Indiens die erste Regierung gebildet hatte und bis zu seinem Tode (1964) Ministerpräsident blieb. Das Bild darunter zeigt den von mehreren Kugeln getroffenen Mahatma auf dem Totenbett. Ein Engländer sagte damals: »Es ist sehr gefährlich, gut zu sein.« Nach hinduistischem Ritus wurde Gandhis Leichnam verbrannt und die Asche den Fluten des Ganges übergeben. In Delhi weihte man ihm eine Gedenkstätte (rechts).

Lenin

Der Revolutionär begründete die Sowjetunion

Nur wenige Menschen waren Gegenstand eines solchen Personenkults wie der »welthistorische Revolutionär« Wladimir Iljitsch Uljanow, genannt Lenin (1870-1924). Souverän, mit scharfem Verstand, jeden Gegner rücksichtslos niederzwingend, führte er das durch innere Kämpfe geschwächte Rußland durch dessen Krisen. Die Macht fiel ihm zu wie eine reife Frucht, nachdem seine »Bolschewiken« das Winterpalais in St. Petersburg, den Sitz der Regierung, gestürmt hatten (Bild oben).

Lenin zerschlug das bankrotte Zarenreich und begründete die kommunistische Führungsmacht

Dieses typisch russische Stadthaus aus dem 19. Jahrhundert ist Lenins Geburtshaus in Simbirsk am großen Wolgastausee, das nach seinem Tod in Uljanowsk umbenannt wurde.

Als im Ersten Weltkrieg am 9. April 1917 in Zürich ein Zug mit einem Sonderwagen für eine Gruppe russischer Emigranten abfuhr, begann ein zeitgeschichtliches Ereignis von weltverändernder Bedeutung. »Millionen vernichtender Geschosse sind im Weltkrieg abgefeuert worden«, schrieb später Stefan Zweig, »aber kein Geschoß war weittragender und schicksalsentscheidender in der neueren Geschichte als dieser Zug.« In ihm fuhren dreißig Bolschewisten nach St. Petersburg. Ihr Führer war ein untersetzter Mann mit einem markanten kahlen Schädel, hervortretenden Backenknochen, rotem Spitzbart und tiefliegenden Augen: Wladimir Iljitsch Uljanow, der sich Lenin nannte, 47 Jahre alt. Als er knapp sieben Jahre später starb, hatte er das riesige Zarenreich zur Union der Sozialistischen Sowjetrepubliken (UdSSR) gemacht und die Grundlagen gelegt für die erste kommunistische Weltmacht und spätere Führungsmacht des Ostblocks. Wie einst bei den Pharaonen wurde sein Leichnam mumifiziert und in einem gläsernen Sarg in einem eigens errichteten marmornen Mausoleum auf dem Roten Platz vor der Kremlmauer zur Schau gestellt. Viele Millionen waren seitdem an diesem Glassarg vorbeigezogen. Nach der Auflösung der Sowjetunion im Dezember 1991 gab es bald auch die letzte Wachablösung vor dem bombastischen Mausoleum des bisherigen Staats-Heiligen. Viele Lenin-Denkmäler überall wurden gestürzt oder entfernt, die Schließung des Mausoleums war beschlossene Sache. Doch sie war noch nicht vollzogen, als sich nach dem ersten Schock neuer Widerstand regte. Zwar gibt es die früher täglichen Schlangen obligatorischer Besucher vor dem Mausoleum nicht mehr. Aber schon 1993 waren die Siegelbewahrer des alten Kommunismus wieder zur Stelle, um nicht nur das Mausoleum selbst als »eines der Hauptwerke der Weltarchitektur« (!) zu erhalten, sondern auch die weitere Konservierung der Lenin-Leiche zu sichern, weil dies »ein einzigartiges wissenschaftliches Experiment« darstelle. Dabei blieb es dann vorerst.

Lenin entstammte einer angesehenen bürgerlichen Familie. Als Sohn eines staatlichen Schulaufsehers wurde er am 22. April 1870 in Simbirsk an der Wolga geboren (das 1924 nach seinem Tod ihm zu Ehren in Uljanowsk umbenannt wurde). Zu dieser Zeit war das russische Großreich fast rein agrarisch strukturiert. Die Leibeigenschaft hatte der Zar erst 1861 aufgehoben, und die Masse der Landbevölkerung sowie der neu aufkommende Stand der Fabrikarbeiter in den Städten lebten unter erbärmlichen Verhältnissen.

In den 1870er Jahren war es zu den ersten Attentaten sozialrevolutionärer Gruppen gekommen. Der junge Uljanow wuchs also in einer Zeit wachsender Spannungen auf. Die gymnasiale Schulbildung schloß er 1887 mit höchsten Auszeichnungen ab. Im selben Jahr wurde sein älterer Bruder Alexander wegen Beteiligung an einer Verschwörung gegen den Zaren hingerichtet, ein Ereignis, das ihn endgültig auf die revolutionäre Bahn brachte: »Mein Weg ist mir durch meinen älteren Bruder vorgeschrieben worden.«

Zu den Schriften von Karl Marx hatte er bereits durch Alexander Zugang gefunden. Von seinen juristischen Studien in Kasan wurde er wegen revolutionärer Umtriebe bald ausgeschlossen. Er qualifizierte sich dann im Selbststudium für die juristische Staatsprüfung und legte diese 1891 in St. Petersburg ab.

Im Jahre 1897 wurde er wegen seiner propagandistischen Tätigkeit verhaftet und nach Ostsibirien in ein Dorf am Jenissei verbannt. Dort heiratete er seine Mitarbeiterin, die mit ihm in der Verbannung lebte.

Das mittlere Bild zeigt den siebzehnjährigen Lenin als Gymnasialschüler kurz vor dem Ende seiner Schulzeit. Das Gemälde unten stellt den Volksredner Lenin in seiner typischen Pose dar. Er spricht im Mai 1917 zu den Arbeitern der Putilow-Werke in Petersburg. Das linke Bild gibt einen völlig veränderten Lenin wieder. Es entstand nach dem gescheiterten Juliputsch von Petersburg, als er – ohne Bart und mit blonder Perücke – als »finnischer Arbeiter« getarnt nach einer abenteuerlichen Flucht in der finnischen Hauptstadt Helsinki eingetroffen war.

Als Anfang Juli 1917 die Nachricht von dem Zusammenbruch der russischen Front nach der gescheiterten Kerenskij-Offensive Petersburg erreichte, versuchten die bolschewistischen Führer eine allgemeine Volkserhebung zu entfesseln, die Provisorische Regierung zu stürzen und selbst die Macht zu übernehmen. Die Regierung konnte sich noch einmal behaupten. Auf dem Newskij-Prospekt wurde ein Demonstrationszug zusammengeschossen.

Nadeshda Krupskaja und schrieb u.a. sein grundlegendes Werk über »Die Entwicklung des Kapitalismus in Rußland«, in dem er die Forderung aufstellte, daß der russische Sozialismus zu einer selbständigen Weiterentwicklung der Marxschen Lehre führen müsse. Überhaupt entwickelte er zeit seines Lebens eine außerordentlich umfangreiche literarische Tätigkeit. Nach der Verbannung emigrierte er von 1900 bis 1905 nach Westeuropa und hielt sich am längsten in München und Genf auf. Von München aus, wo er zusammen mit seiner Frau als Dr. Jourdanoff und Frau Maritza in Schwabing wohnte, gab er die »gesamtrussische« Monatsschrift »Iskra« (Der Funke) heraus. Sie wurde in kleinstem Satz auf Zigarettenpapier gedruckt, damit man sie leichter nach Rußland schmuggeln konnte.

1903 kam es auf dem Parteitag der Sozialdemokratischen Arbeiterpartei Rußlands zur Spaltung in zwei gegensätzliche Gruppen. Die radikalen Anhänger Lenins, die bei einer Abstimmung die Mehrheit erzielten (eigentlich waren sie weitaus in der Minderheit), nannten sich hinfort Bolschewisten (von russisch »bolsche« = mehr) gegenüber den Gemäßigteren, den Menschewisten (von russisch »mensche« = weniger).

Im Verlauf des für Rußland verlustreichen Krieges gegen Japan (1904/1905) brachen wiederholt schwere Unruhen aus. Die Revolution war aber praktisch schon gescheitert, als Lenin im November 1905 nach Petersburg kam. Die aus dem Krieg zurückkehrenden Truppen hatten sich in ihrer Mehrheit als regierungstreu erwiesen. 1907 mußte Lenin, um einer drohenden Verhaftung zu entgehen, erneut ins Ausland fliehen und lebte in den folgenden neun Jahren vor allem in Paris, Krakau (damals noch österreichisch), Bern und Zürich.

1912 gründeten die Bolschewisten unter

Lenins Führung in Prag offiziell eine selbständige Partei, die von Krakau aus eine eigene Zeitung, die »Prawda« (Wahrheit), herausgab. Immer umfangreicher wurde das Netz der Leninschen Verbindungen zu revolutionären Gruppen. Den kommenden Weltkrieg sah er voraus, und als dieser 1914 ausbrach, schrieb er: »Es ist nutzlos, ein hübsches Programm frommer Friedenswünsche aufzustellen, ohne gleichzeitig und an erster Stelle die illegale Organisation und den Bürgerkrieg des Proletariats gegen die Bourgeoisie zu propagieren.«

Lenin wartete in Zürich auf seine große Stunde, und diese schlug im März 1917, als die jahrhundertelange Zarenherrschaft durch eine überwiegend bürgerliche Revolution gestürzt worden war. Jetzt drängte es ihn nach Petersburg, um diese Revolution zu seiner, zur bolschewistischen, zu machen. Da das deutsche Oberkommando vom Einfluß der radikalen Revolutionäre das Ausscheiden Rußlands aus dem Krieg erhoffte, erteilte es Lenin und seinen Mitverschworenen das Durchreisevisum.

Gleich nach seinem umjubelten Empfang in Petersburg forderte Lenin die »Diktatur des Proletariats« und die »sozialistische Weltrevolution«. Noch einmal zeigten sich die bürgerlichen Kräfte stärker als die Bolschewisten. Noch einmal mußte Lenin fliehen, behielt aber von Finnland aus die Zügel in der Hand.

Am 7. November 1917 (nach alter russischer Zeitrechnung der 25. Oktober, daher »Oktoberrevolution«) war es dann soweit. Unter Führung von Lenins engstem Mitarbeiter, Leo Trotzkij, besetzten revolutionäre Truppen alle wichtigen Plätze in Petersburg und stürmten das Winterpalais, den Sitz der Regierung. Einige Tage später waren die Zentren der Macht in den Händen der Bolschewisten, und die Leitung des Staates übernahm der »Rat der Volksbeauftragten«. Lenin

Am 7. November (25. Oktober) holten die Bolschewisten unter Lenin und Trotzkij zum entscheidenden Schlag aus. Das linke Bild zeigt den Sturm auf das Winterpalais, den Sitz der Provisorischen Regierung. Daneben ein Gruppenbild vom 8. Parteikongreß der Russischen Kommunistischen Partei in Moskau (März 1919). Auf diesem Kongreß wurde die Kommunistische Internationale (Komintern) gegründet. In der Mitte Lenin, links neben ihm Stalin, rechts Kalinin.

Lenin mit seinem Nachfolger Stalin im Sommer 1922 in einem Park in Nischnij Nowgorod (seit 1932 Gorkij) wenige Monate nach seinem ersten Schlaganfall (links). Stalin hat später mit diesem Bild die »enge Freundschaft« mit Lenin nachzuweisen versucht. Obwohl Lenin dessen Ernennung zum Generalsekretär befürwortet hatte, warnte er noch kurz vor seinem Tode die Parteiführung vor dem Georgier. Das untere Bild zeigt den schwerkranken Lenin ein Jahr später am selben Ort mit seiner Frau Nadeshda Krupskaja. Inzwischen hatte er seinen dritten Schlaganfall erlitten.

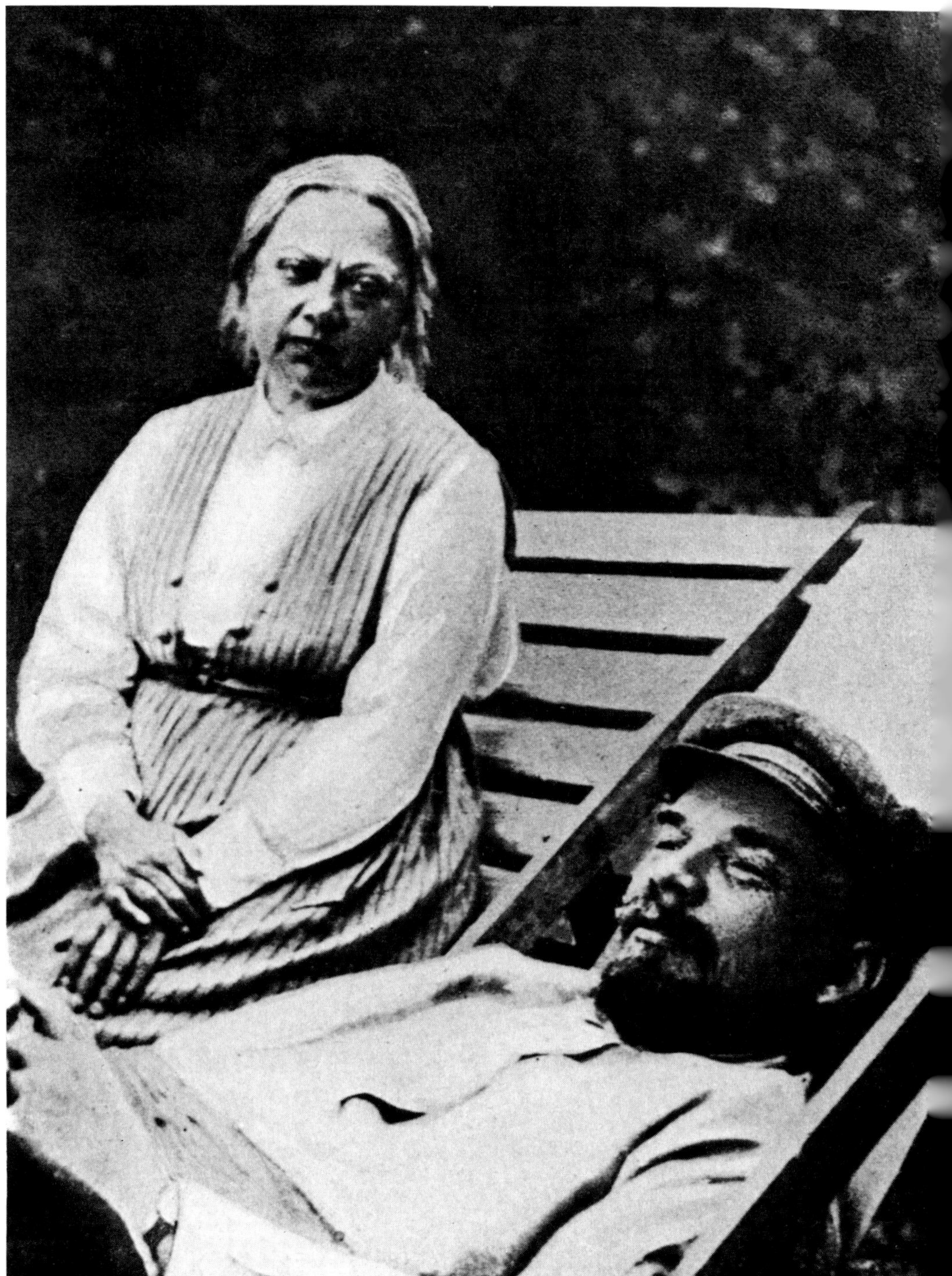

wurde sein Vorsitzender und damit zum neuen Herrscher des Landes.
Das kommunistische Rußland schloß im März 1918 Frieden mit dem deutschen Kaiserreich, mußte aber in einem mehr als dreijährigen fürchterlichen Bürgerkrieg zwischen »Weiß« und »Rot«, in den auch die Westmächte auf seiten der bürgerlichen Kräfte eingriffen, die Revolution verteidigen. Am Ende triumphierte die Sowjetmacht, aber die Opfer an Gut und Blut waren erschreckend: über 5 Millionen Menschen kamen ums Leben. Im Frühjahr 1921 erklärte Lenin: »Hätte man uns im Jahr 1917 gesagt, daß wir einen dreijährigen Krieg gegen die ganze Welt aushalten und daß im Ergebnis des Krieges zwei Millionen russische Gutsbesitzer, Kapitalisten und ihre Kinder im Ausland landen, wir aber die Sieger sein werden, so hätte das keiner von uns geglaubt.«
Kompromißlos, oft mit Terror und Gewalt, ließ Lenin die »Überführung des Privateigentums an Produktionsmitteln in das Volkseigentum« vornehmen. Erst als 1921 als Folge dieser Maßnahmen und der Nachwirkungen des Krieges eine große Hungersnot einsetzte (bis 1922), wurde die Sozialisierung gebremst.
Am 21. Januar 1924 starb Lenin. In einem geheimen Testament hielt er Stalin als seinen Nachfolger für untragbar. Ein überschwenglicher Kult wurde um seine Person entwickelt, ein Kult, der schon zu seinen Lebzeiten begonnen hatte und dem er bereits 1918 entgegengetreten war: »Es fällt mir schwer, Zeitungen zu lesen – wohin man sieht, schreiben sie über mich. Ich finde dieses völlig unmarxistische Herausstreichen einer einzelnen Person sehr schädlich. Es ist falsch, unzulässig und überflüssig. Und diese Porträts! Überall! Wozu das Ganze?« – Seine Epigonen waren und sind anderer Meinung. Sie »ehrten ihn, indem sie sich nützten« (Bert Brecht).

Lenin auf dem Totenbett am 21. Januar 1924 (Bild Seite 298, rechts oben), daneben seine Frau und seine Schwester. Der Leichnam wurde einbalsamiert und in Moskau in einem Glassarg aufgebahrt (links). Sechs Jahre danach kam dieser in das monumentale Lenin-Mausoleum auf dem Roten Platz. Nach dem Ende der Sowjetunion wurde auch der Personen- und Denkmalskult um Lenin beendet. Viele der bombastischen Standbilder des »Vaters der großen Revolution« wurden gestürzt und entfernt, so wie dieses in Berlin (Farbbild unten).

Marconi

Die Funktechnik verdankt ihm ihre Weltgeltung

Als 22jähriger ließ er sich sein Verfahren der drahtlosen Übertragung von elektrischen Signalen patentieren, nachdem es ihm gelungen war, eine Entfernung von drei Kilometern zu überbrücken. Fünf Jahre später funkte er über den Atlantik, und weitere acht Jahre später wurde der Pionier der Funktechnik mit dem Nobelpreis geehrt: Guglielmo Marconi (1874 bis 1937) arbeitete systematisch und erfolgreich. Die erste seiner Erfindungen war die geerdete Senderantenne (Bild).

Ohne Marconi gäbe es weder Rundfunk noch Fernsehen, weder Raumfahrt noch weltweite Funkverbindungen

Schon als 20jähriger entdeckte Marconi, daß elektromagnetische Wellen viel weiter reichen, als man damals wußte.

Die Vorstellung vom armen Erfinder, der ein Leben lang hungert und darbt um seines Lebensziels willen, paßt nicht auf Guglielmo Marconi. Er machte schon als Einundzwanzigjähriger seine erste Erfindung. Auch in der Wahl seines Elternhauses war der am 25. April 1874 in Bologna Geborene vorsichtig gewesen: Sein Vater, ein Italiener, war ein begüterter Geschäftsmann und Gutsbesitzer, seine Mutter irisch-schottischer Abstammung ebnete ihm lebenslang den Weg zum Erfolg. Aus seiner Schulzeit wird wenig Rühmliches von ihm berichtet. Mit Ach und Krach schaffte er verspätet das Abitur, seine theoretischen Kenntnisse der Physik blieben mehr als bescheiden. Dafür besaß er einen besonders ausgeprägten Sinn für zielgerichtetes Experimentieren und ein intuitives Erfassen komplexer Zusammenhänge.

Schon früh fand er Geschmack an physikalischen Basteleien und richtete sich im Keller des Elternhauses ein kleines Laboratorium ein mit elektrischen Elementen, Klingeln, Morseapparat und Induktoren – sehr zum Verdruß seines Vaters, der diese »unnützen Spielereien« mit Mißfallen betrachtete. Anders die Mutter, die dafür Verständnis aufbrachte – und die auch das Geld für die teuren Apparate spendierte. Sie war es auch, die ihn zum Studium an der Universität Bologna veranlaßte, wo ihn besonders die naturwissenschaftlichen Experimente interessierten und da vor allem die Wiederholung der Versuche des Karlsruher Professors Heinrich Hertz über die Ausbreitung elektromagnetischer Wellen. Deren Fernwirkung auf kurze Strecken hatte Hertz im Laboratorium bereits nachgewiesen.

Die Frage, ob diese Wellen nicht auch auf größere Entfernung wirksam gemacht werden könnten, hatte offenbar noch niemand gestellt. Marconi stellte sie. Und er war selbstbewußt genug, um zu erklären, er habe die Absicht, »die elektromagnetischen Wellen für die Telegraphie durch den Raum zu benutzen«.

Zielbewußt setzte er dort an, wo Hertz aufgehört hatte. Wie dieser verwandte er als Sender einen Funkeninduktor und eine Funkenstrecke und als Empfänger eine geerdete Antenne und einen Kohärer (Fritter), also einen magnetischen Detektor. Mit dieser Anordnung und der »Assistenz« eines Bauernbuben gelang es ihm nach einigen Versuchen, Signale im Freien auf mehrere hundert Meter, ja sogar auf die Rückseite eines Hügels zu übertragen. Die Wellen hatten also eine viel größere Reichweite, als man bisher angenommen hatte. Am 2. Juni 1896 meldete er seine Erfindung zum Patent an. Die italienische Regierung, der er seine Funkentelegraphie zur Auswertung anbot, zeigte kein Interesse. Verwaltungen zeichnen sich selten durch technischen Weitblick aus. Verärgert ging er nach London, wo seine Mutter über gute Beziehungen verfügte. Sir William Preece, der Chef des Telegraphenamtes, erkannte die Bedeutung der Sache sofort und unterstützte ihn bei seinen Versuchen, größere Entfernungen zu überbrücken. Am 13. Mai 1897 gelang es, eine drahtlose Verbindung über den 14 Kilometer breiten Bristolkanal herzustellen. Nun horchte die Finanzwelt auf; man gründete die »Wireless Telegraph Trading Signal Company«, deren Direktor der dreiundzwanzigjährige Marconi wurde.

Für die Engländer war die drahtlose Nachrichtenübermittlung insofern besonders interessant, als die zahlreichen Inseln und Feuerschiffe vor der Küste bei schlechtem Wetter vom Land abgeschnitten waren. Marconi entwickelte die notwendigen Geräte und baute sie selbst auf. Der Zufall wollte es, daß ein so ausgerüstetes Feuerschiff einen Schiffsunfall in seiner Nähe beobachtete und drahtlos Hilfe herbeirufen konnte, die Schiff, La-

Oben: Das nachgebaute Modell des ersten, 1899 konstruierten gekoppelten Versuchssenders von Marconi. Nachdem ihm bereits gelungen war, den 14 Kilometer breiten Bristolkanal funktelegraphisch zu überbrücken, brachte er mit diesem Apparat von England aus eine Verbindung über den Ärmelkanal zustande. Durch diesen Erfolg ermutigt, machte er sich an den Versuch, über den Atlantik zu funken. Es gelang erstmals am 12. Dezember 1901. Unten: Er funkte auch schon privat: Drahtlose Unterhaltung mit seiner Verlobten Narcissa Paynter.

Nachdem in England bei Poldhu (Cornwall) ein starker Sender mit 20 Kilowatt errichtet war, fuhr Marconi mit seinem Mitarbeiter Kemp (sitzend) nach Amerika, um selbst die ersten Signale auf der Empfangsstation bei Saint John (Neufundland) zu empfangen. Zur vereinbarten Zeit, am 12. Dezember 1901, hörten sie schon beim ersten Versuch die Morsezeichen des Buchstabens S (drei Punkte). 3540 Kilometer waren überbrückt; Marconi nannte den Erfolg »die größte Freude meines Lebens«. Unten: Die ersten Versuche an Englands Steilküste.

dung und Besatzung rettete. Der Vorfall machte in allen Zeitungen Schlagzeilen und trug wesentlich zu Marconis Popularität bei.

Aber für ihn gab es kein Ausruhen. 1899 gelang die drahtlose Überbrückung des Ärmelkanals, 1901 die Verbindung zwischen Korsika und dem Festland über 175 Kilometer. Nun hatte er Erfahrung genug, um den großen Sprung über den Atlantik zu wagen.

An der Südspitze Englands errichtete er eine Groß-Sendestation mit der damals unerhörten Leistung von 35 Kilowatt. Dann fuhr er selbst nach Amerika und begann in Neufundland auf dem »Signal Hill« bei Saint John die Empfangsstation einzurichten. Um die Antenne auf möglichst große Höhe zu bringen, ließ er sie mit einem Papierdrachen hochsteigen. Am 12. Dezember 1901 war es soweit: schwach, aber deutlich hörte er die Morsezeichen des Buchstaben S aus 3540 Kilometer Entfernung.

Prompt erfolgte der Einspruch der anglo-amerikanischen Kabel-Telegraphie-Gesellschaft, die um ihr transatlantisches Nachrichtenmonopol fürchtete. Aber Marconis Siegeszug war nicht aufzuhalten. Allenthalben wurden Großstationen mit immer höherer Leistung aufgebaut, seit 1907 funktioniert der regelmäßige, drahtlose transatlantische Telegrammverkehr. Zügig erfolgte auch die Ausrüstung der Schiffe mit dem Funktelegraphen; daß 1912 bei der Katastrophe der »Titanic« über 800 Schiffbrüchige gerettet werden konnten, verdanken sie allein dem drahtlosen Hilferuf.

Marconi arbeitete weiter an der Vervollkommnung der Funktechnik und machte neue bahnbrechende Erfindungen. Er war eine weltberühmte Persönlichkeit geworden, Präsident großer Telegraphie-Gesellschaften, Senator und Nobelpreisträger. Am 20. Juli 1937 erlag er einem Herzschlag.

Marconi erkannte frühzeitig, daß die Funktechnik vor allem für die Schiffahrt einmal von großer Bedeutung sein würde. Es dauerte nicht lange, bis große Dampfer sich die neumodischen Apparate einbauen ließen. Das oben abgebildete Schiff verwendete Marconi als Relaisstation bei seinen funktechnischen Experimenten. Oben rechts: Marconi mit seinem ersten Ultrakurzwellensender, mit dem er eine Entfernung von rund 250 Kilometer zwischen Rocca di Papa bei Rom und Kap Figari auf Sizilien überbrückte. Er erfand auch die Hohlspiegel-Antenne.

Papst Pius XI. bei seiner ersten Rundfunkansprache über Radio Vatikan. Den Sender ließ er sich von Marconi (2. von links) bauen. Links im Bild Staatssekretär Pacelli, für den Sender verantwortlich; später Papst Pius XII.

Guglielmo Marconi (zweiter von links) vor der Königlichen Akademie Italiens. 1930 wurde er selbst Präsident dieser hochangesehenen Institution.

Nur sieben Jahrzehnte einer stürmischen Entwicklung liegen zwischen Marconis ersten Erfolgen und heute, zwischen dem unscheinbaren Kästchen von Seite 302 und der Schalt- und Kontrollanlage dieses Kurzwellensenders der Deutschen Bundespost (Bild unten). Ohne Marconi wäre die weltumspannende Kommunikation undenkbar.

Hahn

Die erste Atomkernspaltung machte ihn weltbekannt

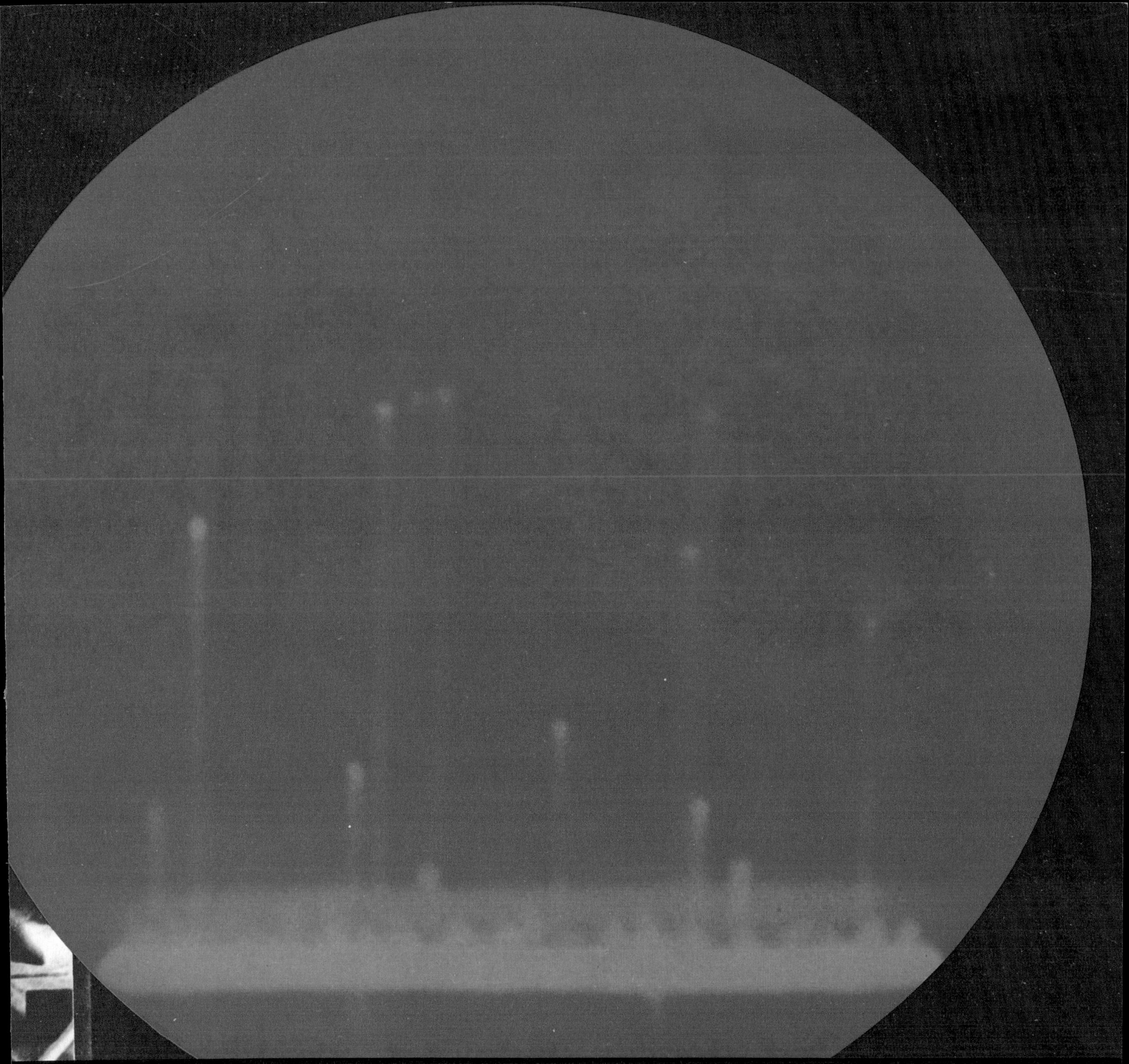

Auf den Spuren von Marie Curie befaßte sich der aus Frankfurt stammende Chemiker Otto Hahn (1879 bis 1968) in erster Linie mit radioaktiven Untersuchungen und fand dabei eine Reihe von Elementen, Substanzen und Verfahren, die für die Kernphysik von großer Bedeutung sind. Am bekanntesten wurde er durch die erste Atomkernspaltung (mit Fritz Straßmann), Grundlage der Atombombe und der Kernkraftwerke. Das Bild oben ist die erste Fotografie einer Kernspaltung (1939, New York).

Bei jeder Spaltung eines Uranatoms wird eine Energie von 200 Millionen Elektronvolt frei

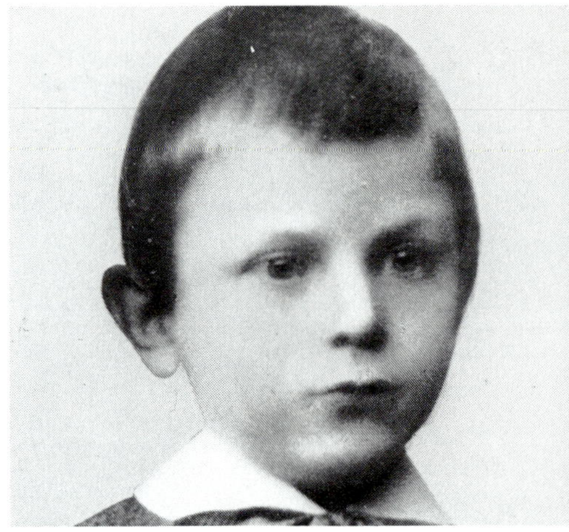

Der sechsjährige Otto Hahn (1885): »Gleich am Anfang hatte ich mit der Schule Pech. Ich machte einen dicken Tintenklecks. Eine dicke Ohrfeige des Lehrers war die Folge.«

Nichts deutete auf seinen späteren Werdegang hin, als er im Frühjahr 1897 sein Abiturientenexamen ablegte. Zwar hatte er drei volle Einsen im Abgangszeugnis, aber nicht etwa in Mathematik, Physik und Chemie, sondern in – Turnen, Singen und Religion. Und dafür winkte kein Nobelpreis.

Otto Hahn wurde am 8. März 1879 in Frankfurt am Main geboren und verriet seine Herkunft lebenslang durch Spuren seines heimatlichen Dialekts. Er war der jüngste von vier Söhnen eines angesehenen Frankfurter Bürgers, der dort als Glasermeister ein erfolgreiches Unternehmen betrieb, besuchte die Oberrealschule und sollte nach dem Wunsch seines Vaters eigentlich Architektur studieren. Er entschloß sich jedoch, seiner Neigung folgend, für das Studium der Chemie, das er 1897 in Marburg begann und in München fortsetzte. 1901 machte er sein Doktorexamen »magna cum laude«. Noch im gleichen Jahr trat er als Einjährig-Freiwilliger beim 81. Infanterieregiment in Frankfurt an, das er im September 1902 als Offiziersaspirant verließ, um anschließend die Stellung eines Assistenten am Chemischen Institut in Marburg anzunehmen.

Im Herbst 1904 fand er in London bei Sir William Ramsay, dem berühmten Entdecker der Edelgase, eine Assistentenstelle. Dort machte er – eigentlich abseits seines Fachgebiets – zum erstenmal Untersuchungen mit radioaktivem Material und entdeckte das Radiothor. Im Herbst 1905 folgte er einem Ruf des führenden Atomforschers Ernest Rutherford an die McGill University in Montreal. Dort entdeckte er das Thorium C und das Radioactinium.

1906 kehrte er nach Deutschland zurück und setzte seine Versuche am Chemischen Institut in Berlin fort, wo er das Mesothorium fand. In dieser Zeit entwikkelte sich auch seine enge Zusammenarbeit mit der Österreicherin Lise Meitner, die erst endete, als sie 1938 wegen der Rassengesetze Deutschland verlassen mußte. Am 22. März 1913 heiratete Otto Hahn. Der glücklichen Ehe entstammte sein Sohn Hanno, der 1960 tödlich verunglückte.

1914 brach der Erste Weltkrieg aus; Otto Hahn rückte zu seinem Regiment ein, das im Westen eingesetzt wurde. Als 1915 die ersten Gasangriffe in Vorbereitung waren, wurde er als Chemiker zu dieser Spezialtruppe abkommandiert.

Nach Kriegsende nahm er mit Lise Meitner seine Versuche am Berliner Kaiser-Wilhelm-Institut wieder auf und entdeckte das Protactinium sowie das Uran Z. Nachdem Lise Meitner 1938 emigriert war, setzte er seine Arbeiten mit Professor Fritz Straßmann fort.

Der Italiener Fermi hatte zuvor mit Neutronen, Elementarteilchen mit der Masse eines Protons, aber ohne dessen positive Ladung, experimentiert und interessante Ergebnisse erzielt. Hahn und Straßmann stellten nun ähnliche Versuche an, indem sie Uran mit Neutronen beschossen. Uran mit der Ordnungszahl 92 ist das schwerste und letzte natürliche Element im Periodensystem. Sie hofften, auf diese Weise Transurane zu erhalten, künstliche Elemente mit einer Kernladungszahl über 92. Das gelang aber auf diesem Wege nicht.

Aber etwas anderes gelang ihnen, was sie lange Zeit nicht glauben konnten. Ende 1938 entdeckten sie im Produkt des Neutronenbeschusses Barium. Das hat die Ornungszahl 56. Wo konnte es herkommen? Nach schwierigen Versuchen erst fanden sie die Ergänzung. Außer dem Barium enthielt das Produkt auch das Edelgas Krypton – mit der Ordnungszahl 36. Und langsam wurde ihnen klar: 56 plus 36 gleich 92 – und das ist die Ordnungszahl von Uran. Sie hatten den Atomkern des Urans gespalten!

Enrico Fermi (links), der große italienische Physiker, erkannte als einer der ersten die Bedeutung von Hahns Entdeckung der Kernspaltung. Von ihr ausgehend, baute er 1942 in den USA den ersten Kernreaktor. Rechts: Nach ihrer gemeinsamen Internierung nahmen Werner Heisenberg, Max von Laue und Otto Hahn 1946 die Arbeit wieder auf. Unten Otto Hahns Arbeitstisch aus dem Berliner Kaiser-Wilhelm-Institut mit der Versuchsanordnung, die 1938 die Atomkernspaltung verwirklichen half. Er steht heute im Deutschen Museum in München.

1944/45 wurde in Berlin das Kaiser-Wilhelm-Institut für Chemie, Hahns Wirkungsstätte, durch Bomben zerstört (links). Das Institut zog nach Tailfingen auf der Schwäbischen Alb um. Dort wurde Hahn am 25. April 1945 festgenommen. Rechts: In diesem Gebäude in Farmhall, England, war Otto Hahn bis Januar 1946 als Zivilgefangener interniert – und mit ihm viele andere deutsche Wissenschaftler. Unten: An seinem 80. Geburtstag erhielt Otto Hahn den Besuch seiner langjährigen Mitarbeiterin Lise Meitner, die 1938 hatte emigrieren müssen.

In der Formelsprache der Kernphysik sah das so aus (n = Neutronenbeschuß): ${}^{92}U + {}^{0}n = {}^{56}Ba + {}^{36}Kr$ (+Energie).

Das Entscheidende dabei war die freiwerdende Energie. Die Bestandteile des Atomkerns werden durch gewaltige Bindungskräfte zusammengehalten. »Zertrümmert« man den Atomkern, werden diese Kräfte frei, und zwar bei einer unkontrollierten Kettenreaktion mit zerstörender Gewalt (Prinzip der Atombombe), bei einer kontrollierten, gebremsten Reaktion als Energiequelle (Prinzip des Kernreaktors).

Ein Jahr nach dieser bahnbrechenden Entdeckung begann der Zweite Weltkrieg. Otto Hahn arbeitete in Berlin weiter, bis das Chemie-Institut Anfang 1944 durch Bomben zerstört wurde. Im Herbst dieses Jahres zog Hahn mit den übriggebliebenen Apparaten nach Tailfingen auf der Schwäbischen Alb um und arbeitete dort im bescheidenen Ausweichquartier – freilich nicht, wie Gerüchte hinterher wissen wollten, an der »deutschen Atombombe«: die gab es nicht. Dort wurde er dann am 25. April 1945 von den Amerikanern interniert. Es ging über Frankreich nach England. Hier erfuhr er zu seinem Entsetzen von der Vernichtung japanischer Städte durch Atombomben. Im November 1945 las er aber auch in englischen Zeitungen, daß ihm für die Entdeckung der Kernspaltung der Nobelpreis verliehen worden sei.

Anfang Januar 1946 wurden die in England internierten deutschen Wissenschaftler endlich in die Heimat entlassen. Unter erschwerten Umständen nahm Otto Hahn die Arbeit wieder auf. Anstelle der »Kaiser-Wilhelm-Gesellschaft« wurde im September die »Max-Planck-Gesellschaft« mit Sitz in Göttingen gegründet, zu deren Präsident er gewählt wurde. Am 28. Juli 1968 starb der geniale, bescheidene Forscher im Alter von 89 Jahren in Göttingen.

Aus der Hand des schwedischen Königs Gustav Adolf erhielt Otto Hahn am 10. Dezember 1946 den Nobelpreis für Chemie für seine bahnbrechende Entdeckung der Atomkernspaltung.

Hahn wunderte sich selbst oft genug darüber, daß er trotz jahrelangen Umgangs mit strahlender Materie keine gesundheitlichen Schäden davontrug. In bester körperlicher und geistiger Verfassung feierte er 1968 in Göttingen mit den Professoren Butenandt (links) und Straßmann seinen 89. Geburtstag.

Einstein

Die »Relativitätstheorie« erneuerte die Physik

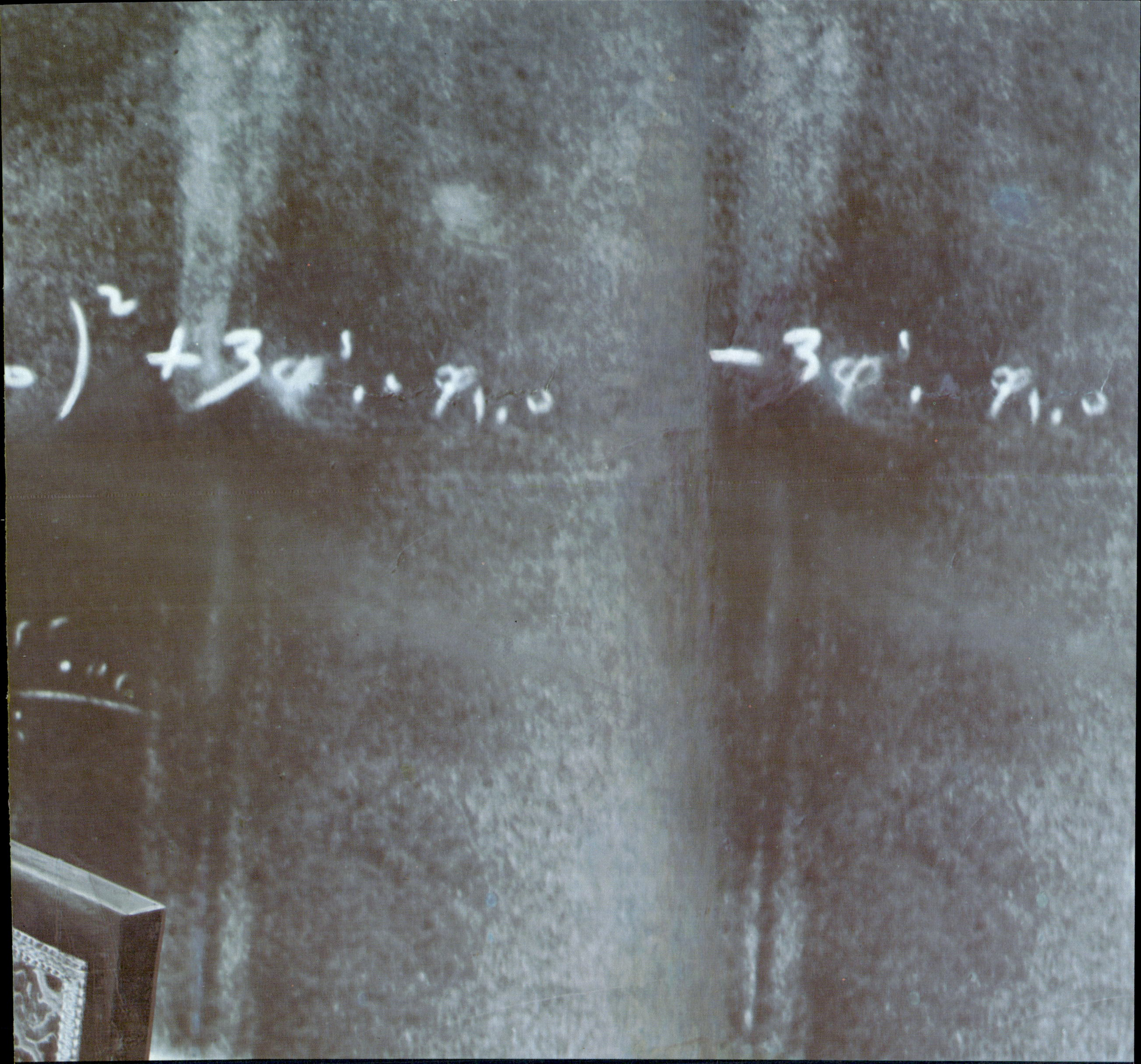

Der berühmteste Physiker des 20. Jahrhunderts, Albert Einstein (1879 bis 1955), stammte aus Ulm, arbeitete in Zürich und Berlin und emigrierte 1933 in die USA. In seiner »Relativitätstheorie« behauptete er nicht mehr und nicht weniger, als daß Raum und Zeit »keine voneinander verschiedenen Größen« seien, sondern »zusammen eine vierdimensionale Einheit bilden«. Seine Forschungen beeinflußten vor allem die Atomphysik. Die Physik nach ihm hat seine Erkenntnisse modifiziert.

»Ich habe keine besondere Begabung, ich bin nur leidenschaftlich neugierig«

Albert Einstein war kein Wunderkind. Die Psychologen halten ihn für einen »Anti-Typ des Genialen«: nicht besonders begabt, eher faul, Sitzenbleiber und ausgesprochen schlampig. Seine Biographen nennen ihn einen Künstler, der wegen seiner wissenschaftlichen Erkenntnisse geehrt wurde.

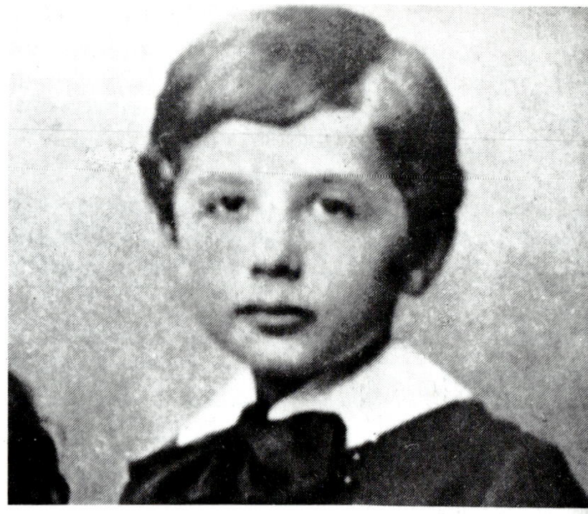

Albert Einstein und der Begriff »Relativitätstheorie« sind eins. Mit ihr hat er ein neues Weltbild begründet. Geboren am 14. März 1879 in Ulm als Sohn jüdischer Eltern, gestorben am 18. April 1955 in Princeton, blieb der »Vater einer neuen Epoche der Physik« persönlich stets bescheiden und liebenswert. Statt sich, wie die ganze Welt, auch selbst für ein Genie zu halten, gab er diese berühmt gewordene Antwort: »Ich habe keine besondere Begabung, ich bin nur leidenschaftlich neugierig.«

Er ist in der Tat ein berühmtes Beispiel dafür, wie auch ein scheinbar Erfolgloser Erfolg haben kann. Er war – was allerdings auch Gründe außerhalb seiner Fähigkeiten hatte – ein »Schul- und Studienversager«, und auch sein Berufsweg war anfangs nur sehr bescheiden. »Phantasie ist wichtiger als Wissen«, war seine Lebensdevise. Und eben diese führte ihn auf den epochalen Denkweg zu seiner Relativitätstheorie.

Er war in München aufgewachsen, hatte in Zürich studiert und 1902 eine Anstellung am Patentamt in Bern erhalten, wo er sieben Jahre blieb und in seiner Freizeit seine Doktorarbeit (von gerade 21 Seiten!) schrieb: »Eine neue Bestimmung der Moleküldimensionen«, sowie einen Aufsatz über »Elektrodynamik bewegter Körper«. Die Idee dazu sei ihm, erzählte er einem Freund, eines Morgens beim Aufwachen gekommen. Die »Idee« war die Relativitätstheorie – die allerdings noch Jahrzehnte brauchte, weiter ausgearbeitet zu werden und sich durchzusetzen. Sie ergab sich aus zwei Fragen: »Wie verhalten sich die Naturgesetze in einem freien Raum?« Und: »Was geschieht, wenn ich hinter einem Lichtstrahl herrenne und ihn schließlich einhole?« Die Antwort: »Zeit und Raum sind keine voneinander verschiedenen Größen, sondern bilden zusammen eine vierdimensionale Einheit.«

»Relativitätstheorie« nannte er seine Überlegungen deshalb: »Ich habe beim Nachdenken über die Raum-Zeit-Probleme erkannt, daß Raum, Zeit und Materie nur relative Begriffe sind, das heißt, daß sie nur in bezug auf das jeweilige Subjekt gelten.« Konzentriert ist dies seitdem in der berühmten Einstein-Kürzestformel: $E = mc^2$ (Energie ist gleich Masse mal dem Quadrat der Lichtgeschwindigkeit). Die Masse eines Körpers ist abhängig von seiner Geschwindigkeit, Masse und Energie stehen in einem engen Zusammenhang. Auch so ist seine Theorie definiert worden: »Er löste die Antithese zwischen Materie und Energie auf, indem er die Materie als eingefrorene Energie und die Energie als verflüssigte Materie erkannte.« Die schlagwortartige Verkürzung davon: »Gekrümmter Raum und verbogene Zeit.«

Als 33 Jahre nach seiner Formel Otto Hahn zusammen mit Fritz Straßmann und Lise Meitner 1938 in Berlin die Spaltung eines Uran-Atoms gelingt, beginnt damit nicht nur das »Atomzeitalter«, sondern auch Einsteins Theorie wird praktisch bestätigt: Mit nur wenig Materie kann man große Mengen Energie schaffen. Die erste Atombombe 1945 demonstriert es auf nur zu drastische Weise.

Dazwischen liegen die Jahre, in denen Einstein, nach Professuren in Zürich, Prag und Berlin, dem Nobelpreis und der Emigration 1933 ein weltberühmter Mann geworden ist, der als der bedeutendste Physiker seit Newton gilt. Aber auch das »Drama Einstein« und der »Sündenfall der Physiker« (R. Oppenheimer) liegen dazwischen. Einstein hat sich später selbst angeklagt: »Ich habe in meinem Leben einen großen Fehler begangen, als ich den Brief an Präsident Roosevelt unterschrieb, in dem ich die Herstellung von Atombomben empfahl« – ausgerechnet er, der lebenslange Pazi-

Die Verleihung des Nobelpreises im November 1921 löste einen regelrechten »Einstein-Rummel« aus. Jeder wollte den berühmten Physiker zu Gast haben. In Paris wurde er in der Sorbonne geehrt (links Mitte). Das linke Foto zeigt ihn mit seiner zweiten Frau Elsa geborene Einstein, einer Cousine, auf der ersten Überfahrt nach Nordamerika. (Die Nobelpreis-Prämie hatte er schon drei Jahre vor der Verleihung seiner ersten Frau überschrieben.) 1933 emigrierte Einstein vor dem Nationalsozialismus in die USA. Unten: »Weg in die Emigration« von Ben Shan.

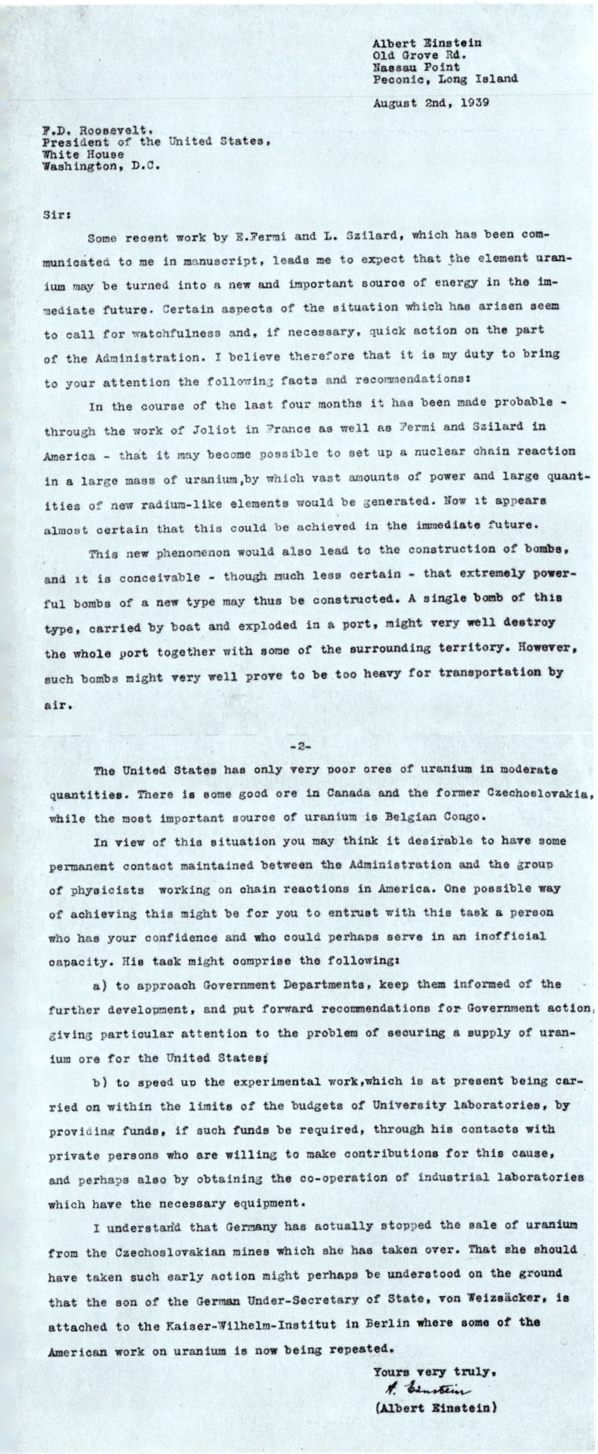

Albert Einstein
Old Grove Rd.
Nassau Point
Peconic, Long Island

August 2nd, 1939

F.D. Roosevelt,
President of the United States,
White House
Washington, D.C.

Sir:

Some recent work by E.Fermi and L. Szilard, which has been communicated to me in manuscript, leads me to expect that the element uranium may be turned into a new and important source of energy in the immediate future. Certain aspects of the situation which has arisen seem to call for watchfulness and, if necessary, quick action on the part of the Administration. I believe therefore that it is my duty to bring to your attention the following facts and recommendations:

In the course of the last four months it has been made probable - through the work of Joliot in France as well as Fermi and Szilard in America - that it may become possible to set up a nuclear chain reaction in a large mass of uranium,by which vast amounts of power and large quantities of new radium-like elements would be generated. Now it appears almost certain that this could be achieved in the immediate future.

This new phenomenon would also lead to the construction of bombs, and it is conceivable - though much less certain - that extremely powerful bombs of a new type may thus be constructed. A single bomb of this type, carried by boat and exploded in a port, might very well destroy the whole port together with some of the surrounding territory. However, such bombs might very well prove to be too heavy for transportation by air.

-2-

The United States has only very poor ores of uranium in moderate quantities. There is some good ore in Canada and the former Czechoslovakia, while the most important source of uranium is Belgian Congo.

In view of this situation you may think it desirable to have some permanent contact maintained between the Administration and the group of physicists working on chain reactions in America. One possible way of achieving this might be for you to entrust with this task a person who has your confidence and who could perhaps serve in an inofficial capacity. His task might comprise the following:

a) to approach Government Departments, keep them informed of the further development, and put forward recommendations for Government action, giving particular attention to the problem of securing a supply of uranium ore for the United States;

b) to speed up the experimental work,which is at present being carried on within the limits of the budgets of University laboratories, by providing funds, if such funds be required, through his contacts with private persons who are willing to make contributions for this cause, and perhaps also by obtaining the co-operation of industrial laboratories which have the necessary equipment.

I understand that Germany has actually stopped the sale of uranium from the Czechoslovakian mines which she has taken over. That she should have taken such early action might perhaps be understood on the ground that the son of the German Under-Secretary of State, von Weizsäcker, is attached to the Kaiser-Wilhelm-Institut in Berlin where some of the American work on uranium is now being repeated.

Yours very truly,
A. Einstein
(Albert Einstein)

Namhafte amerikanische Physiker waren der Überzeugung, daß Hitler versuchen würde, eine Atombombe zu bauen. Die Professoren Leo Szilard und Edward Teller wandten sich an Einstein mit dem Vorschlag, einen an Präsident Roosevelt gerichteten Brief zu unterschreiben, in dem die Notwendigkeit betont wird, in den USA großzügige Experimente für die Herstellung einer Atombombe einzuleiten. Einstein unterschrieb und machte sich lebenslänglich bittere Vorwürfe deswegen. In den USA aber begann der »Wettlauf um die Atombombe« als Alleingang der USA.

fist! Doch er fühlte sich damals, im Jahre 1939, angesichts der Gefahr für den Weltfrieden und in der Loyalität zu Amerika, dessen Bürger er inzwischen war, dazu verpflichtet. Bis zu seinem Tod plagte ihn die Reue darüber – um so mehr, als die damalige Furcht vor einer deutschen Atombombe auf einem Irrtum beruht hatte: Deutsche Wissenschaftler hatten zu keiner Zeit an einer Atombombe gearbeitet.

In Amerika, in Princeton, war er zwar geehrt und berühmt, wurde aber nie heimisch. 1950 gestand er seiner Stieftochter: »Jetzt sitze ich schon 17 Jahre in Amerika, ohne etwas von der Mentalität dieses Landes angenommen zu haben.« Wie viele Emigranten plagte ihn das Heimweh nach Europa, doch er fühlte sich inzwischen zu alt, um noch einmal zurückzukehren. 1952 lehnte er auch das Angebot ab, Staatspräsident von Israel zu werden; politischen Aufgaben fühlte er sich zeitlebens nicht gewachsen.

Seine Freizeit gehörte der Musik und dem Segeln. Er war zweimal verheiratet. Als er starb, ehrte ihn die ganze Welt als den »Mann des Jahrhunderts«. »Seine Leistung«, würdigte Max Born sein Lebenswerk, »krönt heute das Gebäude des naturwissenschaftlichen Weltbildes.«

Und Gaston Bachelard hatte schon 1951 konstatiert: »Mit der Einsteinschen Wissenschaft beginnt eine systematische Revolution der Grundbegriffe.«

Manche nicht ernstzunehmende, aber auch seriöse »Anti-Einsteinianer« haben seit seinem Tod des öfteren versucht, die Relativitätstheorie zu »widerlegen«, und auch behauptet, sie sei widerlegt. Als seriös gilt, zumindest gegenwärtig, allenfalls die Formulierung, daß die Physik nach Einstein dessen Theorie und Weltbild zwar nicht widerlegt, aber doch weiterentwickelt, variiert und modifiziert hat – auf der Grundlage seiner eigenen Erkenntnisse und mit dem unausgesprochenen Zusatz, daß er selbst diesem Weiterdenken »durch die Türen hindurch, die er selbst öffnete«, voll aufgeschlossen gewesen wäre. Mit diesem modifizierten und »modernisierten« Einstein sind vor allem die Namen der englischen Physiker Stephen Hawking und dessen Lehrers (und heutigen Kritikers) Roger Penrose verbunden. Der entscheidende Punkt, an dem sich die seriöse Gelehrtendiskussion heute reibt (und teilweise sogar ratlos ist), ist die Tatsache, daß »die beiden großen Theorien von überwältigender Schönheit, die die Säulen der heutigen Physik sind« (nämlich die Quantenme-

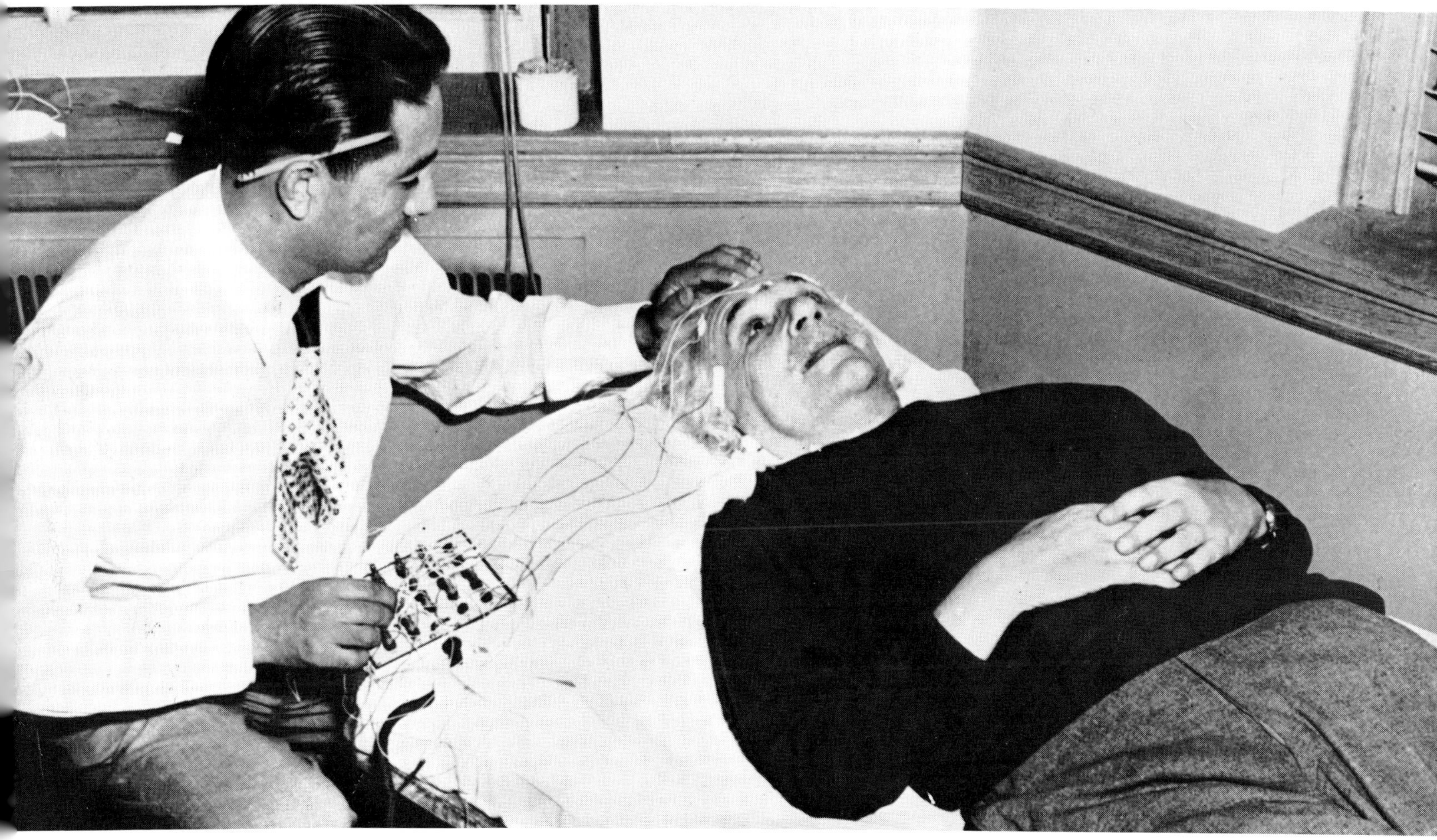

Albert Einstein mit dem »Vater der Atombombe«, Robert Oppenheimer (oben links), der es später ablehnte, auch noch eine Wasserstoffbombe zu bauen. Bild oben: Durch die Messung von Einsteins Gehirntätigkeit versuchte 1951 der peruanische Arzt Alejandre Arellano in Princetown, Einsteins Wirkungsstätte, die »Genialität« des Nobelpreisträgers zu orten. Er scheint sie nicht gefunden zu haben. Aber Einstein verstand Spaß und stellte sich für das Experiment gerne zur Verfügung.

chanik und die allgemeine Relativitätstheorie), jede für sich zwar »durch subtilste Experimente bestätigt« sind, sich andererseits aber seltsamerweise »nicht miteinander vertragen«. Das ganze »Nach-Einstein-Weltbild« ist in der heutigen Physik zu sehr im Fluß und in der Diskussion der Fachgelehrten, als daß endgültige Urteile möglich wären. (Die Physik bezweifelt heute sogar, ob es solche »endgültigen« Urteile überhaupt geben könne und werde.)

In einer Rede in den dreißiger Jahren, von der eine Tonaufzeichnung existiert (nachfolgend im Wortlaut wiedergegeben), formulierte Albert Einstein einmal sein grundsätzliches persönliches Glaubensbekenntnis, das von tiefer Humanität und Geistigkeit zeugte. »Ich glaube nicht an die Freiheit des Willens«, sagte er bei dieser Gelegenheit. »Schopenhauers Wort: ›Der Mensch kann wohl tun, was er will, aber er kann nicht wollen, was er will‹, begleitet mich in allen Lebenslagen. Es versöhnt mich mit den Handlungen der Menschen, auch wenn sie mir recht schmerzlich sind. Diese Erkenntnis von der Unfreiheit des Willens schützt mich davor, mich selbst und die Mitmenschen als handelnde und urteilende Individuen allzu ernst zu nehmen und den guten Humor zu verlieren. Nach Würden und Luxus strebte ich nie und habe sogar ein gut Teil Verachtung dafür. Meine Leidenschaft für soziale Gerechtigkeit hat mich oft in Konflikt mit den Menschen gebracht, ebenso meine Abneigung gegen jede Bindung und Abhängigkeit, die mir nicht absolut notwendig erschien. Ich achte stets das Individuum und hege eine unüberwindliche Abneigung gegen Gewalt und gegen Vereinsmeierei. Aus allen diesen Motiven bin ich leidenschaftlicher Pazifist und Antimilitarist, lehne jeden Nationalismus ab, auch wenn er sich nur als Patriotismus gebärdet. Aus Stellung und Besitz entspringende Vorrechte sind mir immer ungerecht und verderblich erschienen, ebenso ein übertriebener Personenkultus. Ich bekenne mich zum Ideal der Demokratie, obwohl mir die Nachteile demokratischer Staatsform wohlbekannt sind. Sozialer Ausgleich und wirtschaftlicher Schutz des Individuums erschienen mir stets als wichtige Ziele für staatliche Gemeinschaft. Ich bin zwar im täglichen Leben ein typischer Einspänner, aber das Bewußtsein, der unsichtbaren Gemeinschaft derjenigen anzugehören, die nach Wahrheit, Schönheit und Gerechtigkeit streben, hat das Gefühl der Vereinsamung nicht aufkommen lassen. Das Schönste und Tiefste, das der Mensch erleben kann, ist das Gefühl des Geheimnisvollen. Es ist das Motiv allen tieferen Strebens in Kunst und Wissenschaft. Wer dies nicht erlebt hat, erscheint mir, wenn nicht wie ein Toter, so doch wie ein Blinder. Zu empfinden, daß hinter dem Erlebbaren ein für unseren Geist Unerreichbares verborgen sei, dessen Schönheit und Erhabenheit uns nur mittelbar und im schwachen Widerschein erreicht, das ist Religiosität, in diesem Sinne bin ich religiös. Es ist mir genug, diese Geheimnisse staunend zu ahnen und zu versuchen, von der erhabenen Struktur des Seienden in Demut ein mattes Abbild geistig zu erfassen.«

Fleming

Sein Penicillin rettete unzählige Menschenleben

Durch einen Zufall fand der englische Bakteriologe Alexander Fleming (1881 bis 1955) heraus, daß bestimmte Schimmelpilze Bakterien töten können. Diese Entdeckung führte zur Entwicklung des Penicillins. Es ist heute eines der wichtigsten und bekanntesten Medikamente der Welt, und seine Entdeckung gehört zu den folgenreichsten Ereignissen in der Medizin unseres Jahrhunderts. Neben dem Porträt des Nobelpreisträgers (1945) Sir Alexander Fleming sind Kristalle von Penicillin abgebildet.

Penicillin wurde zur wirksamsten Waffe gegen viele entzündliche Krankheiten

Nach seiner Ernennung zum Rektor der Universität Edinburgh wird Alexander Fleming von seinen Studenten stürmisch gefeiert und auf die Schultern gehoben.

Man schrieb das Jahr 1929. In seinem Laboratorium hatte der englische Wissenschaftler Professor Dr. Fleming, der sich wie Robert Koch mit der Erforschung von Bakterien befaßte, in einer Reihe von flachen Schalen Eiterbakterien zur Untersuchung herangezüchtet. Das Nährsubstrat bestand aus Gelatine. Es wurde aus der Meeresalge Agar gewonnen, und es gab tatsächlich kein besseres. Wichtig war nur, daß man den Bakterienboden vor der Verunreinigung durch andere Keime bewahrte. Fleming war in dieser Hinsicht sehr sorgfältig und hatte alle nur denkbaren Einfallstore für das Eindringen von Fremdkörpern verschlossen.

Und doch war es eines Tages den Sporen des Pinselschimmels Penicillium notatum gelungen, sich in einer Schale anzusiedeln, Kolonien zu bilden und vom Rande her die Bakterienkultur mit ihrem Geflecht und ihren Fruchtkörpern zu überziehen. Die so mühsam steril gehaltene Kultur war damit unbrauchbar geworden. Verärgert stellte Fleming sie zunächst beiseite, um sie später zu vernichten. Als es soweit war, kam ihm, er wußte selbst nicht, warum, der Gedanke, den durch den Pilz verunreinigten Nährboden zu untersuchen, um festzustellen, was es mit dem Schimmelpilz auf sich hatte.

Pinselschimmel ist eine Gattung von Schlauchpilzen, die Brot, eingekochte Früchte und Fleischwaren oft mit einer blaugrünen Decke überzieht. Bringt man davon ein wenig unter das Mikroskop, so sieht man ein Fadengeflecht, aus dem sich Zweige erheben, die Pinseln ähneln. Sie teilen sich an ihren Enden wiederholt, und die Pinsel schnüren blaugrüne Fadensporen ab. Da die Sporen leicht verweht werden und es nirgends an Nahrung für den Pilz fehlt, ist er über die ganze Erde verbreitet. Zuweilen erzeugt er auch Schlauchsporen. Zu dieser Gattung gehört Penicillium notatum.

Fleming machte nun folgende aufregende Entdeckung: Wo Penicillium notatum mit den in der Schale vorhandenen Kulturen von Bakterien, Eitererregern übelster Art, zusammengeraten war, hörten diese auf, sich zu vermehren, ja, sie verkümmerten zu Millionen. Fortan stand die »verdorbene« Schale im Mittelpunkt des Flemingschen Laboratoriums. Er entdeckte über dem Studium des bakterienfeindlichen Schimmelpilzes auch noch andere interessante Einzelheiten: Bakterienvernichtend oder bakterienhemmend war nicht der Pilz selbst, sondern ein Wirkstoff, den der Schimmelpilz absonderte. Er nannte ihn »Penicillin« und veröffentlichte seine Beobachtungen in der Fachpresse. Aber obwohl damit eine grandiose Neuentdeckung für die Behandlung vieler entzündlicher und mit Vereiterungen verbundener Krankheiten gemacht war, las man seinen Bericht, ohne daß Folgerungen daraus gezogen wurden.

Fleming ging zur Tagesordnung über und züchtete seinen Pilzstamm unverdrossen weiter. Er hatte das Ziel, endlich so viel von dem wertvollen Stoffwechselprodukt Penicillin zu erhalten, daß er praktische ärztliche Versuche damit anstellen konnte. Aber dann stellte sich heraus, daß die in jahrelanger Züchtung gewonnene Menge nicht einmal ausreichte, um einem einzigen Menschen zu helfen. Mitten in der Behandlung des ersten Patienten, eines Oxforder Polizisten, der an einer hoffnungslosen Blutvergiftung erkrankt war, ging der Arzneivorrat aus. Glückstrahlend hatte Fleming bereits feststellen können, daß sein Penicillin schon erste Erfolge bei dem Todgeweihten zu zeigen begann. Die Bakterien vermehrten sich nicht mehr, die Abwehrkräfte des Körpers hatten zu erfolgreichen Gegenangriffen angesetzt. Da aber die Behandlung mit Penicillin nicht weitergeführt werden konnte, weil auch der letzte Rest ver-

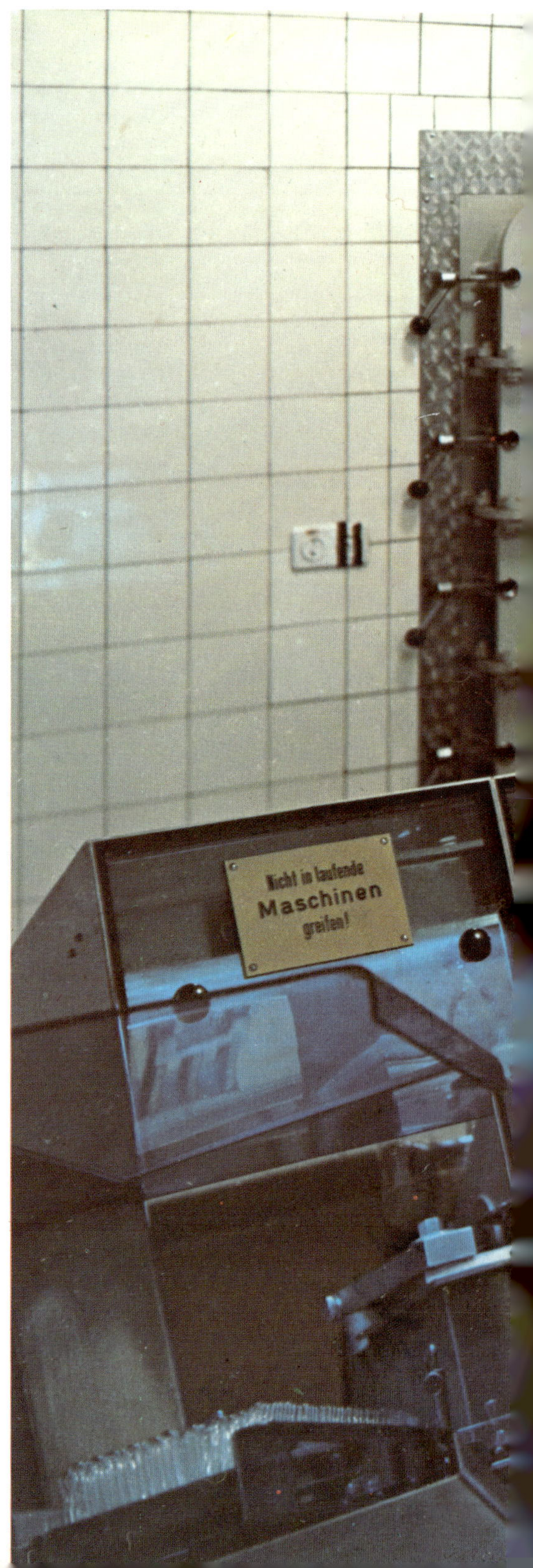

Gemeinsam mit Alexander Fleming wurden 1945 seine beiden Mitarbeiter mit dem Nobelpreis für Medizin ausgezeichnet. Ganz links: Alexander Fleming; Mitte: der Biochemiker Ernst Boris Chain, dem die Reindarstellung des Penicillins in medizinisch wirksamer Form gelang; links: Sir Howard Walter Florey, der die Verwendbarkeit des Penicillins in der medizinischen Praxis erforschte. Bild unten: Äußerste Keimfreiheit ist Gesetz bei der Penicillinverarbeitung. Hier werden Ampullen vor dem Einsatz in die Gefriertrockenschränke (hinten) steril abgefüllt.

braucht war, vermehrten sich die Bakterien wieder, und der Patient starb.
Dann kam der Krieg, und mit ihm stieg das Interesse an keimtötenden Heilmitteln gewaltig an. Man begann, sich an Flemings Schimmelpilz zu erinnern, züchtete ihn in größerem Maßstab und studierte seine Wirkung auf Bakterien. Es ergab sich, daß Penicillin tatsächlich gegen 89 verschiedene Krankheitserreger wirksam war, darunter gegen Lungenentzündung und den Erreger der Blutvergiftung. Die Kranken waren meist in kürzester Zeit geheilt.
So trat das Penicillin nach seinen ersten langwierigen und mühsamen Schritten einen stürmischen Siegeslauf rund um die Welt an, besonders, nachdem es gelungen war, das bisher umständliche Gewinnungsverfahren zu vereinfachen. Anfangs hatte man angenommen, daß sich der Penicillin-Schimmelpilz nur an der Oberfläche von Nährböden vermehren lasse. Dann aber fand man Stämme, die auch im Innern, in sogenannten »Tauchkulturen«, gediehen. So konnte der Pilz in Riesentanks von 50000 Liter Inhalt gezüchtet werden. Zuchtanlagen und Aufbereitungseinrichtungen, in denen aus den Nährlösungen das eigentliche Penicillin gewonnen wird, sind heute zu riesigen Fabriken angewachsen.
Inzwischen ist Penicillin eines der bekanntesten Medikamente der Welt geworden. Seine Entdeckung gehört zu den folgenreichsten Ereignissen in der Medizin unseres Jahrhunderts und regte die Auffindung zahlreicher weiterer Antibiotika an.
Alexander Fleming, der Sohn eines schottischen Bauern, der lange als Bote und Büroangestellter hatte arbeiten müssen, bevor ihm Stipendien das Medizinstudium ermöglichten, wurde 1944 in den Adelsstand erhoben und hieß seitdem Sir Alexander Fleming. Ein Jahr später wurde er mit dem Nobelpreis geehrt.

Blick in eine der hochmodernen Fabriken in Frankreich, die Penicillin herstellen. Der Schlauchpilz Penicillium notatum entwickelt sich in diesen Riesentanks von 50000 Litern Inhalt in einer Nährlösung zwischen 28° und 32 °C. Dabei muß die Sterilität unbedingt gewahrt sein. Zuchtanstalten und Aufarbeitungseinrichtungen, in denen das eigentliche Penicillin gewonnen wird, sind auch anderwärts zu Fabriken von gewaltiger Ausdehnung angewachsen, nicht zuletzt in Deutschland.

Wernher

v. Braun

Das Raketenzeitalter und die Raumfahrt

Sein Name wurde zu einem Signalwort für Raketenzeitalter und Raumfahrt (Symbolbild oben: »Die Reise zu den Planeten«). Und wenn über seinem Ruhm auch der seines Lehrers, des Vordenkers und Visionärs der Weltraumeroberung, Hermann Oberth, etwas zu kurz kam, so ist Wernher v. Braun (1912-1977) als Durchsetzer und Praktiker der Ideen der Raketentechnik und der Raumfahrt doch zu Recht heute ebenfalls einer der »Menschen, die die Welt veränderten«.

»Schon eine Landung auf dem Mond würde ein Ereignis bedeuten, gegen das alle bisherigen Leistungen der Menschen verblassen.«

(FAZ 1952, nach Wernher v. Brauns »Marsflugprojekt«)

Wernher v. Braun (1912-1977, r.) schrieb 1934 seine Doktorarbeit über »Konstruktive, theoretische und experimentelle Beiträge für Flüssigkeitsraketen«. Sie bekam nicht nur das höchste Prädikat »eximium« (außerordentlich), sondern wurde auch sofort zur »geheimen Kommandosache« erklärt und durfte deshalb nicht veröffentlicht werden. Seine ersten Versuchsraketen A(ggregat) 1 und A(ggregat) 2 hatte er »Max und Moritz« getauft. Sie flogen auf Borkum 2200 m hoch.

Nicht, daß Wernher v. Braun (oder auch Hermann Oberth) die Raketen und die Raumfahrt »erfunden« hätte. Ganz so war es nicht. Die Idee von der Reise zu anderen Himmelskörpern und den dafür nötigen Transportmitteln, den Raketen, spukte schon lange in den Köpfen der Menschen herum. Der Raketenantrieb war im Prinzip schon seit Jahrtausenden bekannt. Die Chinesen scheinen um 2000 v. Chr. als erste darauf gekommen zu sein. In Europa wurden Raketen um das 13. Jh. durch die Araber bekannt. 1379 beschossen die Paduaner Venedigs Vorort Mestre mit Raketen, 1405 propagierte der deutsche Waffentechniker Konrad Keyser ihre Verwendung, und 1429 beschossen französische Raketenwerfer die in Orleans eingeschlossenen Engländer. Die ersten, die konkret über Weltraumfahrt nachdachten, waren (von Jules Verne, dem Autor phantastischer Zukunftsromane, einmal abgesehen, aber doch auch von seinen Gedankenphantasien beeinflußt oder befruchtet) in der 2. Hälfte des 19. Jh. Hermann Ganswindt, Konstantin Eduardowitsch Ziolkowski, Robert Esnault-Pelterie – und, ganz unabhängig von ihnen allen, aber ebenfalls ganz direkt von Jules Vernes Roman »Reise zum Mond« angeregt, ein junger Mann weit hinten in Siebenbürgen. Ein Gymnasiallehrer in der Provinz, den die Idee nicht mehr losließ – und dies, ohne daß er dabei irgend etwas von den schon vorhandenen gleichartigen Bemühungen der anderen, sehr viel prominenteren Leute gewußt hätte –: ein gewisser Hermann Oberth. Aber während die anderen nicht so recht vorankamen, sollte der junge Mann aus der entlegenen Balkan-Provinz zum eigentlichen Ahnvater der Raumfahrt werden, und sein Schüler, ein schmächtiger Gymnasiast, seinerseits aus der schlesischen Provinz, zu deren Inbegriff: ein gewisser Wernher v. Braun.

Hermann Oberth (1894-1989, l.) widerlegte bereits als 15jähriger mathematisch Jules Vernes Vorstellung von einem »Abschußrohr« für eine Mondrakete. Sein Denkbild war von Anfang an der Rückstoßraketenstart, wie er dann auch Realität wurde (Foto unten: Start einer Trägerrakete für wiederverwendbare Space Shuttles, wie sie seit den 80er Jahren üblich und zu wissenschaftlichen Versuchen im Einsatz sind).

Nicht, daß Hermann Oberth gleich der große Durchbruch gelungen wäre. Als er sich 15 Jahre lang mit seiner fixen Idee beschäftigt hatte und seine Doktorarbeit darüber schrieb, lehnte der Heidelberger Astronom Prof. Max Wolf sie als »zu schülerhaft« ab. Selbst als er sie als Buch veröffentlichte, teilweise eigenfinanziert (weil zwei Dutzend Verlage sie als zu trocken und utopisch abgelehnt hatten), wurde er noch lange belächelt. Heute gilt dieses Buch längst als einer der ganz wesentlichen Anstöße für die Raketen- und Weltraumforschung – »wie überhaupt« (wie es in einer Enzyklopädie formuliert ist) »ein ansehnlicher Teil der heutigen, von der Raketentechnik erzielten Erfolge der Grundlagenforschung Oberths zuzuschreiben ist« und ihm den Ehrentitel »Vater der Raumfahrt« einbrachte. 1930 endlich bekam Oberth nach mancherlei Umwegen und Hindernissen einen Auftrag für Experimente in Berlin. Seine Schüler, Helfer und Mitarbeiter dabei waren der Dipl.-Ing. Rudolf Nebel, Ingenieur Klaus Riedel und der junge, enthusiastische Physikstudent Wernher v. Braun. Und während auch andere anderswo – in Frankreich, Amerika, Rußland – schon seit Jahrzehnten an Raketen bastelten (mit mehr oder weniger Erfolg und Unterstützung), ging es in Deutschland mit Oberth und seiner Gruppe ermutigend voran. 1931 hatten sie Raketenstarts bis in 1500 m Höhe geschafft, 1932 versuchten sie es mit einer neuen Treibstoffmischung – einem Flüssigtreibstoff von 60-70 Prozent Äthylalkohol, dem Wasser zugesetzt war, und mit Flüssigsauerstoff – und hatten damit den späteren Treibstoff für die V2 gefunden. Noch im gleichen Jahr 1932 begann der junge Wernher v. Braun in der neugegründeten »Versuchsstelle« des Heereswaffenamtes zu arbeiten, die sich 1936 ein Versuchsgelände in Peenemünde auf der Ostseeinsel Usedom eingerichtet hatte. Und dort ge-

lang dann am 3. Oktober 1942 – einem heute als historisches Datum geltenden Tag – der Start der ersten sogenannten A-4-Rakete, die sehr viel bekannter unter dem Namen V2 wurde. Das V entstammte der Kriegspropagandasprache und stand für »Vergeltung(swaffe)«, was später auch zu »Wunderwaffe« hochstilisiert wurde. Wernher v. Braun und seinen Kollegen war dieser Aspekt immer eher gleichgültig. Sie sahen sich einfach als Raketen-Narren, denen, was mit ihren Entwicklungen geschah, mehr oder minder unwichtig war. (Die Problematik dieser Einstellung, oft genug debattiert und abgehandelt, kann hier beiseite gelassen werden; sie ist ohnehin ein Problemthema der gesamten modernen Wissenschaft.) Wernher v. Braun jedenfalls hatten seine Dynamik, sein Forscherdrang und sein »Macher«-Talent mittlerweile zu einem der führenden Köpfe der Raketentechnik und Weltraumfahrtpläne werden lassen.

Er war am 23. März 1912 in Wirsitz bei Bromberg/Posen geboren. Sein Vater war später in der Weimarer Republik einmal Ernährungsminister im Kabinett Papen. Schon als Junge war er auf die Schriften Hermann Oberths gestoßen und davon so fasziniert, daß er bereits damals, während seiner Schul- und Gymnasialzeit in Berlin und auf Spiekeroog, selbst Feuerwerksraketen zu basteln begann. Nach einer technischen Lehre studierte er in Berlin und beschäftigte

Die Ausblicke, die uns die Raumfahrt in den Kosmos ermöglicht hat, haben unser Welt-Bild buchstäblich enorm erweitert. Das Bild oben zeigt die große Galaxie des Andromedanebels (»M 31«); er ist etwa 1,5 mal so groß wie unsere Milchstraße. Die Raumfahrer haben im Laufe vieler Tests und der Aufenthalte im All gelernt, wie man sich dort außerhalb der Raumschiffe bewegt. (Foto l.: US-Astronaut Hoffman bei einem Außenbordmanöver)

Die unbemannte Raumfahrt (Weltraumsonden) ist noch bedeutsamer geworden als die bemannte. Mit ihr wurde es möglich, in Räume des Alls vorzustoßen, die dem Menschen selbst noch lange verschlossen bleiben werden. Während der Fußabdruck des ersten Menschen auf dem Mond (Foto unten) immer noch eher symbolischen Charakter hat – als tatsächlich erster Schritt des Menschen außerhalb der Erde –, haben Sonden bereits ungeheure Tiefen des Weltraums erschlossen. Schon 1980 machte »Voyager 1« dieses 3-Filter-Farbfoto (links) vom Saturn (zur Erkennung der Temperaturgürtel).

sich weiter intensiv mit Raketentechnik. Seinen ersten einschlägigen »Job« bekam er in Reinickendorf bei Rudolf Nebel, und dieser nahm ihn mit zu Hermann Oberth und dessen Versuchsgruppe. 1932 wurde er gewähltes Vorstandsmitglied des »Vereins für Raumschiffahrt«, der übrigens eine kuriose Anfangsgeschichte hatte. Er war am 5.6.1927 in Breslau gegründet worden, das Amtsgericht hatte jedoch die Eintragung in das Vereinsregister zunächst abgelehnt, weil das Wort »Raumschiffahrt« in der deutschen Sprache unbekannt sei und in der Satzung deshalb erst ausdrücklich definiert werden müsse.

Die A-4 (V2) war nach ihrem ersten erfolgreichen Start zunächst noch keineswegs als »Wunderwaffe« erkannt worden. Todt und Speer, die beiden Verantwortlichen für die deutsche Kriegsrüstung, wollten wenig von dieser »Phantasterei« wissen. Erst 1943 wurde die Sache dann forciert. Im Juli 1944 flog die erste »V1« – eine noch verhältnismäßig primitive »Flugbombe« – über den Kanal nach England, gefolgt am 8. September 1944 von der ersten »V2«, die immerhin als erste ballistische Fernrakete der Kriegsgeschichte gilt – wenn sie auch trotz 2500 eingesetzter Raketen keine entscheidenden Wirkungen erzielen konnte. Jedenfalls aber stellte die V2 einen Entwicklungsstand der Raketentechnik dar, der zu dieser Zeit weltweit unerreicht war.

Sofort nach dem Kriegsende in Deutschland sicherte sich deshalb die amerikanische Armee nicht nur die verbliebenen Produktionsstätten und noch vorhandenen V2-Raketen, sondern, was ihr noch viel wichtiger war, die dokumentarischen Unterlagen dazu und die Raketenbauer selbst. Und also verbrachte man (oder verpflichtete oder wie sonst man es nennen will, weil es ja kein so einfach zu erklärendes Manöver war) Wernher v. Braun und seine Mitarbeiter (obwohl sie zum größten Teil keine Mitarbeiter waren, sondern einfach Kollegen, aber v. Braun war der »Führungsname«) nach Amerika – samt allem Drum und Dran. Und dort bekamen sie – wieder mehr zufällig als erwartbar – die historische Chance, die Grundlagen der Weltraumfahrt zu legen, weil das Prestige-Wettrennen der beiden Weltsupermächte begonnen hatte. Damals ging in Amerika noch der in Rundfunk und Fernsehen kolportierte Scherz um, Amerika werde das Raumwettrennen gegen die Russen schon gewinnen: Warum? »Weil wir die besseren Deutschen haben als sie.«

Nach dem amerikanischen Schockerlebnis, daß nicht sie, sondern tatsächlich die Russen den ersten »Sputnik« ins All schossen und auch den ersten Raumfahrer stellten, während das eigene Land noch eine ganze Weile eher durch peinliche Pannen und Fehlschläge auffiel, wurde Wernher v. Brauns Name dann identisch mit der Entwicklung immer größerer und besserer Raketen: von der *Honest John* über die *Nike* und *Redstone* bis zu den *Jupiter*- und *Saturn*-Raketen sowie vom – noch utopischen – Marsflugprogramm zu den Mondflug-Programmen *Explorer*, *Gemini* und *Apollo*. Auf diesem wiederum bauten nach insgesamt 7 Mondlandungen 1969-72 alle Anschlußprogramme seitdem auf, von den Raumsonden ins ganze Sonnensystem und darüber hinaus bis zur unbemannten und bemannten Raumstation und den beliebig oft wiederverwendbaren Space Shuttles (*Discovery*, *Columbia*, *Challenger* und *Endeavour*, mit denen in der ersten Hälfte der 90er Jahre zahlreiche wissenschaftliche Versuche unternommen wurden).

Während Hermann Oberth erst 1989 im biblischen Alter von fast 96 Jahren starb, erlag Wernher v. Braun bereits 1977, 65 Jahre alt, einem Krebsleiden.

Der »Mann im Mond« (ganz oben) war Krönung und Abschluß der ersten Phase der Raumfahrt, die Wernher v. Braun maßgeblich mitgestaltete. Als er zusammen mit seinen Mitarbeitern bei Kriegsende von den amerikanischen Truppen in den österreichischen Alpen gefangengenommen wurde (oben), konnte er noch nicht ahnen, was für Chancen ihm damit eröffnet wurden, den Menschheitstraum von der »Raketenreise« zu verwirklichen, wie ihn sich die Karikaturisten um 1830 (Bild links) erst reichlich naiv und phantasievoll vorstellten.

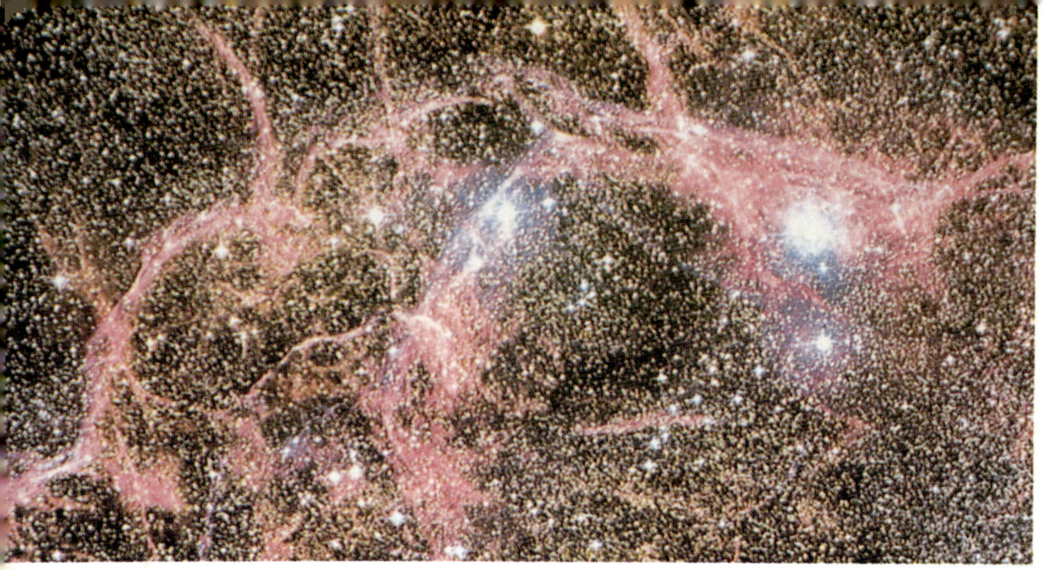

Mit Teleskopen außerhalb der Erdatmosphäre in Weltraumstationen oder Satelliten (wie dem 1994 nach einigen Schwierigkeiten installierten und reparierten »Hubble«) sind Aufnahmen möglich geworden, die, unbeeinträchtigt von der Atmosphäre, in ihrer Entfernungstiefe und auch Schärfe noch vor einer Generation undenkbar waren. (Hier, links, die Aufnahme der Reste einer Supernova im Sternbild Vela). Außenbordarbeiten der Astronauten (unten) wie etwa zur Reparatur von »Hubble« oder von Satelliten gehören längst zur Routine der Raumfahrt.

Mao Tse-tu

Er brachte China eine neue Gesellschaftsordnung

ng

Der Sohn eines reichen Bauern in der chinesischen Provinz Hunan bekannte sich seit 1920 zum Marxismus und war ein Jahr später einer der Mitbegründer der Kommunistischen Partei Chinas. 1927 gründete Mao Tse-tung (1893 bis 1976) einen ersten »Sowjetstaat« auf chinesischem Boden. Die von ihm geführten Kommunisten eroberten bis 1950 das chinesische Festland und vertrieben die Kuomintang nach Formosa. Schon zu seinen Lebzeiten wurde Mao als »roter Heiliger« verehrt.

Ein Bauernsohn, Diktator und »roter Heiliger« zugleich, formte den größten Staat der Welt nach seinem Willen um

Bereits 1920 vertrat Mao die Lehren des Marxismus. Das Gemälde unten – heute in unzähligen Buntdrucken in ganz China verbreitet – zeigt den jungen Lehrer als Redner im Lehrerseminar von Tschangscha, in dem er seine Ausbildung erfahren hatte. Seit 1929 war Mao (rechts) als politischer Führer des ersten Sowjetstaates auf chinesischem Boden in der Provinz Kiangsi anerkannt. 1934 wurde die Stellung dieses Staates allerdings unhaltbar.

An der Anschlagtafel einer der kaiserlichen Oberschulen von Tschangscha, der Hauptstadt der chinesischen Provinz Hunan, erregte im Frühjahr 1911 eine kleine Wandzeitung großes Aufsehen. Da waren mit farbiger Tusche schöne Schriftzeichen gemalt, die nichts weniger als den Umsturz im Lande und die Einführung der Republik forderten. Auch ein Präsident wurde bereits vorgeschlagen: Dr. Sun Yat-sen, der im japanischen Exil lebende, damals bekannteste chinesische Revolutionär. In China müsse man, so forderte der Verfasser des Aufrufes, eine Volksherrschaft errichten und das Land von allen fremden Mächten unabhängig machen.

Unterzeichnet war das hochverräterische Schreiben mit dem Pseudonym »Achtundzwanzig Striche«. Aus achtundzwanzig Strichen aber bestanden die Schriftzeichen für den Vor- und Zunamen des achtzehnjährigen Mao Tse-tung. Am 1. Oktober 1949, achtunddreißig Jahre später, proklamierte der Verfasser des Schüleraufrufs auf dem Platz des Himmlischen Friedens in Peking die Gründung der Volksrepublik China.

Mao-Tse-tung, der »Große Vorsitzende«, »Große Lehrer«, »Große Oberbefehlshaber«, »Große Steuermann« des Achthundert-Millionen-Reiches, um nur einige seiner Ehrentitel zu nennen, stammte aus der südchinesischen Provinz Hunan und wurde am 26. Dezember 1893 in dem Dorf Shao Shau geboren. Mao Jen-sheng, sein Vater, kam aus ärmsten Verhältnissen und hatte es als Reisbauer zu einigem Wohlstand gebracht. Der junge Mao erwarb seine Grundkenntnisse in der örtlichen Dorfschule. Sein Vater, »streng und geizig«, wie ihn der Sohn später schilderte, wollte ihn danach den Reishandel erlernen lassen, aber Mao erreichte es nach heftigen Auseinandersetzungen, daß er die nächstgelegene Mittelschule besuchen durfte. Es war die Zeit, in der sich bei ihm »bis zu einem gewissen Grade politisches Bewußtsein entwickelte«.

Die Mandschu-Dynastie, die seit 1644 China beherrschte, hatte in der zweiten Hälfte des 19. Jahrhunderts immer mehr an Ansehen eingebüßt, und die europäischen Großmächte und Japan hatten deren Schwäche ausgenutzt, um das Land in einen »Zustand halbkolonialer Abhängigkeit« zu versetzen. Wiederholt suchten Mißernten und furchtbare Hungersnöte das riesige Land heim, das an Fläche der des europäischen Kontinents entspricht, dessen Bevölkerungszahl aber die Europas noch um ein Viertel überstieg. Es gärte allenthalben in den Provinzen, und immer wieder kam es aus Not und Verzweiflung zu Aufständen und zu grausamer Verfolgung der Aufrührer. Zum anerkannten Führer der verschiedenen revolutionären Bewegungen, denen sich besonders die geistige Elite des Landes sowie Studenten und Schüler verschrieben hatten, war der Arzt Sun Yat-sen geworden.

Die Revolution von 1911/12, die zur Umwandlung Chinas in eine Republik führte, erlebte Mao als Oberschüler in Tschangscha. Hier schnitt sich der Achtzehnjährige den Zopf ab, das verhaßte Symbol der alten Herrschaft, und diente kurze Zeit als Freiwilliger bei den republikanischen Truppen. Von 1912 bis 1918 studierte er am Ersten Lehrerseminar in Tschangscha und legte dort mit fünfundzwanzig Jahren sein Examen ab. Er nahm zuerst die Stelle eines Hilfsbibliothekars in Peking an und wurde dann Lehrer in Tschangscha.

Die chinesische Revolution hatte nicht zu dem erhofften Erfolg geführt. Zwar gründete Sun Yat-sen 1912 die nationalchinesische Sammlungsbewegung Kuomintang, doch konnte er keine starke Regierung bilden. China wurde zum Schauplatz ständiger Bürgerkriege. Nach dem

Der »lange Marsch« der »Roten Armee« vom Süden nach dem Norden des riesigen Landes (links) wurde zum rotchinesischen Heldenepos. In der Provinz Schensi konnte Mao eine neue Machtbasis aufbauen. Hier heiratete er in dritter Ehe die Schauspielerin Tschiang Tsching, die nach seinem Tode als »Maowitwe« stark ins Zwielicht der chinesischen Politik geraten sollte. In Jenan in der Provinz Schensi blieb auch das kommunistische Hauptquartier während des vorübergehenden Bündnisses Maos mit Tschiang Kai-schek gegen die japanischen Eroberer.

Im zweiten Bürgerkrieg eroberte Maos Volksbefreiungsarmee bis 1950 ganz China.

Ersten Weltkrieg war auch hier und dort bereits das russische Beispiel zum Vorbild geworden. Auch der Lehrer Mao im fernen Tschangscha interessierte sich jetzt für die Kommunisten. 1920 bekannte er sich zu Karl Marx, und 1921 wurde er bereits in Shanghai zum Gründungsmitglied der Kommunistischen Partei (KP) Chinas. Etwa zur gleichen Zeit griff sein großer Gegenspieler in die Geschicke Chinas ein: Tschiang Kai-schek (1887 bis 1975), der bald zum Führer der Kuomintang wurde. Er befürwortete, unterstützt von der Sowjetunion, zunächst ein Bündnis mit den Kommunisten.

1927 kam es zum Bruch zwischen der Kuomintang und der chinesischen KP um den Preis eines Bündnisses Tschiangs mit den besitzenden Schichten. In pogromartigen Verfolgungen wurden Tausende von Kommunisten ermordet und hingerichtet. Mao entkam in den Untergrund. Er überwarf sich mit der damaligen Parteiführung, weil er Moskau, das Tschiang unterstützt hatte, für die Zerschlagung der chinesischen KP verantwortlich machte. Im Gegensatz zu den meisten Parteiführern, die die Keimzelle der Revolution im städtischen Proletariat sahen, betrachtete er die revolutionären Bauernbewegungen als den entscheidenden Faktor. Im südchinesischen Bergland organisierte er den Partisanenkrieg und begann dort mit dem Aufbau der chinesichen »Roten Armee«.

Während Tschiang seine Regierung in Nanking etablierte und dafür bald weltweite Anerkennung fand, gelang es seinen Truppen nicht, mit Maos Partisanen fertig zu werden. Diese eroberten weite Teile der Provinz Kiangsi und proklamierten 1927 in der Stadt Juikin die erste chinesische Sowjetrepublik mit Mao als Vorsitzendem der Räteregierung.

Als sieben Jahre später Tschiang zum entscheidenden Schlag gegen die rote Provinz ausholte, bieb den Kommunisten nur der Rückzug. In dem »Langen Marsch« über 10000 Kilometer, der zur rotchinesischen Legende wurde, führte Mao – jetzt in seiner Partei unumstritten anerkannt – die »Rote Armee« in den Norden der Provinz Schensi im Nordwesten des Landes. Dieser Marsch dauerte mehr als ein Jahr, und von den 90000 Mann erreichte nur ein knappes Zehntel das Ziel. Die kleine Stadt Jenan mit ihrer Lößhügelumgebung wurde zum Mittelpunkt der zweiten chinesischen Sowjetrepublik.

Als die Japaner 1937 China überfielen, kam es noch einmal zu einem Zweckbündnis zwischen Mao und Tschiang gegen den gemeinsamen Feind. Es hielt unter dem äußeren Druck bis zur Kapitulation des Reiches der Sonne im Sommer 1945. Die Amerikaner hatten seit 1941 beide chinesische Parteien mit Waffen beliefert und bemühten sich nun um das Zustandekommen einer Koalitionsregierung zwischen der Kuomintang Tschiangs und der KP Maos. Doch die Verhandlungen in Tschunking schlugen fehl, und bald darauf wurde der acht Jahre unterbrochen gewesene Bürgerkrieg in aller Schärfe fortgesetzt.

Vier Jahre später zogen die Truppen Maos als Sieger in Peking ein, und der Staatspräsident und Generalissimus Tschiang Kai-schek wich 1950 mit den Resten seiner Armee nach Formosa aus.

In den siebenundzwanzig Jahren, in denen Mao seit der Proklamierung der Volksrepublik China auf deren Entwicklung den entscheidenden Einfluß hatte, gelang es ihm, das riesige Land völlig zu verändern. In der ersten Phase kam es zur blutigen Liquidierung der bisher herr-

Zu dem Kult um Mao gehörte auch die Verbreitung vieler Bilder, die ihn als den »Großen Lehrer« seines Volkes zeigen, wie die nebenstehende Darstellung aus dem Jahre 1929: »Mao definiert die Rolle der Roten Armee«. Obwohl die 2450 Kilometer lange gewaltige Chinesische Mauer aus dem 15. Jahrhundert (das obere Bild zeigt sie in ihrem Verlauf bei Peking) das heutige China nicht mehr hermetisch abschließt, vollzogen sich im »Land der Mitte« Entwicklungen, von denen die westliche Welt und selbst der große Rivale UdSSR völlig überrascht wurden.

Auf dem Höhepunkt der »Kulturrevolution« zündeten die Chinesen ihre erste Wasserstoffbombe und traten damit nach den USA, Großbritannien, der UdSSR und Frankreich in die Reihe der Atommächte ein. Es blieb bis heute ein Rätsel, wie es das China Mao Tse-tungs geschafft hat, den technologischen Vorsprung dieser Mächte aufzuholen. Das linke Bild zeigt mit der »Mao-Bibel« winkende Chinesen vor dem Detonationspilz im Hintergrund.

schenden Schichten. Nach chinesischen Angaben wurden dabei 750000 Menschen getötet, nach den Schätzungen ausländischer Beobachter waren es zwei bis drei Millionen. In der zweiten Phase ging es um den Auf- und Ausbau der Industrialisierung und eines modernen Verkehrsnetzes. In der dritten Phase wurde die Landwirtschaft umgestaltet. Die riesigen ländlichen Volkskommunen mit bis zu 20000 Mitgliedern, die man seit 1958 errichtete, erwiesen sich als Fehlschlag. Seit 1963 wurde das Musterdorf Dadschai, ein Kollektiv mit 450 Bauern, zur Schule der modernen chinesischen Landwirtschaft.

In der vierten Phase, der »Großen proletarischen Kulturrevolution« von 1966 bis 1969, gelang es Mao, sich in einem innerparteilichen Machtkampf gegen seinen inzwischen aufgekommenen Rivalen Liu Schao-tschi, der stark nach Moskau orientiert war, durchzusetzen. Seitdem steuerte er einen scharfen antisowjetischen Kurs. Schon in Jenan hatte er 1935 erklärt: »Wir kämpfen selbstverständlich nicht für ein befreites China, um es dann Moskau zu übergeben.« Er suchte und fand Anfang der siebziger Jahre ein entspanntes Verhältnis zu den USA, zu Japan und zum westlichen Europa.

Lange bevor der Schöpfer der neuen Großmacht China am 8. September 1976 starb, war aus dem Diktator ein »roter Heiliger« geworden. Wie Lenin wird auch Mao Tse-tung mumifiziert in einem gläsernen Sarg in einem gigantischen Mausoleum zur Schau gestellt.

Gleich nach dem Tode des Staatsgründers setzte dann die fünfte Phase in der Geschichte der Volksrepublik China ein: die Weiterentwicklung seines politischen Erbes. Es hat den Anschein, als ob die Pragmatiker in der Führungsspitze sich innerparteilich durchsetzen konnten und Maos eigenen Weg eines chinesischen Kommunismus weitergehen werden.

In der »Kulturrevolution« entwickelte sich die rote »Mao-Bibel« mit den Worten des »Großen Vorsitzenden« (oben zwei Exemplare) zu einem außergewöhnlichen Bestseller. Danach verlor sie schnell wieder an Bedeutung. Mao selbst meinte dazu: »Ich habe nie gewußt, daß dieses Büchlein sozusagen magische Kräfte besitzt . . .« Der tote Mao wurde in der »Großen Halle des Volkes« in Peking aufgebahrt. Millionen Chinesen nahmen weinend Abschied von dem Bauernsohn, dem es gelungen war, den volkreichsten Staat der Erde umzuformen.

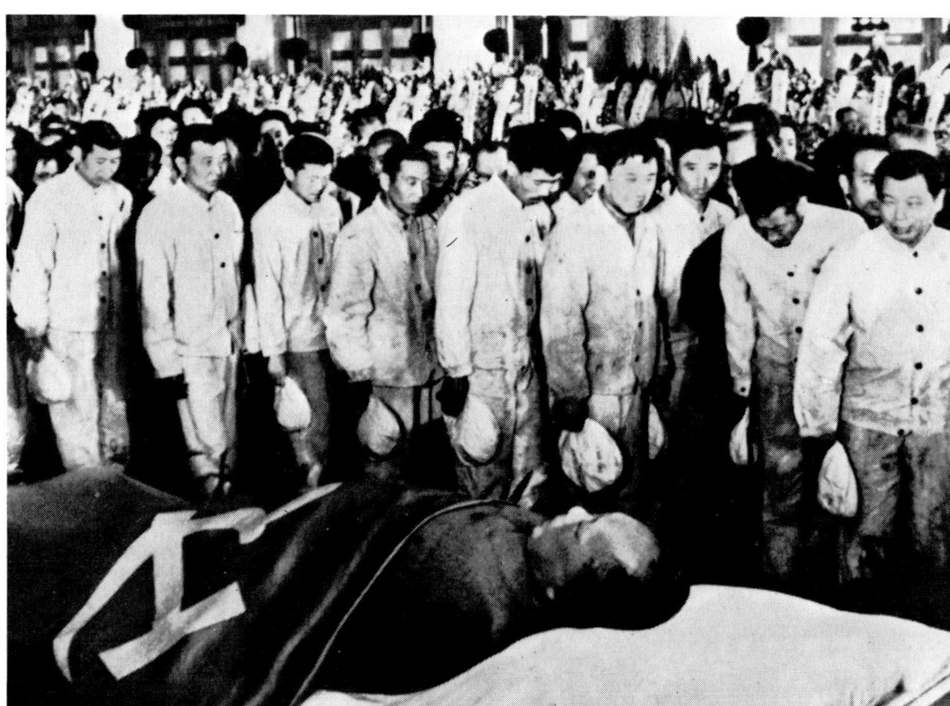

Picasso

Sein vielseitiges Werk prägte die moderne Kunst

»Ich nehme das Gute, das für mich Gute, wo ich es finde«, bekannte Pablo Picasso (1881 bis 1973), als man vergebens versuchte, ihn einem Stil, einer Periode der Kunst einzuordnen. Der »Hauptdarsteller des großen Dramas der Kunst unserer Gegenwart« war zu allen Zeiten fieberhaft und vom Dämon des Genius besessen auf der Suche nach neuen Wegen in der Kunst. Zu den Werken, die ihm die Unsterblichkeit sichern, gehört das die Schrecken des Krieges geißelnde »Guernica« (oben).

»Ich liebe Kunst... Ich kann nicht leben, ohne der Kunst alle meine Zeit zu widmen«

Picasso in jungen Jahren (rechts). Es hat ihn große Mühe gekostet, in Paris, diesem Zentrum europäischen Kunstschaffens, Fuß zu fassen und bekannt zu werden. Später sollten gerade die Werke der »Blauen Periode« aus seinen ersten Pariser Jahren sehr begehrt sein. Das Bild ganz rechts zeigt ihn in seinem Atelier im Jahre 1929.

Als Picasso 1973 hochbetagt starb, wußte die Welt in Ost und West, daß mit diesem längst nicht jedem verständlichen Mann eine überragende Erscheinung unserer Zeit dahingegangen war. Man versuchte, ein Fazit zu ziehen. Kurz vorher hatte Erich Kuby geschrieben, Picasso sei »das größte künstlerische Genie unseres Jahrhunderts«. Nun stellte die »Süddeutsche Zeitung« fest, daß er eine Jahrhundertfigur gewesen sei: »Er hat wie kein anderer die Kunst unserer Zeit geprägt, und wie kein anderer hat er diese Zeit zum Ausdruck gebracht.« Die Londoner »Times« sah auf den Ursprung seines Könnens und meinte, er sei »der natürlichst begabte Künstler seit Raffael« gewesen. Und Henry Moore, selbst ein überragender Schöpfer moderner Weltkunst, brachte wohl am deutlichsten zum Ausdruck, worin Picassos Bedeutung vor allem zu sehen ist: Er sei ein Phänomen gewesen, das »in radikaler Weise die Sicht geändert hat, welche die Menschen von den Dingen haben«.

Am 25. Oktober 1881 wurde Picasso in der andalusischen Stadt Malaga geboren. Sein richtiger Name war Pablo Ruiz; so sind auch seine frühen Gemälde signiert. Der Vater war Zeichenlehrer und erteilte dem Sohn den ersten Unterricht. Als die Familie 1896 nach Barcelona zog, wo der Vater Inspektor an der Kunstakademie wurde, nahm man den fünfzehnjährigen Pablo in die Anstalt auf. Schon im folgenden Jahr stellte er in Barcelona erstmals einige Werke aus; später hat er diese Arbeiten als altmodisch und sentimental verworfen. Der Jugendstil und Werke des Norwegers Edvard Munch hatten vorübergehend Einfluß auf ihn.

Im Herbst des Jahres 1900 ging er erstmals nach Paris, das in seinem Leben eine überragende Rolle spielen sollte. In jenem Jahr der Weltausstellung war diese Metropole mehr denn je die »Stadt der Lebensfreude«; sie beeindruckte ihn tief. Am meisten zog ihn jedoch der Louvre mit seinen unvergleichlichen Kunstschätzen an. Unter dem Einfluß der großen französischen Künstler des 19. Jahrhunderts – so Toulouse-Lautrec, Delacroix, Daumier, Degas, Steinlen – kam er dem Nachimpressionismus nahe. Stark hat ihn auch van Gogh gefesselt.

Doch er konnte sich in Paris keine Existenzgrundlage schaffen und mußte nach wenigen Monaten nach Hause zurück. Der Vater geriet in Sorge, daß aus dem Sohn nichts werden würde. Es kam zum Bruch. Seither nannte sich Pablo Ruiz nach der geliebten Mutter, die an ihn glaubte und ihn unterstützte; Picasso war ihr Mädchenname.

Im Frühjahr 1901 war er bereits wieder in Paris, nun zwanzig Jahre alt. Diesmal geriet er an einen bedeutenden Kunsthändler, Vollard, der ihn ausstellte – doch ohne jeden Erfolg. Picasso malte damals vor allem in melancholischen Blautönen; diese »Blaue Periode« in seinem Schaffen dauerte bis 1904. Später sollten gerade die Bilder dieser Zeit zu den begehrtesten, bestbezahlten seines Gesamtwerks zählen, nun interessierten sie niemanden. Ein zweitesmal mußte Picasso aus Geldnot heimkehren. Der dritte Paris-Aufenthalt entwickelte sich nicht besser. Trotzdem zog es ihn 1904 zum viertenmal in diese Weltstadt; und endlich gelang es ihm, Fuß zu fassen. Seither hat er überwiegend in Frankreich gelebt.

1905 begannen rosa Töne in seinem Werk vorzuherrschen; die »Rosa Periode« reichte bis ins nächste Jahr. Die Themen entnahm er nun überwiegend der Welt des Zirkus; »Artistenfamilie mit Affe« und »Gauklerfamilie« sind die wohl bekanntesten Bilder dieser Zeit. Er lernte Matisse kennen und die amerikanischen Geschwister Leo und Gertrude Stein, die an ihn glaubten und eine Reihe seiner Arbeiten kauften. Noch wichtiger war, daß er in D. H. Kahnweiler, einem jungen

»Bei der Kommunion«, ein Gemälde des fünfzehnjährigen Picasso (Bild unten links). Damals, 1896, war die Familie aus seinem Geburtsort Malaga nach Barcelona gezogen. Dort war der Vater, von dem er den ersten Zeichenunterricht bekommen hatte, Inspektor an der Kunstakademie geworden. Später hat Picasso diese frühen Arbeiten als altmodisch und sentimental verworfen. – Seine Zeit der melancholischen Blautöne, die »Blaue Periode«, dauerte bis 1904. Zu ihr gehört das Gemälde »Das Leben« (unten). Als es 1903 entstand, interessierte sich kein Käufer dafür.

Kunsthändler deutscher Herkunft, einen engagierten Mann fand, der sich auf ihn zu spezialisieren begann und ihn noch vor 1914 auch im Ausland bekanntzumachen versuchte.
Das Werk Cézannes, des »Vaters der Moderne«, begann Picasso stark zu beschäftigen. André Malraux hat später sogar geschrieben, Picasso sei Cézannes Nachfolger. 1906/07 schuf er die »Demoiselles d'Avignon« (Die Fräulein von Avignon), ein revolutionäres Werk, das mit dem Realismus brach, Formen und Farben zersplitterte. Das erregte damals Ärgernis; ernstlich wurde von nicht wenigen gefragt, ob Picasso geisteskrank geworden sei. Mit dem Kubismus begann eine Kunst, die auch viele Kunstkenner als eine Verirrung ansahen; sie versuchte, Gegenstände der Wirklichkeit auf kubisch-geometrische Grundformen zurückzuführen. Die »Demoiselles« haben Picassos »Kubistische Phase« eingeleitet; in weiteren Werken hat er sie verdeutlicht und ist dabei z. T. vollständiger Abstraktion nahegekommen.
Um 1910 schufen Braque und Picasso eine Reihe von Klebe-Bildern (Collagen). Seit etwa 1912 spricht man auch für das Werk Picassos von der zweiten: der synthetischen Phase des Kubismus. Doch scheint auch die kubistische Seh- und Malweise allein ein so überragendes, ruheloses Genie wie ihn nicht ausschließlich befriedigt zu haben. Er ließ sie jedenfalls zu keinem Dogma für sich werden und schuf in Zeichnungen, dann auch in der Malerei u. a. präzise realistische Porträts. Eins von ihnen ist das schöne seiner ersten Frau Olga. Eine der ständig möglichen Ausdrucksformen ist der Kubismus für ihn aber immer geblieben.
Dabei machte er sich oft über die Versuche von Kunstkritikern und -kennern lustig, seine kubistischen Gemälde zu deuten. »Niemand kann meine Bilder erklären«, meinte er, »ich kann sie selbst nicht erklären. Einem kubistischen Bild einen ›Sinn‹ abgewinnen zu wollen, ist völlig verkehrt. Wir verstehen den Gesang der Vögel ja auch nicht. Es gibt so vieles in der Welt, das wir akzeptieren, ohne es erklären zu können. Wenn man doch bloß begreifen wollte, daß ein Künstler aus einem inneren Drang heraus arbeitet, den er sich selbst nicht erklären kann. Ich finde, das Publikum sollte es bleibenlassen, nach Erklärungen zu suchen, sondern einfach ganz spontan in sich aufnehmen, was es sieht.«
Mehrere Jahre lang (1917 bis 1924) arbeitete er am berühmten Russischen Ballett von S. Diaghilew mit; er schuf vor allem Entwürfe für Bühnendekorationen. Die frühen zwanziger Jahre werden als seine neoklassizistische Zeit bezeichnet. Damals hat er jene Frauen und Frauengruppen mächtiger Körperlichkeit gemalt wie die »Drei Frauen an der Quelle«. Dann blieb er auch vom Surrealismus nicht unbeeindruckt. Spätestens seit 1930 aber läßt sich sein Schaffen kaum noch nach Stilperioden gliedern. Nun dachte er erst recht nicht mehr daran, sich durch irgendein Programm einengen zu lassen; die verschiedensten Gestaltungsformen und -mittel stehen nebeneinander. Aus dem Schaffen der dreißiger Jahre ragen die Radierfolge »Minotauromachie« und vor allem das einzigartige Werk »Guernica« heraus, das unter dem Eindruck des Bombardements auf die spanische Stadt Guernica durch die Legion Condor Hitlers entstand.
Als er »Guernica« schuf, ein Bild voller Angst und Panik, Zorn und Mitleid, eine moderne Apokalypse, 27 Quadratmeter groß, aus einem Kontrast von Schwarz und Weiß lebend, war er *Picasso furioso*, der rasende Picasso. »Er hatte sich bis zum Rande mit Zorn und Kummer angefüllt und sie über dieses Bild ausgeschüttet, so daß es als ein Tumult von Gedanken und Gefühlen, Verwünschungen und

Picasso in seinem Pariser Atelier in der Rue des Grands-Augustins während des Zweiten Weltkriegs (Bild oben). Zunächst waren auch er und Dora Maar vor den deutschen Truppen geflohen. Doch bald kehrte er nach Paris zurück und blieb in der besetzten Stadt, obwohl er die Nazis fürchten mußte, die ihn ständig übel beschimpften.

Mit dem Gemälde »Demoiselles d'Avignon« (Die Fräulein von Avignon) hatte Picasso mit dem Realismus gebrochen und seine »Kubistische Phase« eingeleitet. In weiteren Werken verdeutlichte er sie, so in »Die Fabrik in Horta de Ebro« (Bild rechts).

Zu den bekanntesten Werken Picassos gehört »Die Gauklerfamilie« des Jahres 1905 (Bild oben), eine Schöpfung der »Rosa Periode«, die die melancholische »Blaue« ablöste. Damals war Fernande Olivier zu ihm gezogen, die erste in der Reihe seiner Lebensgefährtinnen; sie hat seine Armut miterlebt. Clowns, Harlekine, Akrobaten waren in jener Zeit seine bevorzugten Motive. Keiner dieser Zirkusmenschen ist je in seinem Atelier gewesen, er hat sie nach Skizzen oder dem Gedächtnis gemalt. – Nahezu zwei Jahrzehnte später, 1924, entstand das »Stilleben mit Gitarre« (links).

Mitleid auf den Betrachter einstürmt. Dieses Gemälde ist nicht als Augenweide gedacht« (Georg R. Mac). Und Picasso selbst bekannte: »Nein, die Malerei ist nicht bloß dazu geschaffen, um Zimmer zu dekorieren, sie ist ein Kampfinstrument, offensiv und defensiv.«

Es überrascht nicht, daß die offiziellen Kunstrichter des Nationalsozialismus ihn entschieden ablehnten. Um so mehr beeindruckt sein Mut, während der deutschen Besetzung von Paris in der Stadt zu bleiben. Die Zeitungen hetzten gegen ihn, er wurde überwacht, seine Werke waren aus der Öffentlichkeit verschwunden. Nach Ende des Kriegs begann er, sich stärker politisch zu engagieren. Er trat der kommunistischen Partei bei. Als Künstler wandte er sich betont der Lithographie und überraschend der Keramik zu; in Vallauris bei Cannes hatte er ein Atelier dafür. 1956 zog er ganz an die Mittelmeerküste; er erwarb eine Villa bei Cannes. Dort hat er noch über eineinhalb Jahrzehnte gelebt, rastlos tätig und qualitativ bis zuletzt nicht nachlassend; noch in der Nacht vor seinem Tod hat er gemalt. Allein im Verlauf des Jahres 1968, als Siebenundachtzigjähriger, hat er 347 Radierungen geschaffen.

Der Blick über das Leben Picassos wäre unzureichend, wenn man nicht auf die dominierende Rolle hinwiese, die die Erotik in seinem Leben gespielt hat. Sein Sekretär und Freund Jaime Sabartés ging soweit zu sagen: »Picassos Kunst muß in seinem Verhältnis zu den Frauen als Ausgangspunkt geschildert werden.« Von 1904 bis 1911 hat er mit Fernande Olivier zusammengelebt; sie teilte seine Zeit der Armut. Marcelle Humbert nannte er Eva; sie erkrankte wohl an Krebs, er pflegte sie bis zu ihrem Tod (1914). Drei Jahre später begegnete er in Rom Olga Koklowa, der Tochter eines russischen Generals. Sie war Tänzerin. Im folgenden Jahr heiratete er sie; der Ehe entstammt der Sohn Paolo. 1935 verließ er sie. Seit 1931 hatte er Beziehungen zu Marie-Thérèse Walter; ihnen wurde eine Tochter geboren, Maya. Dora Maar, die er 1936 kennenlernte, Tochter eines jugoslawischen Architekten, lebte etwa sieben Jahre mit ihm. Dann war etwa zehn Jahre hindurch, bis 1953, Françoise Gilot seine Gefährtin; Kinder dieser Verbindung sind Claude und Paloma. Die letzte in dieser Reihe war Jacqueline Roque, mit der er, nach dem Tod Olga Koklowas, als Vierundsiebzigjähriger seine zweite Ehe einging und die achtzehn Jahre an seiner Seite blieb, ihn in seinem hohen Alter vor den Zudringlichkeiten der Außenwelt soweit als möglich beschützend bis zu seinem Tod.

Der Tod: Picasso hatte, wie er einmal gestand, ohne Unterlaß an ihn gedacht: »Der Tod ist der einzige Getreue, der mich nie verläßt.« Am 8. April 1973 ist er in Mougins bei Cannes gestorben, einundneunzig Jahre alt. Am Abend zuvor hatte er mit Freunden gegessen und sich dann in sein Atelier zurückgezogen, um noch etwas zu arbeiten. Am nächsten Vormittag rief Frau Jacqueline den Arzt. Als er zehn Minuten später eintraf, war Picasso schon tot.

Er hat über zehntausend Gemälde hinterlassen, dazu etwa vierzigtausend Zeichnungen, etwa zweitausend druckgraphische Vorlagen sowie Plastiken, Keramik und anderes – imponierende Zahlen, die dazu führten, daß man ihn den »fleißigsten Maler der Welt« genannt hat. Tatsächlich ist er nur als rastlos Tätiger denkbar, von einem nie abreißenden Schöpferdrang beherrscht; wenn jemandem, so nahm man ihm das Bekenntnis ab, daß er nicht leben könne, ohne alle seine Zeit der Kunst zu widmen. Aber nicht der schier unübersehbar große Umfang seines Werks, sondern die epochale Bedeutung zahlreicher seiner Arbeiten sichern ihm die Unsterblichkeit.

Fotos aus Picassos späteren Jahren. Ganz links ist er mit seiner Tochter Paloma zu sehen, die seiner Gemeinschaft mit Françoise Gilot entstammt. Das Bild daneben zeigt ihn mit bemalter Keramik, wie er sie in Vallauris bei Cannes geschaffen hat. In den letzten über eineinhalb Jahrzehnten hat er ganz an der Mittelmeerküste gelebt, zusammen mit Jacqueline Roque, der Lebensgefährtin, mit der er seine zweite Ehe schloß. Bild rechts zeigt die beiden in Notre Dame de Vie, Bild unten in ihrer Villa La Californie bei Cannes. Sie umsorgte ihn bis zum Tod.

Beuys

»Jeder Mensch ist ein Künstler«

Dieser wohl am häufigsten zitierte Satz des Zeichners, Bildhauers und Aktionskünstlers Joseph Beuys mag übertrieben erscheinen. Er kann jedoch als programmatisch angesehen werden für sein Werk und seine Auffassung vom Sinn und Zweck der Kunst, der er ein Leben lang nahezukommen sucht. Der Mann mit der Anglerweste und dem unvermeidlichen Filzhut gilt heute als einer der bedeutendsten Künstler der Moderne und wird sogar in einem Atemzug genannt mit Picasso, Warhol oder Hundertwasser.

Vorhergehende Seite links: Joseph Beuys (1921 – 1986), Objektkünstler und Zeichner. Vorhergehende Seite rechts: Joseph Beuys (links) mit den Malern Andy Warhol (Mitte) und Robert Rauschenberg (rechts). Oben links: Ausschnitt aus dem Plakat zur Ausstellung »Beuys und die Antike« 1993 in der Glyptothek in München. Oben Mitte: Porträt des Künstlers. Oben rechts: Beuys beim Aufbau seines Werkes »Vor dem Aufbruch aus dem Lager 1« im Kunsthaus Zürich 1981. Rechte Seite unten: Joseph Beuys (links) und Rudi Dutschke (Mitte) diskutieren mit Besuchern der »documenta« in Kassel 1977.

Gleichzeitig ist er ein sehr umstrittener, oft geschmähter und sogar im wahrsten Sinne des Wortes geschlagener Avantgardist der Kunstszene des 20. Jahrhunderts. Seine Werke haben kaum etwas mit Kunst im herkömmlichen Sinn zu tun. Sie rufen oft genug neben Begeisterungsstürmen auch Kopfschütteln, Spott, Ablehnung und offene Anfeindungen hervor. Trotz des vielfachen Unverständnisses wird er nicht müde, seine neue Auffassung von Kunst in Bildern, Plastiken, Installationen und Aktionen ebenso zur Diskussion zu stellen wie in Videos, Schriften und Vorträgen. Nur als Ganzes und eingebettet in die Zeit betrachtet, ergibt all dies ein Bild des Künstlers Joseph Beuys.
Am 12. Mai 1921 in Kleve geboren, wird er später Mitglied der Hitlerjugend und meldet sich 1940, wie viele seiner Altersgefährten, freiwillig zur Luftwaffe. Als Kampfflieger wird er im Zweiten Weltkrieg schwer verwundet und von Krim-Tataren gesundgepflegt – ein Ereignis, das er später als für ihn prägend bezeichnet. Seine Auffassung vom Menschen als ganzheitliches Wesen und der Untrennbarkeit von Natur, Kunst und Gesellschaft bildet sich durch die Beschäftigung mit den Geistes- und Naturwissenschaften von Plato und Aristoteles über Leonardo da Vinci und Galilei bis Goethe und Schiller heraus. Beeinflußt wird sein Menschen- und Gesellschaftsbild aber auch vom nationalistischen Gedankengut, von nordischen Heldensagen, Friedrich Nietzsche und dem Werk des Anthroposophen Rudolf Steiner, auf dessen Dreiteilung des sozialen Organismus er sich immer wieder bezieht (Recht, Kultur und Wirtschaft). Beuys studiert Malerei und Bildhauerei an der Düsseldorfer Kunstakademie (1947–52). Während dieser Zeit und danach beschäftigt er sich zunächst mit religiösen und mythologischen Themen in der Kunst. Nach einer depressiven Phase Mitte der 50er Jahre setzt er sich zunehmend mit der Nazizeit und dem Faschismus auseinander – ein Prozeß, der widersprüchlich verläuft. Beuys heiratet 1959, seine Kinder kommen 1961 und 1964 zur Welt. 1961 übernimmt er den Lehrstuhl für Bildhauerei in Düsseldorf.
Wie viele Zeitgenossen empfindet Beuys in den 60er und 70er Jahren die herrschenden Zustände in Deutschland und der Welt als untragbar, Fremdbestimmung und Bürokratie, Zentralismus und Gewinnsucht als menschen- und naturfeindlich. Rüstungswettlauf, rücksichtslose Ausplünderung der Natur, weltweit steigende Arbeitslosigkeit, massenhafte Vernichtung von Lebensmitteln – all dies ruft immer mehr Kritiker der herrschenden Ordnung auf den Plan und wirft die Frage nach einem möglichen dritten Weg zwischen Kapitalismus und Kommunismus auf. Aus der Überzeugung heraus, daß Profitorientiertheit als Wirtschaftsprinzip keinen Raum für moralische Werte und ein gleichberechtigtes Zusammenleben läßt, strebt Beuys eine innere Zersetzung des Bestehenden an, will aber zeitgleich alternative Strukturen schaffen. Befreiung von Bevormundung ist für ihn nur durch »direkte Demokratie« möglich, durch Volksabstimmung. Der Gedanke der direkten Demokratie findet ein breites Echo, denn Diskussionen um die Errichtung von Kernkraftwerken, um den § 218, das Tempolimit oder ein Hausfrauengehalt stehen auf der Tagesordnung. Beuys ruft zur Wahlverweigerung auf, gleichzeitig aber zum Aufbau von Selbstverwaltungen. Doch wie soll der Mensch zur Selbstverwaltung befähigt werden? Beuys' Suche nach dem Wie durchzieht sein gesamtes Werk, seine künstlerische und politische Betätigung.
Die Entwicklung eines neuen Kunstbegriffs in den 60er Jahren durch Beuys ist begleitet von zahlreichen Kunstaktionen bis in die 80er Jahre hinein, die starkes Interesse und bei weitem nicht immer ein positives Echo finden. Als Beispiel seien genannt: »Aktion im Moor« (1971) und »Coyote – I like America and America likes me« (New York, 1974), bei der sich Beuys mit einem Kojoten zusammen in einen Käfig sperren läßt. Anders als die meisten anderen Künstler ist er selbst anwesend als Teil seiner Kunst und hat dadurch die Möglichkeit, Reaktionen unmittelbar zu erleben und dem Unverständnis durch mündliche oder schriftliche Erklärungen zu begegnen.
Beuys' Kunstbegriff ist geprägt von Polarität, deren verbindendes Element Bewegung ist: Entwicklung und Starrheit, Chaos und Form, Wärme und Kälte, Organisches und Kristallines. Diese Polarität erkennt er auch als eine dem Menschen innewohnende – Seele und Körper, Geist und Materie. Die Umsetzung in stark symbolhaften Materialien und Formen macht Beuys zu dem streitbaren, gefeierten und unverstandenen, herausragenden deutschen Künstler unseres Jahrhunderts.
Schon in seinen Werken der 50er Jahre finden sich für ihn typische, ungewöhnliche Materialien wie Blut oder Kaffee und stets wiederkehrende Motive aus der Tier- und Pflanzenwelt (Hase, Hirsch, Rose usw.). Später verwendet er neben verschiedenen Apparaten (Symbole für das nur quantitativ Meßbare, Seelenlose) z. B. sehr häufig das Kreuz. Es gibt wie kein anderes Beuyssches Motiv Anlaß zu den vielfältigsten Interpretationen: als Symbol des Aufeinandertreffens von Rationalem und Intuitivem, von exakter Wissenschaft (Koordinatensystem) und hoch entwickelter Spiritualität (Christentum), von männlichem und weiblichem Prinzip oder als Verfremdung des Balkenkreuzes der Luftwaffe...
Die Biene ist ebenfalls häufig anzutreffen; sie steht für das tätige Glied einer Gesellschaft ebenso wie für einen Leben schaffenden Prozeß, in dem Wachs als formbares, unbestimmtes Material (Chaos) in eine bestimmte Ordnung (Form), die Wabe, gebracht wird. Auch Honig spielt eine große Rolle in Beuys' Kunst. Mit dem Ak-

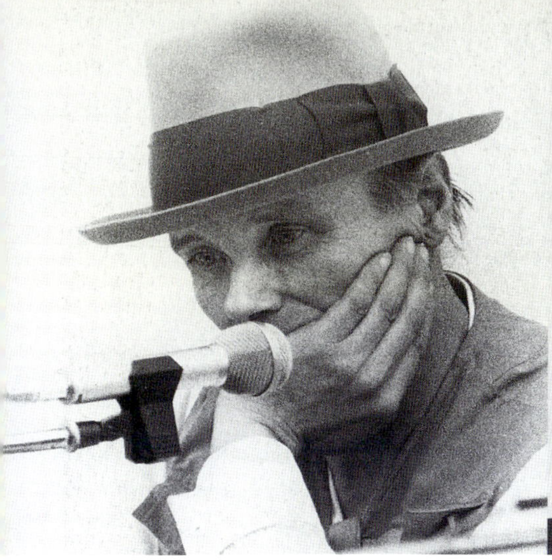

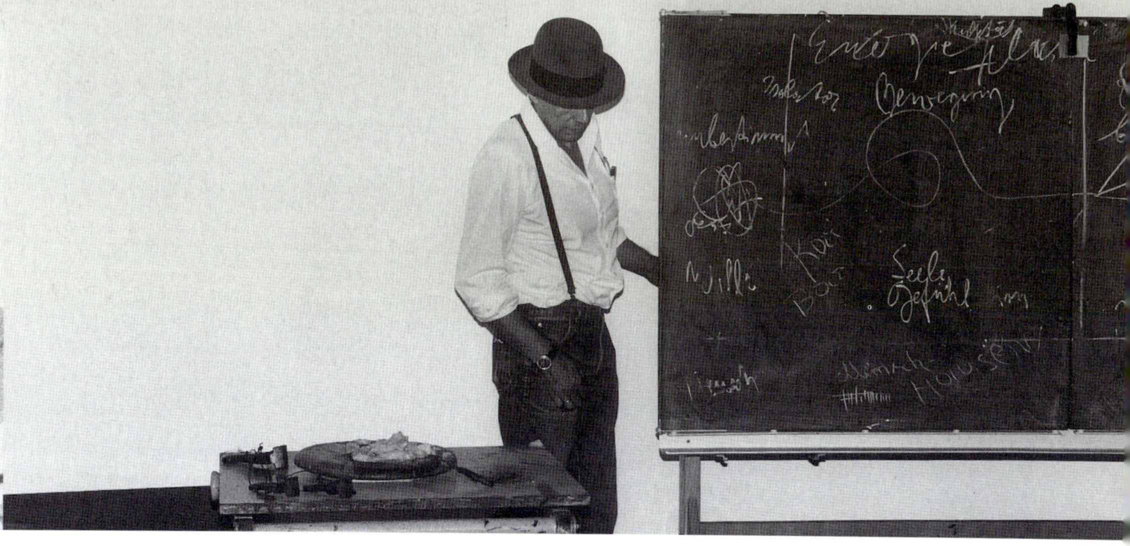
Bewegung
Seele
Gefühl

Joseph Beuys (Mitte) inmitten interessierter Besucher auf der »documenta« in Kassel 1968.

tionsausschnitt »Honigkopf« (1965), bei dem er sich den Kopf mit Honig bestreicht, will er den Gegensatz zwischen dem erstarrten Denken (Kopf) und dem lebendigen Gedanken (Honig als organische Substanz) symbolisch aufheben.

Eine besondere Bedeutung haben für Beuys auch Fett und Filz (Fettstuhl, 1964; Fettecke, 1968; Filzanzug, 1970 u.v.a.). Fett als organisches, energiereiches Material sieht er als Lebenselement an, das sich durch den Einfluß von Wärme und Kälte in eine Form bringen, verändern läßt – symbolisiert durch die Ecke, in die es gepreßt wird. In diesem Zustand steht es gleichzeitig wieder zur Verfügung für die nächste Umwandlung. Filz als isolierendes, die Wärme bewahrendes Material wird von Beuys dazu benutzt, die Abschirmung des einzelnen, den Schutz vor Auskühlung darzustellen: Das Individuum soll sein Selbstbewußtsein als Grundlage seiner Freiheit bewahren, gleichzeitig aber die menschliche Wärme als Bindeglied zu anderen Individuen nicht verlieren. Oft fragt sich der Betrachter angesichts solcher Werke wohl, was das alles bedeuten mag. Schon die Frage ist für Beuys wichtig, Provokation gewollt. Durch seine »Antikunst« will er verhärtete Vorstellungen von Kunst als etwas Musealem, Elitärem, von Modeerscheinungen Bestimmtem aufbrechen, Phantasie wecken und Widerspruch herausfordern. Mit seiner Symbolik wendet er sich aber auch gegen das Tote, Erstarrte, gegen die Verhärtung in Wissenschaft, Pädagogik und Politik, im Denken und den zwischenmenschlichen Beziehungen. Er benutzt sie, um seiner Überzeugung Ausdruck zu geben, daß soziale oder »evolutionäre« Wärme einen plastischen Prozeß in Gang setzt: Wie der Bildhauer sein Material formt, so ist auch jeder einzelne in der Lage, die »soziale Plastik« (die Gesellschaft) zu gestalten.

Er glaubt an diese in jedem Menschen vorhandene Kreativität, die man nur freisetzen müsse, damit sie verändern kann. Menschen zu belehren, zu korrigieren, ihnen etwas vorzuschreiben oder sie zu zwingen lehnt er ab – in der Kunst ebenso wie in der Politik. Statt dessen setzt er darauf, ihnen Veränderungen schmackhaft zu machen, so daß sie aus ihrer Einsicht heraus, aus eigenem Antrieb handeln. Dem Vorwurf, den Bewußtseinsprozeß überschätzt und die Trägheit des Menschen nicht erkannt zu haben, begegnet Beuys mit der um so konsequenteren Forderung nach unzensierter, politisch und wirtschaftlich unabhängiger, allen zugänglicher Bildung zum Zweck der Selbstbefreiung.

Aus der Erkenntnis heraus, daß man möglichst viele Menschen an der Kunst beteiligen muß, um diese von ihrem Sockel zu holen, entsteht zu Beginn der 60er Jahre die sogenannte Fluxus-Bewegung (Fluxus, das Fließende, meint hier die fließenden Grenzen zwischen Kunst und Alltagsleben, Künstler und Gesellschaft.) Künstler verschiedener Genres veranstalten Aktionen, die den Zuschauer als Mitgestalter einbeziehen sollen. Mit diesem neuartigen Aspekt der gemeinsamen, spontanen künstlerischen Betätigung ohne abgesprochenes Konzept brechen die Fluxus-Künstler die starre traditionelle Vorstellung von Kunst auf, betreiben also im Beuysschen Sinn eine Zersetzung des Bestehenden.

Im Juni 1967 gründet Beuys die »Deutsche Studentenpartei«, was zunächst im Widerspruch zu stehen scheint zu seinem Ziel der Abschaffung des bestehenden Parteiensystems. Die später als »Fluxuszone West« bezeichnete Vereinigung hat es sich ohne ein übliches politisches Programm zur Aufgabe gemacht, die Menschen zur Selbstbestimmung und zur aktiven Beteiligung an der Lösung politischer Fragen zu befähigen, grundlegende Änderungen in Denk- und Lebensformen zu bewirken.

Im Oktober 1972 wird Beuys vom Kultusminister entlassen. Anlaß ist die Besetzung des Sekretariats der Kunstakademie, mit der er gegen die Ablehnung einiger Dutzend Studenten protestiert, die am Numerus clausus gescheitert waren. Allgemeine Meinungsverschiedenheiten mit dem Kultusministerium sind jedoch die eigentliche Ursache gewesen.

»Kunst = Kreativität = menschliche Freiheit«: Beuys' pädagogischer Anspruch ist von seiner Kunstauffassung nicht zu trennen. Er will die »von Konkurrenz- und Erfolgsaggressionen verdeckte« Kreativität in jedem einzelnen wecken, so daß sich der Lernende vor allem selbst als ein natürliches, gesellschaftliches und vor allem freies Wesen begreift, das zum Verändern imstande ist. Aus der Erkenntnis heraus, »daß die Umänderung der Verhältnisse nur durch den menschlichen Willen sich vollziehen kann«, soll der Mensch über die Einsicht zur Idee gelangen. Diese Idee von einer neuen Gesellschaft soll im gemeinsamen Dialog von Lehrern und Lernenden entstehen und so mitreißend sein, daß sie Aktivität nach sich zieht. Beuys fordert öffentliche freie Schulen, die vom Staat unabhängig sind und sich selbst verwalten. Den bestehenden staatlichen Schulen spricht er die Erziehung zu kreativen Menschen weitgehend ab.

Viele Menschen solidarisieren sich mit Beuys gegen die bürokratischen Verhältnisse im Schulwesen. Eine »Freie Internationale Hochschule für Kreativität und interdisziplinäre Forschung« (Gründungsmanifest 1974) dient als Modell für weitere derartige Einrichtungen und ist gedacht als eine Art Kommunikationszentrum, das prinzipiell allen Altersgruppen offensteht. Neben den traditionellen Kunstfächern sollen hier auch philosophische und pädagogische sowie als übergreifendes Fach soziologische Kurse durchgeführt werden. Wenn es dem Projekt letztlich auch an Unterstützung durch die Politik, an Geld und wohl auch an öffentlichem Interesse mangelt, so bringt es doch nicht

Joseph Beuys auf der »documenta« 1982 vor den Basaltsteinen für seine Aktion »7000 Eichen«.

wenige Gleichgesinnte zusammen und zieht ähnliche Versuche nach sich.
Beuys engagiert sich in zunehmendem Maße politisch. Er gründet 1971 die »Organisation für direkte Demokratie durch Volksabstimmung«. Im Büro in Düsseldorf soll sich jeder informieren und zu Erkenntnissen gelangen können. Im Austausch mit anderen soll er Möglichkeiten kennenlernen, wie man gesellschaftliche Verantwortung übernehmen kann.
Mit seiner umstrittenen Kandidatur für die nationalistisch geprägte »Aktionsgemeinschaft Unabhängiger Deutscher« (1976) und später als Gründungsmitglied der Grünen (1979) setzt er sich erneut für die Überwindung der Parteien alten Stils ein.
Als Idealist und Spinner, Anarchist, Guru und Revolutionär bezeichnet, hat Joseph Beuys, der am 23.1.1986 starb, die Möglichkeiten der modernen Kunst wie kein anderer beeinflußt. Indem er unermüdlich das Bestehende in Frage stellte, hat er nicht nur in Deutschland bewirkt, daß Menschen sich zum Experimentieren mit neuen Kunst- und Lebensformen ermutigt fühlen und so zu Künstlern in seinem Sinne werden, zu Schöpfern des »Gesamtkunstwerkes« einer menschlichen Gesellschaft. »Wie kann man aus den menschlichen Kräften des Denkens, Fühlens und Wollens heraus einen Menschen schaffen, der etwas bestimmen kann?« – Wenn auch diese Frage bis heute nicht gelöst scheint, so hat er doch mit seinem Werk und seiner Persönlichkeit dafür gesorgt, daß sie in das Kunstverständnis der Moderne überhaupt erst Eingang fand.

Gorbatsch

»Wer zu spät kommt, den bestraft das Leben.«

OW

Der zum geflügelten Wort gewordene Ausspruch stammt von dem Politiker, der wie kein anderer das Gesicht Europas nach dem Zweiten Weltkrieg veränderte. Gefeiert von den einen, gehaßt von den anderen, hat er einen bedeutenden Platz in der Geschichtsschreibung des 20. Jahrhunderts eingenommen.
Michail Sergejewitsch Gorbatschow wurde am 2. März 1931 im Dorf Priwolnoje im Kaukasus-Vorland als erster Sohn einfacher Landarbeiter geboren.

Vorhergehende Seite links: Michail Gorbatschow (geb. 1931), Generalsekretär des Zentralkomitees der KPdSU.
Vorhergehende Seite rechts: Michail Gorbatschow und seine Frau Raissa werden bei einem viertägigen Staatsbesuch in der Bundesrepublik 1989 auf dem Bonner Marktplatz von einer Menschenmenge begrüßt.
Oben rechts: Michail Gorbatschow und Ehefrau Raissa beim Statasbesuch in Paris.
Unten rechts: Michail Gorbatschow (links) und Boris Jelzin (rechts) bei den Feierlichkeiten zum Jahrestag der Oktoberrevolution 1990 in Moskau.

Es war eine Zeit, in der viele Bürger der Sowjetunion der Stalinschen Zwangskollektivierung der Landwirtschaft bzw. deren Folgen zum Opfer fielen: Gegner wurden in die berüchtigten GULAGs verschleppt oder erschossen, Hunderttausende Menschen starben vor Hunger. Vor allem die 30er Jahre waren von politischen »Säuberungen« überschattet, mit denen Stalin seine Macht festigte.

Von all dem mag der kleine Mischa noch nicht viel mitbekommen haben. Er war ein guter Schüler und schon damals rhetorisch begabt. Sein Charakter war von Ehrgeiz, Unduldsamkeit, Entscheidungsfreudigkeit und demokratischem Geist geprägt. Gorbatschow war – wie viele seiner Altersgefährten – schon als Halbwüchsiger die schwere Feldarbeit gewohnt und arbeitete nach Abschluß der Schule zunächst in der Landwirtschaft. Von 1950 bis 1955 studierte er an der als vergleichsweise liberal geltenden Juristischen Fakultät der renommierten Lomonossow-Universität in Moskau. Einer seiner Studienfreunde war der Tscheche Zdenek Mlynár, später einer der Köpfe des Prager Frühlings. Führungseigenschaften zeigte Gorbatschow schon damals; während seines Studiums hatte er eine Leitungsfunktion im Komsomol inne. Aus dieser Zeit stammen unterschiedliche Aussagen über ihn: Während die einen seine liberale Haltung betonen, charakterisieren ihn andere als einen, der die harte Linie vertrat. Er galt unter seinen Kommilitonen als Kritiker von Zensur und Propagandaversprechungen und als jemand, der mit seiner Meinung nicht hinter dem Berg hält. 1952 wurde Gorbatschow Mitglied der Kommunistischen Partei der Sowjetunion (KPdSU). Während seines Studiums lernte er die Philosophiestudentin Raissa kennen und heiratete sie 1956. Seine Frau war für ihn zeit ihres Lebens auch eine politische Ratgeberin; ihr Mann nannte sie einmal scherzhaft »mein General«. (Sie starb im September 1999 an Blutkrebs). Die einzige Tochter Irina kam 1957 zur Welt.

Nach erfolgreichem Abschluß des Studiums kehrte Gorbatschow in seine Heimatregion Stawropol zurück. Die Politik hatte es ihm wohl mehr angetan als die Juristerei, denn er übernahm auch hier verschiedene Funktionen im Komsomol. 1967 beendete er ein Fernstudium als Agrarökonom, und in den 60er Jahren begann auch sein Aufstieg innerhalb der Partei. Schon 1970 wurde er Erster Sekretär des Stawropoler Regionskomitees der KPdSU, im selben Jahr wählte man ihn in den Obersten Sowjet.

In den Kurorten der Region erholten sich Jahr für Jahr die Mitglieder des Politbüros, zu denen Gorbatschow wichtige, teilweise freundschaftliche Kontakte knüpfte. Zu seinen mächtigen Förderern zählten der »Chefideologe« Michail Suslow und der Chef des Geheimdienstes KGB, Jurij Andropow. Doch nicht nur ihnen hatte Gorbatschow seine überraschend schnelle Karriere zu verdanken. Sein Mut zu neuem Denken, seine bescheidene Lebensweise, Ehrlichkeit und die Tatsache, daß er nicht korrupt war – was ihm selbst seine Gegner bescheinigten -, verhalfen ihm zu Ansehen. 1971 wurde Gorbatschow Mitglied des Zentralkomitees (ZK) der KPdSU, und schon sieben Jahre später zog er mit seiner Familie wieder nach Moskau, wo er ZK-Sekretär für Landwirtschaftsfragen wurde. Damit hatte er die entscheidende Hürde genommen. Ein Jahr später rückte er als mit 49 Jahren ungewöhnlich junges Mitglied in das höchste Führungsgremium der Partei auf – das Politbüro, dessen Durchschnittsalter bei 75 Jahren lag. Für viele galt er damals schon als ein »Hoffnungsträger in der überalterten Kremlgarde«.

Nach dem Tod Leonid Breschnews im November 1982 wurde Gorbatschow ZK-Sekretär für Ideologiefragen unter dem neuen Staats- und Parteichef Jurij Andropow. Zwischen den beiden Politikern gab es große Übereinstimmungen: Beide machten sich gegen Korruption und für größere wirtschaftliche Anstrengungen stark, beide galten als reformwillige Idealisten. Gorbatschow, nun zweitwichtigster Mann im Staat, fand auch im Ausland Sympathien. Seine Gesprächspartner konnte er mit seinem gewandten Auftreten, seinem Charme und Humor beeindrucken.

Andropow starb im Februar 1984, und mit seinem Nachfolger Konstantin Tschernenko wurde der Generationswechsel an der Führungsspitze zunächst aufgeschoben. Tschernenkos Wahl galt als Kompromißlösung, er selbst als politisch profillos. Während seiner kurzen Amtszeit herrschten wieder die alten Prinzipien. Im März 1985 starb Tschernenko. Nun mußten die alten Herren den Weg für die jüngere Generation endlich frei machen. Am 11. März 1985 wurde der 54jährige Gorbatschow Generalsekretär der KPdSU. Daß seine Wahl eine grundsätzlich neue Politik einleitete, ahnten damals nicht viele. Eine seiner ersten Amtshandlungen galt dem Alkohol, dem sozialen Problem Nr. 1 in der Sowjetunion, das auch vielfach die Ursache

Oben rechts: Moskauer Gipfeltreffen 1988. Michail Gorbatschow und seine Frau Raissa begrüßen US-Präsident Ronald Reagan und dessen Frau Nancy im Georgen-Saal des Kremls. Unten rechts: Michail Gorbatschow (Mitte) in München 1993 zwischen dem bayerischen Ministerpräsident Max Streibl (links) und Bundesfinanzminister Theo Waigel (rechts).

mangelnder Arbeitsdisziplin und -qualität war bzw. bis heute ist. Rund 40 Millionen Sowjetbürger galten als Trinker – darunter erschreckend viele Jugendliche und sogar Kinder. Jährlich starben Tausende, weil sie alkoholhaltige Kosmetika und Putzmittel getrunken hatten. Ein unlösbares Problem? Gorbatschow versuchte ihm mit drastischen Verkaufseinschränkungen und hohen Strafen beizukommen, was ihm in der Bevölkerung den Spitznamen »Mineralsekretär« einbrachte. Der beabsichtigte Erfolg blieb allerdings ebenso aus wie die Einnahmen der Staatskasse aus dem Wodka-Monopol, und so wurden die Verbote Schritt für Schritt wieder gelockert.
Gorbatschow war ein volksnaher Politiker, der die offene Diskussion nicht scheute, sich gut in Szene zu setzen wußte und vor allem überzeugend reden konnte. Er leitete – teils gegen den Widerstand der alten Kader – einen Reformprozeß ein, der von den Begriffen »Perestroika« (Umbau, Erneuerung) und »Glasnost« (Offenheit, Durchschaubarkeit) geprägt war. Gorbatschow erkannte, daß die Umgestaltung der desolaten Wirtschaft des Riesenlandes ohne Reformen von Partei und Staat nicht in Angriff genommen werden konnte. Er kritisierte in ungewohnt scharfer Form die bisherige Politik, die die Bedürfnisse und Meinungen der Öffentlichkeit ignorierte und den Menschen ständig eine »problemfreie Realität« vorgaukelte. Passivität, Mittelmäßigkeit, Kriecherei und letztlich der »Zerfall der öffentlichen Moral«, so konstatierte der neue Parteichef, waren die Folge. Gorbatschow wollte den Sozialismus nicht abschaffen, sondern vervollkommnen, seine Möglichkeiten, von deren Überlegenheit gegenüber dem Kapitalismus er überzeugt war, besser nutzen. Sein Ziel, die Wirtschaft der Sowjetunion an das Weltniveau heranzuführen, erschien angesichts der herrschenden Verhältnisse verwegen, wenn nicht illusorisch. Er wollte es u. a. mit weniger Bürokratie erreichen, z. B. dem Umbau von Behörden und teilweiser Dezentralisierung. Auch Schlamperei und Korruption sagte er entschlossen den Kampf an. In den ersten Monaten seiner Amtszeit entließ Gorbatschow ein Drittel aller Minister und zahlreiche Gebietsparteisekretäre, womit er sich natürlich viele Feinde machte. Den Betrieben räumte er mehr Eigenständigkeit bei der Leitung und Planung ein, es erfolgte die teilweise Umstellung auf wirtschaftliche Rechnungsführung, und staatliche Qualitätskontrollen wurden durchgeführt. Als Vorbild für die wirtschaftliche Umgestaltung diente die Neue Ökonomische Politik (NEP), die soziale Marktwirtschaft Lenins der Jahre 1921-28. Unter Gorbatschow als Verfechter der Vereinbarkeit von Plan- und Marktwirtschaft wurde der Privathandel möglich, privates Wirtschaften im Bereich Konsumgüterproduktion und Dienstleistungen erlaubt, und ausländische Investoren waren willkommen, um der sowjetischen Wirtschaft zur dringend notwendigen Modernisierung zu verhelfen. Die durchschlagenden Erfolge des Perestroika-Programms (vom ZK im Juni 1987 gebilligt) blieben jedoch aus. Fünf Jahre nach Gorbatschows Amtsantritt war die ökonomische Situation katastrophal, das Wirtschaftswachstum rückläufig. Die Bevölkerung murrte, Gorbatschow hätte ihnen lediglich »mehr Arbeit und weniger Wodka« gebracht. Der Parteichef, seit 1988 auch Vorsitzender des Präsidiums des Obersten Sowjets und damit Staatsoberhaupt, wagte 1990 den Schritt in die Marktwirtschaft: Sein durch Volksabstimmung zu beschließendes Programm sah vor, 70% der Betriebe, den Dienstleistungssektor und die Landwirtschaft zu privatisieren. Es enthielt die Streichung vieler Subventionen ebenso wie den Abbau staatlicher Wirtschaftsplanung. Drastische Preiserhöhungen, besonders für Grundnahrungsmittel, und der Anstieg der Arbeitslosenzahlen waren die Folge.
Gorbatschows Erfolge in der Außenpolitik und bei der Liberalisierung der Öffentlichkeit waren dagegen offensichtlich. Ihm war es zu verdanken, daß die Zensur der Medien abgeschafft wurde. So konnten z. B. Werke jahrzehntelang verbotener Autoren,

Oben links: Feierlichkeiten zum 40. Jahrestag der Staatsgründung der DDR am 6. Oktober 1989. Erich Honecker (rechts) applaudiert Michail Gorbatschow zu dessen Rede, in der u. a. der berühmt gewordene Satz fällt: „Wer zu spät kommt, den bestraft das Leben."
Unten: 4. Juni 1966. Als Leiter für Parteiorganisatorische Arbeit des Regionalkomitees Stawropol besucht Michail Gorbatschow die Landwirtschaftliche Produktionsgenossenschaft (LPG) Golßen in der DDR.

wie Alexander Solschenizyn, wieder erscheinen. Der Bürgerrechtler Andrej Sacharow wurde 1986 nach sechsjähriger Verbannung von Gorbatschow persönlich gebeten zurückzukehren. Politische Gefangene wurden begnadigt. Es kam zu einer bisher unmöglich gewesenen offenen Berichterstattung und zu öffentlichen Diskussionen über die herrschenden Zustände, über Verdienste und Versagen des Sozialismus. Gorbatschow rückte – auch unter dem Druck der Bevölkerung – vom Machtmonopol der KPdSU ab (im März 1990 wurde der entsprechende Artikel aus der Verfassung gestrichen). Die Führung der Partei mußte sich den Vorwurf gefallen lassen, für die seit Jahrzehnten nicht weiterentwickelten theoretischen Vorstellungen vom Sozialismus ebenso verantwortlich zu sein wie für die veralteten Methoden in der Verwaltung und die Ablehnung effektiver Wirtschaftsformen. Auf dem 28. Parteitag erklärte Gorbatschow, daß der Sozialismus in seiner bisherigen Form als ein autoritäres System nicht mehr tragbar sei, die kommunistische Partei müsse sich ihren Herrschaftsanspruch nunmehr durch Wahlen erkämpfen. So ermöglichte er ab 1990 das Mehrparteiensystem, rief einen Volksdeputiertenkongreß ins Leben und demokratisierte das Wahlrecht innerhalb der Partei. Das von ihm geschaffene Präsidentenamt, das er seit 14. März 1990 innehatte, war ebenfalls ein Schritt zur Demokratisierung. Gorbatschow wichtigstes Verdienst ist die Wende in der Außenpolitik. Die Abkehr vom kalten Krieg und die Wiederaufnahme des Abrüstungsdialogs stellten für ihn vordringliche Aufgaben dar. Aber auch die Verbesserung der lange Zeit angespannten Beziehungen zu China, die tiefgreifenden Veränderungen in den ehemaligen sozialistischen Ländern und die Unabhängigkeit der einzelnen Sowjetrepubliken sind mit seiner Person verbunden. Die Beendigung des fast zehn Jahre währenden Afghanistan-Krieges – Breschnew hatte 1979 den Einmarsch der Roten Armee zur Unterstützung der afghanischen Regierung gegen islamische Rebellen befohlen – geht ebenfalls auf das Konto des charismatischen Politikers: 1989 verließ der letzte Sowjetsoldat das Nachbarland. Anders als alle seine Vorgänger setzte Gorbatschow auf Kooperation statt Konfrontation; konventionelle und atomare Abrüstung waren für ihn eine Frage des Überlebens der Menschheit. Im unermüdlichen Bemühen um eine Entspannung, unterstützt auch durch einseitige Abrüstungsschritte, gelang es ihm, die Westmächte von der Aufrichtigkeit seiner Absichten zu überzeugen. Der erste Ost-West-Gipfel nach sechs Jahren fand 1985 statt und taute die unterkühlten Beziehungen zwischen den USA und der SU langsam auf. Ronald Reagan und Michail Gorbatschow erklärten zunächst ihre Bereitschaft, keine militäri-

Oben links: Gorbatschow bei der Besichtigung einer Schweinezuchtanlage der LPG Golßen im Juni 1966.
Unten: 12. Juni 1989. Michail Gorbatschow wird von Bundeskanzler Helmut Kohl zum Auftakt seines Staatsbesuchs in der Bundesrepublik begrüßt.

sche Überlegenheit anzustreben und weitere Gespräche führen zu wollen. Nachdem das von den USA seit 1983 forcierte SDI-Forschungsprogramm zur Kriegsführung im All längere Zeit konkrete Vereinbarungen behinderte, kam es im Dezember 1987 zum ersten echten Abrüstungsvertrag: In Washington unterzeichneten die beiden Präsidenten den Vertrag über die Vernichtung aller atomaren Mittelstreckenwaffen.

Im Inland wie im Ausland fand Gorbatschows Angriff auf festgefügte Machtstrukturen besonders in der jüngeren Generation begeisterte Zustimmung, manche Hoffnung auf einen demokratischen, überlebensfähigen Sozialismus verband sich mir seinem Namen, und die Rufe nach Perestroika und Glasnost waren auch in anderen sozialistischen Staaten nicht mehr zu überhören. Gorbatschow selbst meinte dazu: »Diese Veränderungen sind zu begrüßen, weil sie mit dem Willen des Volkes verbunden sind ...« Begeistert wurde er auch zur Feier des 40. Jahrestages der DDR am 7. Oktober 1989 empfangen, wo er von Erich Honecker Reformen forderte. Einige Tage später trat Honecker zurück, am 9. November öffnete die DDR ihre Grenzen. Durch seine Zustimmung zum Zwei-plus-Vier-Vertrag (12. September 1990) ermöglichte Gorbatschow die deutsche Wiedervereinigung, was ihm mancher übelnahm und als Verrat am sozialistischen Lager auslegte.

In Polen, Ungarn, Rumänien und der Tschechoslowakei kam es zum Regierungswechsel und zur Abkehr vom Sozialismus, seit der »große Bruder« Unabhängigkeit und Reformen befürwortete. Aber auch in der SU selbst erklärten viele Republiken ihre Souveränität, und Gorbatschow gab zu, daß er die nationale Frage unterschätzt hatte. Den Anfang machte Litauen (11.3.1990), es folgten bis Ende Oktober 1991 fast alle ehemaligen Sowjetrepubliken. Während sein Ansehen im Ausland stieg, geriet Gorbatschow im eigenen Land zunehmend ins Kreuzfeuer der verschiedensten Gruppierungen. Konservative Kräfte aus seinem engsten Umfeld, die Teile des Militärs, der KPdSU und den KGB hinter sich wußten, putschten im August 1991 gegen den Präsidenten. Er kam zwar innerhalb weniger Tage wieder an die Macht, trat aber als Generalsekretär zurück. Doch Gorbatschow war den Problemen nicht mehr gewachsen; am 25. Dezember legte er auch sein Amt als Staatspräsident nieder. Das Ende der Sowjetunion war nach 69 Jahren unweigerlich gekommen. Am 8. Dezember 1991 beschlossen Rußland, die Ukraine und Belorußland die Gründung der Gemeinschaft Unabhängiger Staaten (GUS), der sich bis auf die drei baltischen und die georgische – diese trat erst 1993 bei – alle anderen ehemaligen Sowjetrepubliken anschlossen. Gorbatschow blieb politisch aktiv und kritisierte übereilte wirtschaftliche Reformen. Außerdem hatte er 1991 eine Stiftung für soziale, wirtschaftliche und politische Forschungen ins Leben gerufen, die er zum großen Teil aus Einnahmen seiner Vortragsreisen durch Europa, die USA und Japan finanzierte.

Michail Gorbatschow – Totengräber der Sowjetunion, der den Geistern, die er rief, zum Opfer fiel? »Architekt des Umbruchs«, der dem Sozialismus nie dagewesene Möglichkeiten eröffnete? Initiator eines neuen Denkens, das Ost-West-Feindbilder verblassen und die Angst vor einem Atomkrieg schwinden ließ? Gorbatschow hatte sicher im eigenen Land nie so viele Sympathisanten wie im Ausland – fest steht jedoch, daß der Träger des Friedensnobelpreises (Oktober 1990) mit seinen Reformen mehr bewegt hat als irgendeiner seiner Vorgänger.

Gates

Der erfolgreichste Geschäftsmann der Welt

William (Bill) Henry III. Gates, am 28. Oktober 1955 in Seattle geboren, äußerte als Elfjähriger einmal: »Ich kann alles, was ich mir fest vornehme.« Sein Erfolg scheint ihm uneingeschränkt Recht zu geben. Der Sohn wohlhabender Eltern, eines Rechtsanwalts und einer Lehrerin, Urenkel des bekannten Bankiers Maxwell, ist Chef der Microsoft Corp., des weltweit größten Anbieters von Software für den Personalcomputer. Sein Erfolg hat eine lange Geschichte und war schon immer mehr als nur Vorsprung durch Technik.

Vorhergehende Seite links: »Mister Microsoft« Bill Gates.
Vorhergehende Seite rechts: 24. August 1985. Bill Gates bei der Präsentation von Windows 95 in einem Zirkuszelt in Redmond/US-Bundesstaat Washington.
Oben rechts: Bill Gates (Mitte) und Vertreter japanischer Computerhersteller stellen im Juni 1997 während einer Konferenz in Tokio ihre neuesten Produkte vor.
Unten: 24. August 1995. In einem Computerladen preist Microsoft-Chef Bill Gates via Fernsehwerbung sein neues Betriebssystem Windows 95 an.

Er liegt auch in der Hartnäckigkeit begründet, mit der er nach wie vor ein Ziel verfolgt: An jedem Arbeitsplatz und in jeder Familie müsse es einen PC geben, dessen Bedienung dem Benutzer »so einfach und natürlich erscheint wie der Griff zu einem Bleistift«. Es sind in ganz entscheidendem Maße Gates' Eigenschaften, die ihm zum Erfolg verholfen haben. Er ist als ein harter Verhandler bekannt, als geschickter Taktiker und als Geschäftsmann, für den die Konkurrenz erst dann keine mehr ist, wenn sie den Bankrott erklärt hat. Schon als Junge hatte Gates den zwanghaften Ehrgeiz, überall der Beste zu sein. Jede Aufgabe bedeutete eine Herausforderung für ihn, und er ruhte nicht eher, bis er alle anderen überflügelt hatte. Er liebte jede Art von Wettkampf und haßte Niederlagen ebenso wie Zeitverschwendung. Er soll damals schon ständig unter Erfolgszwang gestanden haben und war als exzentrisch bekannt, aber auch als außerordentlich intelligent. In Mathematik und Naturwissenschaften war Gates seinen Mitschülern weit voraus. Seine Eltern schickten ihn deshalb 1967 auf die exklusivste Lehranstalt Seattles, die Lakeside School. Das war eine private Knabenschule, wo hochbegabte Kinder reicher Eltern besonders gefördert wurden. Es sollte sich als eine kluge Entscheidung erweisen: In Lakeside schloß Gates die ersten Geschäfte ab und gründete seine erste Firma.

In Lakeside begann man, die Schüler auch in die Informatik einzuführen. Der Computer faszinierte Gates von Anfang an. Es dauerte nicht lange, da wurde er nahezu süchtig und begann, jede freie Minute im Computerraum zu verbringen. Unter denen, die ebenso besessen waren, befand sich auch sein Freund und späterer Kompagnon, der zwei Jahre ältere Paul Allen, dessen Name im Zusammenhang mit Microsoft nie unerwähnt bleiben darf. Gates las alles über den Computer, was er auftreiben konnte, denn er wollte unbedingt herausfinden, wie das Betriebssystem funktionierte. Außerdem schrieb er seine ersten Programme für Spiele, denn er war und ist bis heute ein leidenschaftlicher Spieler. Die Computerspiele waren in der Programmiersprache BASIC abgefaßt, und Gates interessierte sich besonders für deren mathematische Grundlagen. Gates gründete, als er in der achten Klasse war, zusammen mit Allen die Lakeside Programmers Group, deren geschäftlicher Kopf er war; er machte sich daran herauszufinden, wie man aus dem Einsatz des Computers Profit schlagen konnte.

Kurz darauf beauftragte eine Computerfirma, die ihren Kunden Rechnerzeit verkaufte, den 13jährigen Gates und seine Freunde damit, Fehlerquellen im System herauszufinden und zu dokumentieren. Kostenlose Rechnerzeit – ein Paradies für den Computerfreak, der nun alles um sich herum vergaß und nur noch der Hackertätigkeit nachging. Gates sammelte in dieser Zeit eine Menge Erfahrungen, die die Grundlagen seines Erfolgs werden sollten. Auf Anweisung seiner Eltern, die sich um seine Gesundheit sorgten, mußte er am Ende der neunten Klasse fast ein Jahr lang seiner Leidenschaft entsagen, statt dessen verschlang er nun Bücher über Wirtschaft und Naturwissenschaften. »Ich versuchte, normal zu sein, so gut ich konnte«, sagte er später selbst. Aber es gelang ihm wohl nicht ganz. Das Talent zur Geselligkeit fehlte ihm, und viele Schulkameraden fanden ihn zwar genial, aber arrogant und unausstehlich. Seinen provozierenden, aggressiven Umgangston und seine Wutausbrüche sollten später auch sein Mitarbeiter kennen und ertragen lernen. Für andere Freaks war er der Guru, und als er einmal einem Freund gegenüber bemerkte, daß er spätestens mit dreißig Millionär sein würde, hielten das die meisten für realistisch.

1971 gründete der 15jährige Gates mit Allen seine erste Firma. Sie beschäftigten sich mit dem Schreiben von Programmen für Lohnlisten, Stundenpläne sowie für Verkehrszählmaschinen, und neben der

Oben rechts: Bill Gates bei einer Promotionveranstaltung zur Markteinführung seines neuen Computerprogramms Windows 95 in Paris. Teil seiner Kampagne war ein Treffen mit rund 500 Topmanagern aus der Computerbranche.
Unten: Bill und Melinda Gates bei einer Pressekonferenz 1998 in New York anläßlich der Gründung des Impfprogramms »Bill and Melinda Gates Children's Vaccine Program«, das sie mit einer Schenkung in Höhe von 100 Millionen Dollar unterstützen. Das Programm soll Impfstoffe für Kinder auf der ganzen Welt erreichbar machen.

wertvollen Erfahrung in der »richtigen« Geschäftswelt sprang hierbei auch etwas mehr als nur kostenlose Rechnerzeit heraus. Die Firma wurde aber bald wieder aufgegeben. Den ersten wirklich lukrativen Auftrag erhielten die beiden Freunde von einer Firma, die Rüstungsaufträge hatte und dringend jemanden brauchte, der die Fehler in ihrer Software beheben konnte, um Systemabstürze zu vermeiden. Unter der Obhut eines der besten Programmierer entwickelte der Teenager Gates damals seinen eigenen Programmierstil. Obwohl der Junge wegen des Auftrags zeitweilig von der Schule freigestellt war, machte er 1973 problemlos seinen High-School-Abschluß. Nun begann er ernsthaft über eine eigene Softwarefirma nachzudenken.
Im Herbst 1973 begann Gates an der Harvard University zu studieren, der ältesten und angesehensten Universität der USA. Er belegte u. a. Kurse in Mathematik, Physik, Psychologie, Volkswirtschaft und natürlich Informatik, wo er seine Professoren durch seine Intelligenz und unerschöpfliche Energie verblüffte. Die meiste Zeit widmete Gates auch hier wieder dem Computer. Er verbrachte unzählige Nächte im Computerzentrum der Uni. Um Dinge, die ihn nicht interessierten – u. a. Frauen, Kleidung und Schlaf –, hat er sich nicht viel gekümmert. An der Harvard University lernte er übrigens auch Steve Ballmer kennen, den späteren Direktor von Microsoft. Gates war überzeugt, daß sich eine technologische Revolution anbahnte. Der Computer würde zum Massenartikel werden, und er wollte diese Revolution nicht nur passiv miterleben. Dem Jungen mit dem schuppigen Haar, der unmodernen Brille und den zerknitterten Hemden wurde im allgemeinen eine vielversprechende Zukunft bescheinigt.
1974 eröffnete das Erscheinen des ersten Mikrocomputers auf dem Markt, des als Heimbausatz angebotenen Altair, die große Chance. Was Experten der Branche damals für unmöglich hielten, gelang Gates zusammen mit Allen und einem Kommilitonen namens Monte Davidoff. Sie tüftelten wochenlang an einer Möglichkeit, das für große und mittlere Rechner verwendete BASIC für den Mikrochip nutzbar zu machen. Die drei arbeiteten wie die Besessenen, schliefen wenig und ernährten sich von Cola, Pizza und Hamburgern. Das Ergebnis sollte sie für ihre

Oben rechts: München 15. Oktober 1995. Bill Gates eröffnet die Computerfachmesse Systems 95.
Unten: Gates gibt bei einer Pressekonferenz in Tokio das Einführungsdatum des neuen Betriebssystems Windows 98 bekannt.
Rechte Seite: Bill Gates am 3. März 1998 bei der Anhörung vor dem Justizausschuß des Senats. Seine Konkurrenten werfen Gates vor, seine Monopolstellung zu mißbrauchen – über 90 Prozent aller Personal Computer arbeiten mit dem Microsoft-Betriebssystem Windows.

Mühe belohnen, und bald darauf konnten sie der Firma MITS in Albuquerque, die den Altair baute, eine Sensation anbieten, wenn diese auch noch einiger Verbesserungen bedurfte. Angespornt von dem Erfolg und überzeugt von den ungeheuren Möglichkeiten, die sich mit ihrem BASIC nun auftaten, gründeten Gates und Allen im Sommer 1975 in Albuquerque die Firma Microsoft. Gates hatte sich in den Kopf gesetzt, daß sie einmal alle Mikrocomputer mit Software versorgen sollte. Eineinhalb Jahre später brach er endgültig sein Studium ab. Während er an einer Variante für 12 bzw. 16 KB arbeitete, sammelte Gates Erfahrungen im Management und in der Werbung. Er heuerte für seine Firma ehemalige Freunde aus Lakeside an, die wie er mit Feuereifer bei der Sache waren. Das Engagement der als »Microkids« bezeichneten Mitarbeiter und Gates' Fähigkeit, kommende Tendenzen auf dem Markt vorauszusehen, waren letztlich entscheidend für den Erfolg des Unternehmens. Bald standen junge Computerfirmen, die das BASIC brauchten, Schlange bei Microsoft, und auch die großen ließen nicht lange auf sich warten. Nachdem Gates 1977 die Eigentumsstreitigkeiten um BASIC mit MITS und dessen Käufer Pertec gelöst hatte, nahm der Aufstieg der Firma seinen unaufhaltsamen Lauf. Gates war damals schon ein cleverer Geschäftsmann, den die meisten wegen seines jugendlichen und manchmal auch nicht sonderlich gepflegten Äußeren gewaltig unterschätzten. Das war ein Fehler, denn er hatte inzwischen alles gelernt, was man braucht, um eine Firma erfolgreich zu führen; er war Programmierer, Verkäufer, technischer Leiter und Manager in einem. Lediglich sein Verhandlungsgeschick war noch entwicklungsbedürftig.

Die Atmosphäre in Gates' Firma war äußerlich ungezwungen, junge Männer in Jeans beherrschten das Bild, und Krawatten besaß wohl kaum einer. Die Sekretärin kümmerte sich wie eine Mutter auch darum, daß Gates sich ab und zu die Haare schneiden ließ und vor lauter Arbeit das Essen nicht vergaß. Dabei herrschte schon damals eine sehr angespannte Arbeitssituation. Gates verlangte viel von sich, aber auch von anderen, immer dem Ziel verpflichtet, besser zu sein als die Konkurrenz. »Nie hat sich irgend jemand gefragt, ob dies oder das überhaupt machbar war oder nicht. Wir haben immer einfach gesagt: Na klar, machen wir! Wir haben uns dauernd übernommen«, erzählte später ein Mitarbeiter.

Ende 1978 zog die Firma nach Seattle. Neue Programmierer wurden eingestellt, und Microsoft verdiente inzwischen eine Menge an Lizenzverträgen mit anderen wichtigen Computerfirmen. Bis Ende der siebziger Jahre waren Programmiersprachen wie BASIC die regelmäßige Einnahmequelle von Microsoft geworden; die Firma hatte Umsätze in Millionenhöhe zu verzeichnen. Anfang 1980 beschloß Gates, auch auf dem Markt für Betriebssysteme Fuß zu fassen: Er kaufte die Lizenz des damals meistbenutzten Systems und paßte sie dem 16-Bit-Microcomputer an.

Der Höhepunkt von Gates' Erfolg war gekommen, als der weltweit tätige Computerhersteller IBM im Herbst 1980 einen Softwareanbieter suchte, der ihren neuen PC ausstatten sollte. Gates konnte den Giganten von der Leistungsfähigkeit der Firma Microsoft überzeugen. Die Zusammenarbeit der Teams von IBM und Microsoft war laut Gates »super anstrengend und lustig«, wenn er und seine Leute sich auch oft genug über die ungewohnt strengen Sicherheits- und Geheimhaltungsvorschriften lustig machten. Gates kaufte das Betriebssystem von der kleinen Firma Seattle Computers und ließ die Software für IBM in seinem Unternehmen entwickeln. 1981 präsentierte IBM den mit MS-DOS ausgestatteten PC auf dem Markt, und für Microsoft begann der Aufstieg als Megafirma. Der PC stellte bald jegliche Konkurrenz in den Schatten, und MS-DOS wurde zum Standardbetriebssytem. Noch heute verdient Gates daran Millionen, da er klug genug gewesen war, die Rechte an dem System nicht aus der Hand zu geben. Mit dem bei diesem Projekt verdienten Geld konnte sich Microsoft vergrößern. Anfang der 80er Jahre wurde sie zur Aktiengesellschaft; seitdem sind viele Angestellte zu Millionären geworden. Doch Gates ruhte sich auf seinen Lorbeeren nicht aus. Nachdem er schon in Japan präsent war, eroberte er u. a. auch den europäischen Markt. Er wandte sich nun verstärkt den Anwendungsprogrammen zu. Denn es gab zu diesem Zeitpunkt bereits gute und beliebte Textverarbeitungs- und Tabellenkalkulationsprogramme, denen die MS-Produkte nicht so schnell den Rang ablaufen würden. 1983, wenige Monate nach Allens Ausscheiden aus der Firma, brachte Gates dann das Textverarbeitungsprogramm Word heraus, zwei Jahre später das Tabellenkalkulationspro-

gramm Excel. Beide wurden in den folgenden Jahren ständig verbessert. Ebenfalls 1983 nahm der junge Millionär ein Projekt in Angriff, das zu einer harten Probe für alle Beteiligten werden sollte: Windows, eine von jedermann leicht zu handhabende graphische Benutzeroberfläche. Andere Firmen waren mit solchen Benutzeroberflächen schon auf dem Markt, aber Gates wollte ihnen nicht kampflos das Feld überlassen. Dutzende der besten Programmierer, die Gates hauptsächlich von amerikanischen, kanadischen und japanischen Universitäten, manchmal auch von anderen Firmen holte, hatten bis zur Fertigstellung zwei Jahre lang pausenlos zu tun. Ein so umfangreiches Projekt war vorher noch nie gelaufen, und Fehler in der Organisation führten u. a. dazu, daß immer wieder Verzögerungen auftraten. Es machte sich notwendig, die wichtigsten Stellen mit absolut fähigen Leuten zu besetzen. Gates selbst schrie seine Angestellten oft an, konnte grob und beleidigend werden. Dennoch war eine Zusammenarbeit mit ihm für viele die größte Motivation – und natürlich die Aussicht, reich zu werden. Es war normal, 60 bis 80 Stunden in der Woche zu arbeiten, Rücksicht auf private Belange konnte dabei nicht genommen werden. Das harte Klima hielten nicht alle aus; einige der besten Leute verließen während dieser Zeit die Firma.

Windows erschien 1985 und wurde sofort zum Bestseller auf dem Markt, obwohl eigentlich erst die dritte Version (1990) akzeptabel war. Zehn Jahre nach ihrer Gründung hatte Microsoft als eine noch immer vergleichsweise kleine Firma viele Konkurrenten aus dem Feld geschlagen. Im März 1986 handelte man an der Börse zum ersten Mal mit Microsoft-Aktien.

Im Oktober 1991 trennte sich Microsoft von IBM, und letztere verbündete sich mit Apple gegen den immer gefährlicher werdenden Gegner. Auch kleinere Konkurrenzfirmen taten sich zu Bündnissen zusammen. Doch für Gates ist Geschäft ein Kampf, in dem man siegen muß. Mit Windows 95 ist seit einigen Jahren ein verbessertes Betriebssystem auf dem Markt, das die Nutzung des Online-Dienstes Microsoft Network erlaubt. Das Imperium Microsoft wächst unaufhörlich. Neben der ständigen Suche nach besserem Bedienkomfort und neuen Anwendungen im Multimedia-Bereich bereitet sich die Firma auf die Cyberspace-Zukunft vor. An die 28 000 Menschen in 60 Ländern arbeiten derzeit für Gates' Unternehmen, dessen Milliardengewinne ihn zu einem der reichsten und einflußreichsten Menschen der Welt gemacht haben.

Auch privat hat sich einiges zum Positiven verändert. Der noch immer jungenhaft wirkende Gates, den lange Zeit nur Computer und schnelle Autos interessierten, heiratete 1994 Melinda French, mit der er inzwischen zwei Kinder hat (1996, 1999). Die Familie Gates bewohnt einen High-Tech-Palast auf einem riesigen Anwesen am Lake Washington. Seit dem Tod seiner Mutter, an der er sehr hing, widmet sich Gates auch karitativen Zwecken. Ein Teil des Vermögens fließt in Stiftungen, die z. B. der Ausbildung ethnischer Minderheiten dienen. Der jüngste Milliardär in der Geschichte Amerikas denkt indessen nicht daran, sich ins Privatleben zurückzuziehen. »Man muß immer auf einen Rückschlag gefaßt sein«, meint er. »Unsere Einkünfte sind größer als die der anderen, aber wenn wir uns nicht beeilen und gute Sachen machen ...«

Inhalt

Register

(*Kursiv* gedruckte Zahlen bezeichnen Abbildungen)

Bildquellen

Farbabbildungen

AEG-Telefunken, Frankfurt/M. (1); Aldus Books, London (1); Almasy, Neuilly (1); Archiv für Kunst und Geschichte, Berlin (1, S. 245, S. 255, S. 257o, S. 258o); Atlas-Photo, Paris (1); BASF Aktiengesellschaft, Ludwigshafen (1); Bavaria Verlag, Gauting (5); Bayer AG Leverkusen (2); J. E. Bulloz, Paris (9); China im Bild, Peking (1); The Cleve-land Museum of Art, Cleveland (1); Ilse Collignon/Black Star, München (4); Corcoran Gallery of Art, Washington (1); Deutsche Bundesbahn, Frankfurt/M. (1); Deutsche Fotothek, Dresden (1); Deutsche Presse-Agentur, Frankfurt/M. (7, S. 269, S. 270o, S. 270u, S. 271o, S. 271u, S. 272o, S. 272u, S. 273); Documentation Française, Paris (1); Atelier Drews, Wiesbaden (1); Photographie Giraudon, Paris (1); Archiv Roland Gööck, Bachmühle (1); Librairie Hachette, Paris (1); Grant Heilman, Lititz/Pa. (1); Lucien Herve, Paris (3); Thomas Höpker, München (1), Hans Huber, Garmisch-Partenkirchen, (1); IBM Deutschland GmbH, Stuttgart (1); Idion Verlag, München (S. 76, aus der 42zeiligen Gutenbergbibel, nach dem Original der Staatsbibliothek Preußischer Kulturbesitz in Berlin); Interfoto-Pressebild-Agentur, München (S. 254, S. 256o, S. 268); IKRK Internationales Komitee vom Roten Kreuz, Genf (2); Keystone Pressedienst; Hamburg (1); Kindler-Verlag, München (1); Paolo Koch, Zollikon (2); CRG Koch & Sterzel KG, Essen (1); Laenderpress/Magnum, Düsseldorf (8); Robert Marx, New York (2); The Metropolitan Museum of Art, New York (1); Mohndruck, Gütersloh (1); Mondadori-Press/Panicucci, Mailand (1); Ann Münchow, Aachen (6); Museen der Stadt Wien (1); Musée du Louvre, Paris (3); Museum Wiesbaden (1); NASA, Washington (9); National Portrait Gallery, London (3); Niedersächsisches Landesmuseum, Hannover (2); Othmar Pferschy, München (2); Photri, Alexandria (2); Archiv Praesentverlag, Gütersloh (2); Bildarchiv Preußischer Kulturbesitz, Berlin (12); Mauro Pucciarelli, Rom (3); Edward Quinn, Nizza (1); Günter Radtke, Uetze (1); Günter R. Reitz, Hannover (1); Roebild, Frankfurt/M (1); Roger Viollet, Paris (12); Foto Sachsse, Bonn (S. 170, S. 173, S. 176-177; mit Genehmigung des Beethoven-Hauses, Bonn); Siegfried Sammer, Neuenkirchen (1), Scala, Florenz (24); Scala, New York (2); Siemens AG, München (3); Spiegel-Archiv, Hamburg (1); Karlheinz Schuster, Oberursel (6); Staatliche Museen, Berlin (1); Staatsgalerie Stuttgart (1); Stern-Archiv, Hamburg (1); Thielska-Galleriet, Stockholm (1); USIS-Bilderdienst, Bonn (1); V-Dia-Verlag GmbH, Heidelberg (1); Heddy Vilter, Paris (1); Volkswagenwerk AG, Wolfsburg (1); P. Wallner, Gütersloh (1); Horst Wolf, Oppenheim (2); Zefa, Düsseldorf (12).

Schwarzweißabbildungen

ABC-Press, Amsterdam (2); AEG-Telefunken, Frankfurt/M. (1); Aldus Books, London (2); Amtl. Französisches Verkehrsbüro France, Frankfurt/M (1); Archiv für Kunst und Geschichte, Berlin (3, S. 241, S. 243or, S. 256u, S. 258u, S. 259u); Bavaria Verlag, Gauting (8); Bildarchiv Verlag F. Bruckmann KG, München (S. 308ol, S. 309or, S. 310ol, S. 310or, S. 311or); J. E. Bulloz, Paris (2); CERN, Genf (1); Daimler-Benz AG, Stuttgart (1); Deutsche Presse-Agentur, Frankfurt/M. (5); Deutsches Institut für Filmkunde, Wiesbaden (2); Deutsches Museum München (17); Documentation Française, Paris (2); Edinburgh University Library, Edinburgh (1); Mary Evans Picture Library, London (2); Sigmund Freud Copyrights Lt., Colchester (2); Gamma, Paris (1); Archiv Gerstenberg, Frankfurt/M. (8); Photographie Giraudon, Paris (2); Archiv Roland Gööck, Bachmühle (14); Gerhard E. Habermann, Gräfelfing (8); Librairie Hachette, Paris (1); Lucien Herve, Paris (1); Historia-Photo, Bad Sachsa (16); IBM Deutschland GmbH, Stuttgart (9); IKRK Internationales Komitee vom Roten Kreuz, Genf (2); Interfoto-Pressebild-Agentur, München (S. 242, S. 243ol, S. 257u); Keystone Pressedienst, Hamburg (7); Keystone-Pressedienst, Paris (1); Klöckner-Humbodt-Deutz AG, Köln (1); Karlheinz Klubescheidt, Rheda (1); Laenderpress/Magnum, Düsseldorf (4); The Mansell Collection, London (2); Mohndruck, Gütersloh (1); Mondadori-Press/Panicucci, Mailand (1); Ann Münchow, Aachen (2); The Museum of Modern Art, New York (1); NASA, Washington (1); The National Gallery, London (1); National Maritime Museum, London (1); National Portrait Gallery, London (1); Arnold Newman, New York (1); Paul Popper Ltd., London (2); Archiv Praesentverlag, Gütersloh (4); Bildarchiv Preußischer Kulturbesitz, Berlin (43, S. 240, S. 243u, S. 244); Edward Quinn, Nizza (3); Radio Times Hulton Picture Library, London (2); Günter Radtke, Uetze (1); Interfoto Friedrich Rauch, München (7); Günter R. Reitz, Hannover (1); Archiv Riegel, München (1); Roden-Press, Mannheim (1); Roebild, Frankfurt/M. (2); Roger Viollet, Paris (108); The Franklin D. Roosevelt Library, New York (1); Foto Sachsse, Bonn (S. 174u; mit Genehmigung des Beethoven-Hauses, Bonn); Scala, Florenz (11); Siemens AG, München (4); Süddeutscher Verlag, Bildarchiv, München (9); Stern-Archiv, Hamburg (2); TASS-Fotochronika, Moskau (1); The Tate Gallery, London (1); Time-Life Inc., New York (1); Ullstein-Bilderdienst, Berlin (6); USIS-Bilderdienst, Bonn (6); Hans R. Uthoff, Hamburg (1); Winterhoff OHG, Gießen (3); Karlheinz Wirth, Brackwede (1); Zefa, Düsseldorf (1).